核心素养·名师课堂

从此爱上作文课

——著名特级教师黄厚江中学作文教学智慧

黄厚江／著

漓江出版社
·桂林·

图书在版编目（CIP）数据

从此爱上作文课：著名特级教师黄厚江中学作文教学智慧 / 黄厚江著. -- 桂林：漓江出版社，2015.7（2022.2 重印）
（核心素养 · 名师课堂）
ISBN 978-7-5407-7592-6

Ⅰ.①从… Ⅱ.①黄… Ⅲ.①作文课—教学研究—中学 Ⅳ.① G633.342

中国版本图书馆 CIP 数据核字（2015）第 146238 号

从此爱上作文课
——著名特级教师黄厚江中学作文教学智慧

作　　者　黄厚江
策划组稿　文龙玉
责任编辑　章勤璐
封面设计　石绍康
责任监印　黄菲菲

出 版 人　刘迪才
出版发行　漓江出版社有限公司
社　　址　广西桂林市南环路 22 号
邮　　编　541002
发行电话　010-65699511　0773-2583322
传　　真　010-85891290　0773-2582200
邮购热线　0773-2582200
网　　址　www.lijiangbooks.com
微信公众号　lijiangpress

印　　制　三河市嵩川印刷有限公司
开　　本　710 mm × 960 mm　1/16
印　　张　19.5
字　　数　300 千字
版　　次　2015 年 7 月第 1 版
印　　次　2022 年 2 月第 7 次印刷
书　　号　ISBN 978-7-5407-7592-6
定　　价　59.80 元

目 录

第四章 作文不仅是作文课教好的

第五章 作文课是条多行道

第六章 作文课是座立交桥

第七章 作文课就是大家一起讲故事

第八章 站在门里教作文

附录一 共生教学的基本认识及实践操作

附录二 优秀学生作文选

一位农夫与他的种子（序）

徐　飞

一

黄厚江老师常称自己骨子里是农民，这其实不是自谦，我猜想他内心里大约会有点小小的自得。

在城市化、工业化的进程中，农民已变得越来越稀贵。做一个农民其实不容易，他得通晓时令节气，得了解农作物的习性，得听懂布谷鸟的叫声，得学会观天象、测农事。“不违农时，谷不可胜食也”，他懂得依时而为，顺性而施。黄老师出身于农民家庭，高中毕业后做过几年农民，成为生产队里干农活的好手。农民的儿子加上这份特殊的务农经历，给黄老师的一生着上了不变的底色。

他是最不像专家的专家，外出讲学，常常是一件冲锋衣，一双休闲鞋，一只小袋子，普通得就如上街买菜的邻家大伯。黄老师是质朴的，一如大地，这份质朴又带着一份倔强的拗脾气。他看不惯花里胡哨的语文，他认为语文应本色、自然，以本然面目示人。在语文教育的世界里，他如质朴、地道的老农，守护着土地和他的园子。

听过黄老师讲座的老师，都会被他诙谐、幽默的语言感染。他总爱用通俗的比喻将学术问题表达得浅显易懂，让人听后难以忘记，他常用的比喻也与农民有关：“语文是农业，用太多化肥不好。”“本色语文就像农民种地，要在自己的地里种自己的庄稼，不要种了别人的田，荒了自己的地。”“理想的语文课堂应该是，在种菜中喜欢种菜，在种菜中学会种菜。”……质朴平易的表达中含着大智慧、大学问。黄老师属于“高而能下”一类的专家、学者，他通晓教育、教学理论，但不玩空洞的概念，不做无意义的理论建构，而始终匍匐于大地，以最原始的方式躬耕于田野，坚持自己的行动研究。

农民的另一品质是勤劳，即使阴雨天待在家里，他们也不会让自己闲着。黄老师就是一个勤勉的农民。他近几年的教学成果井喷式地呈现，单2014年一年就有多项成果获国家级、省市级教育教学成果奖，出版《你也可以这样教阅读》《你也可以这样教写作》《论语读人》等三本书，同时他还在多家国家级期刊上开辟专栏，屡屡发表长篇幅、有影响的文章，他何以能拥有如此旺盛的创造力？黄老师说，他工作三十多年来，很少在晚上11点前入睡，读书、写作成为他不变的生活方式。

经常有人劝“老黄”不要如此拼命，但黄老师总呵呵一笑：“我不累啊。”是的，当劳作成为一种审美活动，成为自己的志趣所在，即便是辛劳也是甘甜的。恰如汪曾祺先生在果园里开心地喷着波尔多液，搭着葡萄棚，劳作已成为一种享受。黄老师就是这样一位快乐的农夫，捋着裤腿，赤脚走在田埂上，笑眯眯地看着油亮发绿的禾苗。

二

共生写作教学，是黄老师“共生教学”体系中的一部分，在当前中学语文教育界影响渐大。黄老师不断开发有研究价值的经典作文课，《你也可以这样教写作》一书结合具体课例阐述了共生写作的12种基本课型，对中学作文教学研究起到了极好的示范与引领作用。

关于共生写作教学，本书有较为系统的阐述，其中有一个重要理念，就是“教师要带着作文的种子进课堂”。

黄厚江老师的“种子说”非常直观，也非常深刻。种子，虽然微小却含有无限希望，带着温暖的生命气息，体现了黄厚江老师对作文教学的深透理解和对“人”的真正尊重。作文教学，不是简单地授受，也不是机械地训练；作文教学，是言语生命的相互感染与自我觉醒。教师带着作文的种子进课堂，然后师生互动，使这粒种子萌芽破土，长成一根主干，伸开几根分枝，生出片片绿叶。我们还可以换另一个比喻来形容共生写作，教师带着火种来到课堂，原先火苗微弱，但经过师生们的共同努力，火势渐大，最后熊熊燃烧在所有师生的心田。德国教育家第斯多惠说：“教学艺术的本质不在于传授，而在于激励、唤醒、鼓舞。”共生写作正是一种唤醒和激励，它让零星的火苗接触、交融，最后汇成壮丽的火海。

在共生写作的实施过程中，关键是要选好这粒种子。这粒种子，“应该是一个教学生长点，只有着眼于形式和内容的结合点，才能体现语文学科的课程特点，才会有充满活力的共生共长的教学情景”。研习黄老师的写作课，我们不难发现他在选择种子方面的睿智与才情。这粒种子，可以是学生习作或学生的故事，如“记叙文故事情节的展开”一课用的是学生作文《满分》，“一则材料的多种使用”用的是黄老师女儿的故事；这粒种子，可以是教师的经历、体验、作品，乃至教师本身，如“用‘感激’唤醒‘感动’”一课以黄老师本人的经历、体验为生发点，再如“写出人物的特点”一课，黄老师干脆将自己“奉献”出去，让自己成为学生写作的“模特”，极大地激发了学生的写作趣味；这粒种子，还可以是接近学生生活经验的美文、时文，如“写出特别之处背后的故事”一课用的是鲍尔吉·原野的《雪地贺卡》一文，“材料的理解与叙述”一课用的是网络上的一段视频。

我们发现，共生写作所选用的种子，一般都处于未完成的开放状态，具有生发功能。完形心理学认为，人天生倾向于去完成未完成的形式。面对未完成的作品，学生都会产生完善的冲动。而黄老师正是利用这一心理特点，精心选出好种子，以激发学生的完善冲动和表达欲望。这粒种子，应该是工具性与人文性的统一、生长性与操作性的统一。当然，要选出好种子，教师本人应懂得写作规律，具有一定的文学素养，这样才能大概预知这粒种子将要长成的模样。

三

选一粒有价值的、有生发性的好种子固然很难，而选好这粒种子后如何催发、培育，同样也大有学问。

听黄老师的作文课，无论是学生还是听课老师，总会沉浸在课堂中，或思考，或体悟。黄老师的课堂语言亲切自然，似与学生聊天，使学生不知不觉在一种氛围中受到濡染、熏陶。聊天式课堂，看似随意，甚至有些散乱，实则有大学问，因为在这种宽松的氛围中，学生的言说欲望被激发出来，言语能力获得了提升。课堂聊天，不同于课堂对话。聊天较为轻松、随意，畅所欲言，而对话相对较为严肃、正式；聊天更多的是随机生成、即兴而为，而对话的预设痕迹较为明显；聊天没有明显的功利意图，以审美为目的，而对话则有较强的目的性。在聊天中，学生更愿袒露性情的一面，自由言说，而教师也能更准确地理解学生，依据学生的认知水平，及时调整课堂策略，让学生的言语生命获得自由生长。

聊天，对老师的要求相当高。老师需要像高明的航海家，从水面的波纹敏锐地判断水下的地势和水流的变化。聊天中，黄老师常常笑眯眯地倾听着学生的发言，于不动声色间一两句追问、质疑、补充，总能将学生的思考、感悟带入更深处。在他的作文课上，学生总是要开心地笑上好些次。黄老师语言幽默，常常带着理趣，能启人思考，令人回味。

我们发现，黄老师的写作课上或创设情境或设置矛盾，总能为学生提供一个“写作场”，让学生有话可说，有话可写，并且会说得越来越精彩，写得越来越漂亮。在写作活动中，情境是指那种带有写作任务的环境或背景，通常包含作者（以谁的名义写）、读者（写给谁看的）、目的（解决什么问题）、话题（谈论什么）、体式（以什么文体写）等五大要素。黄老师正是借助于写作情境的创设，激发了学生的表达欲望，如“写出特别之处背后的故事”等课。同时，黄老师又善于借助矛盾进行追问，让课堂具有饱满的张力，带领学生向课堂深处走去。

四

黄老师非常尊崇叶圣陶先生，潜心学习叶老的语文教育思想，并从中汲取了丰富的营养。黄老师常常提起叶圣陶先生当年办过的一个农场——“生生农场”，叶老让孩子们在农场里自己种菜、种瓜。黄老师认为，叶老办“生生农场”不只是一般意义上的生活教育、劳动教育，还是他教育理念的生动诠释，如果迁移到作文教学上来，就是让学生在写作中喜欢写作，在写作中学会写作。

黄老师一直主张，作文教学应作用于学生的写作过程。恰如一位农夫，选好一粒种子，播进土壤，给它合适的养料后，还在关注着它的萌芽破土，直至长成主干、展开分枝、生出绿叶。黄老师的作文课常常是围绕一根主线，分层推进，过程饱满，既有纵向推进，又有横向拓展，如一粒种子萌发，滋长，逐渐长成一棵葱茏、繁茂的大树。

听黄老师的作文课，我常常联想起《明湖居听书》中对王小玉声音的一段描写：

> 唱了十数句之后，渐渐的越唱越高，忽然拔了一个尖儿，像一线钢丝抛入天际，不禁暗暗叫绝。那知他于那极高的地方，尚能回环转折，几啭之后，又高一层，接连有三四叠，节节高起，恍如由傲来峰西面攀登泰山的景象：初看傲来峰削壁千仞，以为上与天通；及至翻到傲来峰顶，才见扇子崖更在傲来峰上；及至翻到扇子崖，又见南天门更在扇子崖上；愈翻愈险，愈险愈奇。

坐在黄老师的课堂里，你常常会有这种“愈翻愈险，愈险愈奇”之感，于跌宕腾挪之间，黄老师总能翻出新意，而学生越发主动，课堂越发精彩。正如火箭升空过程中，每脱落一节，就会获得更强的动力。听黄老师的作文课，我同他班上的学生一样，总带着莫名的期待与兴奋。

一次去听黄老师上“议论性材料的审题与立意选择”一课，课上围绕一句非洲谚语“一个人可以走得很快，但不能走得很远，只有一群人才能走得更远”展开。第一环节，他让学生谈谈愿意选择一个人走还是一群人走，并说说理由；第二环节，要求学生换个角度，从否定对方观点的角度来证明自己观点的正确；第三环节，引导学生跳出二元对立的思维怪圈，想想有没有其他可能；第四环节，提示学生回看题目，结合快与慢、远与更远的两组矛盾，再来解读一个人走与一群人走的关系。课上，学生思维的火花四处迸溅，越到后来学生越是感到思维去蔽后的快乐与言说的喜悦。

五

农夫约克的橘子是整个村子里最好的品种，他爱把种子分给他人。有人问他，你将优质种子给邻居，你不怕他获奖吗？约克答道，蜜蜂会把他花上的粉传到我的花上，他的品种好，我的品种自然也好。

好的农夫不会将自己的好种子私藏起来，而会拿出来，与人分享。黄老师就是这样的好农夫，他挂在嘴边的一句话是：“一切妙境皆共生。”

有次，我在江苏省教学新时空执教了一节作文课“学会具体分析”，请黄老师做课堂点评，他不吝赞美，给予了充分肯定。而我这节课所使用的材料——上文所提到的那句非洲谚语，引发了他的思考。隔不多日，他约我到苏州中学听他上一节作文课，即上文所提到的“议论性材料的审题与立意选择”一课，所使用的材料与我的材料完全相同，而所教的内容却完全不同。听完课，再一起讨论课堂艺术，乐乎其中。他笑称，这也是共生。

黄老师虽然是名师、大家，但他不端架子，始终以一种谦卑的姿态待人处世做学问。唯开放才能革新，唯革新才能共生。他开发一节好课出来，有农夫发现了新种子的喜悦，常招呼我们这些徒弟们前去观课、磨课。有次，开东、铁梅和我连听了黄老师的两节课，一节教作文，一节教现代诗。课后，他笑眯眯地“洗耳恭听”，我等也不会客气，照直说来。那幕场景，可谓“共生妙境”也。

六

师父又有新书《从此爱上作文课》即将付梓，嘱我作序，我甚是惶恐，但深知师父对徒弟的敦促、勉励，便不再推却。花了几天工夫，认真研读书稿，不禁如颜渊般喟然长叹：“仰之弥高，钻之弥坚；瞻之在前，忽焉在后。”师父对作文教学的系统研究，岂是我这支秃笔所能描绘的？从中学作文教学的基本理念、基本定位，到基本内容、基本策略、基本课型、综合课型，从学生写作到教师写作，这本书几乎涵盖了当前中学作文教学的全部，不仅有理论指导，还有策略指引与案例呈现，的确是语文教师的案头必备书。

学问深处是性情。与师父在一起的时间愈久，愈能发现他为人、为文的性情与趣味。师父是极有趣的人，即便是做学问也是抱着“好玩”的心态。席德在《审美教育书简》中说：“只有当人是完整意义上的人时，他才游戏；而只有当人在游戏时，他才是完整的人。”捧读这本书，你会从字里行间读到完整的人的幸福。

这些日子，师父正在创作一部中篇小说《泥淖》，情节、人物煞是动人。师父爱拉着熟人，一遍遍讲述小说里的故事。其情景之有趣，颇像一位农夫，握着新发现的好种子，拉住路过的乡邻，兴奋地絮叨着……

好的农夫对种子，总会像他这样，倾注着大地般的深情。

第一章

打开作文教学的“心结”

新课程改革，提出了许多新的作文教学理念。其中有许多已经被人们广泛接受。但对其中一些理念，常常有许多不同的解读。有些相互对立，令人莫衷一是；有些则是极端化、表面化的理解。既造成对这些新理念的误读，也混淆了人们的认识，成为不少老师作文教学的“心结”。这里简要说说我对几个关键理念的理解。

如何“自由作文”

——没有学生作文的自由和自主，学生的写作素养就不可能真正得到提高；简单化、表面化地强调作文的自由和自主，作文教学就会陷入另一个泥淖。准确把握自由作文的内涵，才能真正改善学生的写作状况。

写作是一种精神活动。自由地、主动地表达自己对生活的感受和对人生的认识，才能在写作过程中获得写作的快乐。但我们的孩子很少能享受到写作的快乐，而那些凤毛麟角的能享受写作快乐的孩子所写的文章，又常常不为我们老师所喜爱，更难得到高分，因此强调自由作文是必需的。那么，到底应该怎样理解这个“自由”的内涵呢？

从理论上说，自由作文，首先是有写与不写的自由。道理似乎很简单，我不想写你硬逼我写，我怎么可能写出好文章呢？只能是胡编乱造，只能应付了事。我们老师自己写文章不就是如此吗？作家写作不也是如此吗？为什么我们的孩子就没有写与不写的自由呢？其次是有怎么写的自由。形式是由内容决定的，我决定了自己写什么，却没有决定自己怎么写的自由，这本身就是矛盾。应该说，对于写作，学生自己拥有绝对的权利：我爱写就写不爱写就不写，我爱怎么样写就怎么样写；写什么内容，用什么形式，表现什么样的思想，抒发什么感情，都得由我自己说了算。可问题不是这样简单。

事实上，我们的孩子很可怜，一点选择的权利也没有。叫你写你就写，写不出也要写；叫你怎么写就怎么写，不会写还得写。不仅考试如此，平时写作练习也是如此。这不能不说是学生越来越不喜欢写文章，作文越来越差的一个重要原因。你说让初一的孩子写“往事”，他能写好吗？他会有话可写吗？硬逼着写出来的东西质量会高吗？记得我女儿初二的时候，老师让写一篇说明文“钢笔”。她咬了一个小时的笔头也写不出来，跑过来问我。几个问题一问，我就发现不能怪孩子。“笔尖下面那个东西是什么？”“笔尖上为什么要有一个小洞洞？”“吸水的皮管里面为什么要有一个细小的管子？”关于钢笔我们有太多的问题不知道，孩子更不清楚。原来这简单说明文实在不简单（课程标准要求初中生能写简单说明文）。有老师说，让她去查资料啊！姑且不说是不是很容易查到，这种东抄抄西抄抄，写出来的作文又有多大价值呢？那是“写”作文吗？有句名言叫“不自由，毋宁死！”学生作文不自由，只能凑只能混，必然讨厌作文也讨厌语文教师。

有老师会说：“考试作文都是不自由的，平时都自由，考试怎么办？”这就是问题的关键。一方面我们必须认识到作文训练和考试作文之间的内在联系，另一方面又必须认识到两者的本质区别。从某种意义上说，平时的作文训练，一个很重要的目的就是为了考试，但二者又有本质的不同：前者是为了提高作文水平，后者是为了检测作文水平。每次训练都机械地用作文考试的要求指导学生，就能提高考试作文的成绩吗？我们认为不能。

那么在作文教学中，到底怎样体现“自由作文”的理念呢？有人跑到另一个极端，要做无视考试蔑视考试的真心英雄，学生的确是享受了“自由”，可因为脱离实际付出了沉重的代价。因此应该明确：所谓自由作文，一是认识写作的基本规律，平时写作训练以自由作文的形式为主；二是让命题具有尽可能大的选择空间——提供一个局部的自由；三是让命题贴近学生的外在生活和内在生活，尽可能唤起学生的内在写作需要，使“要他写”和“他要写”尽可能地统一。

简单地提倡作文的绝对自由和打着考试的旗号否定自由作文的理念都是错误的：片面强调自由写作，是脱离实际；一概排斥自由写作，则违背写作规律。自由作文不能解决一切问题，但写作没有自由，肯定解决不了问题；作文教学不可能彻底自由，我们又必须给予学生最大的自由。

怎样写出“真情实感”

——培养学生积极地认识生活、表达健康的思想感情，是作文教学的基本任务，也是提高学生写作素养的基本途径。写文章应该是发自内心的表达需要，应该是负责任的思想呈示。任何由外在概念出发的写作都不是真情实感的表现，任何无节制的自我宣泄都是缺乏责任的自私表达。

文章是表情达意的产物，表达真情实感，文章才能感人。可不知从何时起，学生的作文虚假矫情、胡编乱造成风。即使所谓中考、高考满分作文，表达真情实感的也并不多。可什么是写真情实感呢？怎么想就怎么写，就一定是好文章吗？这些都不是很容易回答的问题。

曾看过两篇高考零分作文。一篇是2005年湖南省高考作文的答卷，一篇是2006年江苏省高考作文的答卷。应该说两篇作文的文字都不是很差，其中一篇的文字还应该说是上乘，而得零分的共同原因，就是思想内容。两篇文章几乎都不加节制地表达自己对生活的见解，而且这些见解又都是高度自我、十分偏激的。如果简单地从写“真实”情感的角度看似乎是不应该受到挑剔和否定的。那么是否是评分标准或评分人员的问题呢？我想如果换一个阅卷老师，虽然未必会打零分，但低分则是肯定的。这两个案例可以从多方面给我们教训，其中有一点就是误解了“真情实感”的内涵。我想这个困惑不是个别学生有，只是程度不同而已。校内外有许多学生问过我：什么是真情实感？应该如何表达真情实感？

看来写真情实感这样一个质朴而又得到普遍认可的理念也不是没有讨论的必要。

首先，我们认为，表达真情实感并不是原始情感的实录，它和适当的加工并不矛盾：真是相对的，没有绝对的真；真也不是简单地等同生活或内心感受的原版记录，更不是一般意义上的写真人真事。我和学生们说过：“完全是生活的照搬，也可能‘假’；完全是虚构，也可能‘真’。”这似乎是文学理论上生活真实和艺术真实的关系问题，其实又不是。闻一多先生曾在诗中把祖国写成是最美丽的花，又在诗中把祖国比成“死水”，这都是美好的真情实感。因为这些诗句中，有着诗人滚烫的爱国之心。

可见，真情实感应该是健康的、积极的、美丽的，应该是一种负责任的表达。有两位初中学生写“童年趣事”，一位是写恶意捉弄女同学，一位是写恶意捉弄语文老师，最后还要大加议论：“这就是我童年生活中最有趣的事情，现在回想起来还是觉得真有意思。”据了解，所写的事情都是真实的，但这能加以肯定吗？上面提到的两篇得零分的作文同样也是如此，一篇文章写道：“我心目中的夫君，不要求什么出将入相——那只怕忽然短命或祸事来临——只要出有宝马奔驰靓车，入有别墅豪宅，就心满意足了。而这一切，要靠我们辛勤地梳妆打扮，呵护肌肤，像水一般晶莹剔透；修习礼仪，进而仪态万方，风情万种。这才是钓到金龟婿的唯一途径。……”另一篇则写道：“最讨厌课本中鲁迅先生的文章了，每次老师讲课我都是趴在桌子上梦会周公了。说实话吧，所有的语文课我其实都很讨厌，所有模拟考、考前辅导我也懒得去，所以每次摸底考试、模拟考试我都是‘超级低分’，离零蛋不远了。反正我是奉那位‘看不起大学’的网上牛人为老师，大学反正是上不了，索性信马由缰，写到哪里算哪里。”似乎都是真话真情，但品位不高，甚至格调低下。

有人会担心，我们是否又要引导、鼓励学生说假话、说大话。恰恰相反，和真情实感相对立的就是说大话、说套话、说违心话。文章的思想感情应该是发自自己的内心而不是来自外在的概念，应该是来自真诚的内心世界，而不是照搬别人的思想。鲁迅先生的文章都是“从血管里流出来的血”，他从不说一句假话。北岛说“一切希望都带着注释/一切信仰都带着呻吟”，舒婷说“一切的现在都孕育着未来，未来的一切都生长于它的昨天”，顾城说“黑夜给了我黑色的眼睛，我却用它寻找光明”，都是真情实感，也都不是大话套话。可是我们有些同学却喜欢说那些没有人会说甚至也没人信的话。有一次在一个学校借班上一节作文课，内容是写出一个人物的特点。一个同学写一位退休老大爷扫马路，别人问老大爷为什么退休了还要扫马路，老大爷说："我虽然退休了，但身体还硬朗，要为我们这座城市的美化、亮化再做一点贡献，为把我们这座城市打扮成一座花园出一份力发一份光。"这老大爷快成了新闻记者和电视台的主持了！文化至少在专科以上，思想水平至少是优秀党员，行政级别至少是副处级。不是说没有愿意为集体利益无私奉献的老大爷，而是这位同学写的"老大爷"是从概念来的。

表达真情实感当然要以"我"为写作的中心，但又不是在认识世界上一切以"我"为标准，一切服从于"我"的意志，而是在文章中表达"我"丰富的内心世界，"我"的感动、"我"的感恩、"我"的同情、"我"的怜悯……写出"我"的丰富生活，"我"的喜、怒、哀、乐，"我"的成长，"我"的烦恼，"我"对生活和人生的思考和感悟……

最近，在一所名校的高三上作文课。讨论立意选择时，不止一个学生说：如果写作文，我会……如果在生活中，我会……真让我感到震撼，这样的心灵"分裂"，怎么能写出好文章呢？而这样的心灵"分裂"，到底是真情实感还是虚假写作呢？恐怕也真的很难界定。

什么是“个性化表达”

——个性化表达是以语言规范为基础的高品位表达，必须以遵守语言的基本规则为前提。用僵死的语言规则去框范学生鲜活的语言，必然使学生的语言苍白而没有活力；个性化表达看起来是形式问题，实质是内容问题，更在于表达的言之有物。

“学生腔”，“软骨病”，千人一面，千人一腔，是中学生作文比较普遍的毛病，培养个性化表达，自然是作文教学的应有理想。不过，尽管我们非常向往学生能够个性化地表达自己的思想感情，但我们又必须清醒地意识到：个性化表达，是一种高品位的表达，它必须以表达的规范化为基础，文句畅达，表意明白，仍然是语言的基本要求。如果没有这个基础而盲目地追求所谓个性化的表达，其结果必然是重蹈我国经济建设“大跃进”的覆辙。

个性化表达更不是病态的表达。“我的地盘我做主”，想怎么说就怎么说，那不是个性化表达。语言是社会的产物，必须遵守社会规则；言语是交际的产物，目的在于和别人沟通和交流，而不是一种纯粹的“自言自语”。比如关于网络语言在写作中运用的争论，就是这样一个问题的反映。我们当然不能简单地说学生在写作中运用网络语言好还是不好。但如果由于运用网络语言影响了表达的效果，影响了一般读者对文章的阅读，影响了文章的品位，那就不能支持。网络写作是介乎私密写作和公众写作之间的写作形式，它可能纯粹是私密性的，也可能是公众性的，即使是公众性的，也是一个特定的公众群体。在这个群体中有着一套自足而且独特的语言规则。这个规则不能照搬到社会的一般交往中。如果以为在一般社会交往中运用了网络式的和一般人表达不同的语言范式就是个性化表达，我以为这肯定是对个性化表达这一理念的错误解读。

当然，我们强调个性化必须以规范为基础，并不是限制学生语言的空间，设置语言表达的框框和套子（这在后一部分内容中将再进行论述），只是防止对语言个性化这一理念形成一种简单片面的理解。真正的个性化表达反对坚守一种教条的一成不变的语言规则，用这种僵死的语言规则去约束学生鲜活的语言，使得学生语言苍白而没有活力。动辄“搭配不当”、“用词不当”等指责，使得学生在表达时战战兢兢于语言规则的遵守，而不能鲜活地呈现思想。语言总是在对规则的反叛中发展；表达也只有超越规则和常规，才有个性，才有活力。但这里有一个度，一个分寸。一个很简单的标准，就是看是否影响了内容的表达和读者的阅读，只要不违背这个原则就可以容许对一般语言规则的反叛。通俗地说，只要“意思到了”，就可以“由他说去”。

个性化表达，追求摆脱千人一面的学生腔的表达，更在于表达的言之有物。表面看起来是形式问题，实际上是内容问题。所以，培养学生个性化的表达，首先是要引导学生学会独立思考。没有思想，没有对生活的感悟，没有对人生的思考，无论语言怎样有文采，怎样地讲究形式和修辞，只能是没有血色的皮肤，不管白皙还是黑红，都不是健康的，就像没有内在修养的模特或明星，无论线条和五官是怎样地经得住推敲，都算不上艺术家。

个性化表达以个性化阅读为支撑。“腹有诗书气自华”，课外从不读书，课本也没有好好读的人，谈什么语言的个性化表达，只能是痴人说梦。就像好的身体不是依靠吃药和进补，而首先是饮食结构的合理，个性化的表达，首先是要有良好的阅读。在广泛阅读、尽可能多读的前提下，比较有效的办法是读好一类书，读好一个人的书，读好一本书。这样既能培养阅读的兴趣，也能加强有效积累，更容易内化为写作的素养，对语言的作用更为明显。

为什么要“多元化评价”

——评价的目的在于促进学生写作素养的提高，坚持一元化标准，在貌似公正的背后是对一部分学生学习权利的牺牲。强调多元化评价，要求我们不能用既定的框框约束学生的写作，也不能一把尺子衡量所有学生的习作。尊重学生的写作劳动，是多元化评价的本质，在宽容中引导是多元化评价的基本要义。

实行多元化评价，是作文教学其他新的理念能够真正在教学中得到体现的保证和前提。所谓多元化评价，是相对于一元化评价而言。而所谓一元化评价，就是不分具体对象、不分时间和场合地坚持一个标准评价学生的作文。

倡导多元化评价，首先应该明确：作文教学本身的目的在于促进学生的发展，而不在于分出优劣中差，也不在于挑选；评价的目的自然也在于促进学生写作素养的提高，而不是给学生一个会不会写，写得好不好的结论，给学生一个能得多少分的判决。我们的教育要对全体学生负责，写作教学就不能只为少数写作尖子服务，要让每个学生在教学中得到成长，享受写作的快乐和成功，而坚持所谓的一元化标准是不能达到这一目的的。

长期以来，我们在作文教学中喜欢坚持“一碗水端平”，在貌似公正的背后其实牺牲了一部分写作基础和写作天赋比较差的学生，甚至包括基础一般和天赋一般的学生，因为这些孩子的习作距离那个“客观的标准”总是有较大的差距。在我们设立的固定的标尺面前，这些同学始终都是在不达标准的失败和失望之中写作。而多元化评价，则根据不同的对象确定不同的标准，使所有同学（至少是绝大多数）享受到写作的快乐和成功。一位著名的特级教师应邀到一所农村中学执教作文课，看了授课班级学生的习作，听了任课老师的介绍，才知道同学们的作文基础非常差，能把话说通顺的基本没有。这位特级教师安排的写作内容是“我的一家”，于是完全改变了教学计划，临时提出了这样的写作要求：1. 第一段说明一家有几个人；2. 每段话写一个人，有几个人就写几段话；3. 写清楚每个人在家中的角色和地位；4. 每个人都要写一件关于这个人的事情或和自己的关系；5. 当堂完成（共两节课）。结果全班同学80%得到了80分以上的成绩。也许按照通常的标准或者大纲和课程标准的要求，这个80分的含金量是不高的，但从某种意义上说其价值又是非同寻常的。我们有什么权利让一个班级的同学在一次作文中所有人都不能得80分呢？我们有什么权利让一个孩子的作文从来没有得过80分呢？我们掌握的那个评价标准就真的十分客观而公正吗？因此，强调多元化评价，要求我们不能一把尺子衡量所有学生的写作，也不能一把尺子衡量学生不同时期的写作，这既不符合作文教学的规律，也不符合教育的规律。

多元化评价，要求我们必须尊重学生的写作劳动。尊重劳动，是一种良好的人文素养。可在我们教师眼中，学生的劳动很少值得尊重，似乎学生做作业是天经地义的事情，做得好是应该的，做得差不可饶恕。其实最差的作文，哪怕通篇都是废话，全文都是抄袭他人的作文，也是一种劳动。批评是必需的也是不可缺少的，但对学生的劳动我们应该从心底里给予尊重，不能因为习作的质量不高（绝大多数不是态度问题而是水平问题）而不尊重他们的劳动。所以多年来我几乎没有给学生不及格的成绩（正确与否请大家批评），当然尊重学生的写作劳动不仅仅表现在成绩上，而是一种由衷的真诚：走进他们的心灵，倾听他们的心声，了解他要表达的思想，陈说自己的意见，提出自己的建议……而这些我们常常做得很不够。

当然，多元化评价，不是一种简单的包容甚至纵容，而要在宽容中引导。学生就是学生，难免有这样那样的问题。从某种意义上说，孩子犯什么样的错误都是可能的，也是可以理解的，我们只能宽容，否则便束手无策。但要宽容，更要引导。前者是我们应该有的德行，后者是我们应该有的能力。也只有在宽容中引导，才能有比较理想的效果。如果不能宽容，就会扼杀学生写作的兴趣和个性，甚至扼杀了写作的天才；如果不引导，问题就不能得到矫正，学生就不能提高。用鲁迅先生的话说，学生学习写作，如同孩子学习走路，摔跤是难免的，该摔的时候让他摔去，但完全放手，没有老师的扶助和引导，或许会把孩子摔坏。比如有些同学对家庭、社会的认识极为偏激，有些孩子的语言非常另类。其实，在我们头疼的问题后面都潜藏着这些孩子的写作潜能，关键就在于引导得法。粗暴简单的否定，或者使这些孩子更加偏激、更加另类，走上一种完全自我的写作；或者使他们丧失了可贵的才气和个性而“泯然众人”。可以说，在宽容中引导是多元化评价的基本要义，也是培养学生写作个性的有效方法。

新课程改革提出了许多新的作文教学理念，这些理念都是一柄双刃剑：有准确的理解和正确的体现，必将促进作文教学的改善，否则，将会使作文教学陷入更为艰难而尴尬的境地。因此，对其中几个主要的概念做了一番自以为辩证的解读。

在昆明执教《阿房宫赋》

课例1

“写出人物的特点”教学实录

师：同学们，我们开始上课。我想问一问，有没有同学认识我？不认识，一个都不认识我吗？那我介绍一下，我叫黄厚江。草头黄，忠厚的厚，长江的江。现在请大家用黄厚江三个字分别组词，看看你们能组多少词，我想了解一下同学们掌握的词汇是不是丰富。

生：黄河。

师：黄河，挺好的。

生：黄酒。

生：硫黄。

生：黄色。

生：黄土。

师：其实，某种意义上说，我们大家都姓黄。知道为什么吗？能想到那个词吗？

生：炎黄子孙。

师：对。我们都是炎黄子孙。下面用厚组词。

生：厚积薄发。

师：出口不凡哪。大家读书要厚积薄发。

生：深厚。

生：厚道。

生：厚重。

师：厚重。大家肚子里的词语很丰富。再用江组词。

生：长江。

师：长江，挺好。

生：丽江。

师：丽江，还有吗？

生：大江。

师：长江，丽江，大江，是不是还有松花江？能不能换一个思路？

生：滨江临海。

师：滨江临海。嗯，有点学问。对，滨江临海什么意思啊？

生：就是濒临大海和长江的意思。

师：很多诗句里有江，能说几句吗？

生：孤舟蓑笠翁，独钓寒江雪。

生：大江东去，浪淘尽，千古风流人物。

生：曲终人不见，江上数峰青。

师：非常好。刚才是用黄老师名字的三个字组词。下面要求高一点，你们能看出我这个人有什么特点？

生：慈祥。

师：慈祥，好啊。这位女同学你讲讲。

生：忠厚，善良。

师：忠厚，善良，我就写忠厚，因为我觉得善良应该是人的共同特点。

生：聪明。

师：你能看出我聪明，说明你也很聪明了。

生：和蔼。

师：和蔼。还有不同的举举手。

生：谦虚，朴实。

生：开朗。

师：开朗，性格比较开朗。

生：有孩子的特点。

师：有童心。很多同学说我有这个特点。

生：幽默风趣。

师：我觉得我们班的同学记叙文一定写得好。因为你们词语丰富，观察敏锐，几分钟就能捕捉到人的特点，非常不容易。但要写出一个人的特点，还要有具体材料。现在请大家拿一张纸，拿一支笔，写一段话表现我的一个特点。只给5分钟，看看谁写得最多最好。提醒大家注意：想一想，写一个人的特点，一般可以从哪些方面入手。

好的，我们现在开始交流。哪位愿意展示自己的习作？

生：黄老师是一个很有童心的人。说话时带有一点小幽默，语言风趣，非常容易交流，和孩子们打成一片，而且他的脸上时常带着一丝浅浅的微笑，就觉得非常友好可亲，忍不住就会和他去交朋友。

师：请问同桌，你觉得他写得怎么样？

生：很好。

师：写出了什么特点？

生：童心。

师：对。哪一句最好？

生：他的脸上时常带着一丝浅浅的微笑。

师：对，两位同学，一位写得好，一位评点得也很好。紧紧围绕着童心，都是具体的描写，很好。当然，还可以更充实一点。这位同学你自己读，好吧？

生：他是一位幽默风趣的老师。眉宇间透着慈祥与和蔼，在与学生交谈时，举手投足间闪现着一股孩子气，岁月的沧桑使皱纹不经意间爬上了他的眼角，但掩盖不了他一颗炙热的童心，他就是我们敬爱的黄老师。

师：好，这位同学很有文采，也写得很好，但是也有不足。有没有同学对他提出修改的建议？没有？我再读一遍，我们一起讨论。

他是位幽默风趣的老师，眉宇间透着慈祥与和蔼，在与学生交谈时，举手投足间闪现着一股孩子气，岁月的沧桑使皱纹不经意间爬上了他的眼角，但掩盖不了他的一颗炙热的童心。

后一句话我自己就不读了。我们首先看主要写我什么特点？

生：有童心。

师：也是有童心？后面有哪些具体内容可以表现童心呢？

生：眉宇间透着慈祥与和蔼，在与学生交谈时，举手投足间闪现着一股孩子气。

师：的确如此。这句话，尤其是后面一句“在与学生交谈时，举手投足间闪现着一股孩子气”很能表现童心的特点，但“眉宇间透着慈祥与和蔼”和童心关系不紧密。还有哪些句子和童心的特点关系不紧密？

生：“他是位幽默风趣的老师”。

生：“岁月的沧桑使皱纹不经意间爬上了他的眼角”。

师：这些句子，或者联系不紧密，或者特点表现得不具体。大家能不能帮助他修改一下？

生：眉宇间透着慈祥与和蔼，又闪烁着孩子的顽皮。

师：非常好。

生：被很多皱纹包围的眼睛中，有着孩子的光彩和单纯。

师：改得真好。有没有同学集中写幽默的特点呢？有没有？好的，这位同学。

生：黄老师眼睛虽小，但是炯炯有神，总是笑眯眯的，给人以慈祥的样子，言语中也不乏幽默，反映出了他的博学与睿智，他像爷爷般给人以亲切感。

师：好的。他写得怎么样？

生：我觉得他的语言不错，也写了很多的特点，但是不能突出地表现幽默。

师：评价得非常好。这位同学用了很多褒义词，但是大家要注意他有两个问题。黄老师眼睛虽小，但是炯炯有神，这表明了什么？他总是笑眯眯的，给人以慈祥的姿态，言语中也不乏幽默，反映了他的博学与睿智，他像爷爷般给人以亲切感。这几句话又是写什么特点？

大家一定要记住，特点写多了等于没有特点。写人的文章一定要突出特点。有没有同学写其他特点的？比如写聪明的，有没有？你写什么特点？

生：我没有写聪明。

师：那你写的什么？

生：我写的慈祥。

师：好的，念出来给大家听听。

生：黄老师慈祥地望着我们，脸上的皱纹像一朵绽开了的野花，他用亲切而柔和的嗓音鼓励着同学发言，声音虽然沙沙的，但却像爷爷粗糙的大手抚摸你的心田，让人一下子放松下来。有一个同学回答不出问题，他便微笑着安慰他，眼睛像闪亮的星星和蔼地闪烁着。

师：她写得怎么样？

生：写得很好。

师：写得最好的是哪句？

生：她把老师的声音比作爷爷的大手抚摸着心田。

师：对，这句的确写得非常好。

生：突出黄老师慈祥的声音。

师：很好，她主要通过声音、肖像，抓住眼睛的细节，写慈祥。有没有写我聪明的？

生：没有。

师：现在规定就写聪明的特点。怎么写？

生：我觉得你的手挺秀气的，像是读书人的手。

师：秀气的手，可以看出是读书人。但秀气的手能不能表现人的聪明？很勉强。

生：深邃的目光让我们很容易联想到鲁迅先生。

师：请坐请坐，你夸奖我，我很感谢。但是有一个问题，鲁迅先生是聪明的代表吗？鲁迅当然是聪明人，但是鲁迅在我们大家心目中并不是聪明的代表，还不如说看到黄老师就想到陈景润。但也不好，不具体。请写出具体表现黄老师聪明的地方。

生：有个词语叫聪明绝顶。

师：有道理。但仍然比较概括，没有具体的描写。应该在对头发进行具体描写中让人看到聪明。

生：通过黄老师的言谈和眼神透露出聪明。

师：言谈和举止，什么样的言谈透露聪明？

生：就是机智的话语。

师：机智的话语。非常好。机智，我也认可。能不能再具体一点？像——

生：简单的词语从您嘴巴里蹦出来，像有生命一样在跳动。

师：有意思。“像有生命一样在跳动”是聪明的表现吗？

生：让人爱听，耐人寻味。

生：使人很有启发。

师：语言中写出聪明，不容易。其实最容易的还是写肖像。大家看我的肖像，哪些地方可以看出聪明？

生：光脑袋。

师：有点道理。有人说，聪明的脑袋不长毛。当然也有人说，光脑袋是因为不够肥沃。

生：额头，特别突出。

师：大家观察得不错。概括一下，写一个人的特点，比较容易的办法是从哪些方面入手？

生：肖像。

生：语言。

师：但是单单写其肖像，写其语言，要写得丰满很难。如果要把一个人的特点写得很丰满写得比较深入，除了写肖像、写语言等，还要怎么办？

生：通过具体的事件。

师：对，写具体的事件。上课到现在，大家了解了我的哪些事件？又可以写出什么特点？

生：自我介绍很有特点。

师：什么特点？

生：让我们组词。

师：表现什么特点？

生：知识很渊博。

师：几个词就能说渊博？再说还是你们组的词语啊。

生：很机智，上课有特点。

师：这还有点道理。还有吗？

生：和同学交流不一样。

师：表现在哪里？

生：从不批评。

师：不批评就好吗？我是都说你们好吗？

生：不是。但是很委婉，很含蓄。

师：是说我说话不明白吗？

生：不是。是尊重学生，循循善诱，善于启发。

师：你真会夸人。还有其他事件吗？

生：（沉默）

师：我们刚刚认识，你们了解我的事件的确不多。大家想一想，如果写一个人，对他的事件了解不多。怎么办呢？

生：询问。

师：非常有道理。如果对所写的人了解的事件材料不多，可以询问，可以调查了解。可以问本人，也可以问别人。大家想不想听我说说我的故事？

生：想。

师：我知道你们想。那么黄老师说几个自己的故事，你们认真听，看看哪些事件对你写的特点有用，或者哪个事件能表现哪个特点。明白我的意思吗？

生：明白。

师：如果要说优点，我觉得自己做事情比较专心。只要读书写作，有人叫我都听不到。几十年来心都用在语文教学上，备课，上课，编教材，写论文，每天都要熬夜，30年几乎没有在夜里12点之前休息。从不打牌，从不玩游戏。不管多累，一进课堂就兴奋，就陶醉。二是和同学们的关系特别好。成绩好的我喜欢，成绩不好的我也喜欢，甚至特别调皮甚至行为不够规范的学生也喜欢。有一届，有几个学生特别调皮，夏天上课，把衣服敞开，露出发达的胸肌，吓得女老师不敢上课。但他们的老大规定，老黄上课不许闹。每一届的同学都要给我起别名，有的叫我老黄，有的叫黄老，有的叫我逗逗，有的叫我江江，有的叫我老顽童，最近的一届叫我豆浆。

要说我的缺点，最主要的就是特别粗心。中午吃饭，女儿说菜凉了，爸爸用微波炉热一热。可是后来到微波炉中找不到菜了。哪里去了？菜被我放到冰箱里去了。晚上回家，钥匙常常打不开家里的门。门一开，邻居家的女主人出来了。我家住在4楼，开的是5楼的门。到此为止，你们有没有发现可用的材料？这位同学说一说。

生：你热爱语文，可以看出你聪明。

师：热爱语文就是聪明？有点勉强，其他同学有没有发现？

生：同学们给你起的外号，都可以表现他们喜欢你，说明你喜欢孩子，课上得好。

师：有点道理。能表现刚才大家归纳的我的哪个特点?

生：有童心。

师：有道理。其他材料能表现什么特点呢?

生：我觉得最调皮的学生你上课时也不闹，说明你聪明。

师：这怎么理解?

生：他们那么调皮，根本不想学习，可是你能让他们听语文课，说明你很有办法。

师：我一开始觉得勉强，你这么一说，还真有点道理。

生：还有，你能够让这样的学生都敬佩你，听你的，说明你教育学生一定有自己的办法，这也表现你的睿智和聪明。

师：你真不简单，说得头头是道，看到了我自己都没有看到的东西。大家还要注意，同一个材料也可以写出不同的特点来。比如说写肖像，写细节，可以写我的眼睛。能不能由我的眼睛写出不同的特点来?大家试试。

生：能。

师：能写哪些特点?

生：慈祥。

师：除了写慈祥，还能写什么?

生：童心。

师：大家能不能尝试一下?有没有同学想到?

生：黄老师小小的眼睛是那么和蔼，目光让人觉得那么温暖，就像我爷爷的目光。

师：我其实没有你描写的那么老，但你写得真好。这是写慈祥，有没有人能写一句表现童心特点的?

生：黄老师的眼睛非常小，但特别灵活，眼珠转来转去，就像是孩子的目光，那么单纯。

师：有点意思，但也有点夸张。我想问问大家，如果写一个人的特点，掌握的材料不够用了，怎么办?

生：可以想象。

师：还能想象？能想象出具体的事情？

生：比如说没有发生在这个人物身上，但是发生在别人身上的事情也可以写。

师：借用别人的事情，来写人物的特点？

生：是的。

师：比如说要写我的和蔼，可以写别人什么样的事情呢？

生：写别人严厉的事情。

师：我明白你的意思了。这不是想象，这是衬托。要写一个老师和蔼，可以写其他老师的严厉，对不对？

生：是的。可以对比。

师：很有道理。你写几句对比内容看看。

生：我们的班主任成天板着脸，大家一看见就害怕，只要听到他的脚步声，教室里就鸦雀无声。可和蔼的黄老师一进教室，大家就围在他身边，和他开心地说东说西，教室里就充满笑声。

师：你胆子真大，当心你们老师在听课。当然这是文学手法不可当真。不过，写得真不错。运用衬托的手法，丰富了角度，也可以把人物写得更丰满。但侧面的表现不能太多。如果材料还不够，有没有其他办法呢？

生：有人说作文是三分真七分假。

师：三分真七分假，倒过来正好，七分真三分假吧。假的哪儿来呢？

生：可以自己想一些素材。

师：用什么办法想素材呢？可不能随便编造，当然如果合理想象也是可以的。但想象也要有基础。黄老师教你一招好吧？有一个选材方法叫假借，不知你说的是不是这个意思。明明这个事情是发生在他人身上，现在我们为了写这个人的特点，可以把这个事情假借到这个人物身上来。大家读过《三国演义》吗？《三国演义》中有一个张飞痛打邮差的情节。但据专家考证，痛打邮差的事情不是张飞干的，恰恰是刘备干的。但刘备的特点是仁厚的，这个事情不能让他打，一打刘备就不仁厚了。为了突出张飞的粗野，罗贯中就把这个事件安排在张飞的身上，很符合他的特点。刚才有同学说“作文是三分真七分假”，这也是合理的“假”。当然，有时候，对所写的人物进行采访也是很好的方法。前面有位同学说到“询问”，就包含了这个意思。比如你写我的"博学"，你可以问黄老师您是怎么读书的呀，读了哪些书呀；比如你写我的"和蔼"，你可以问问我同学们作业不做怎么办，作业不认真怎么处理。这样对我的了解就更深入了，材料也更丰富了。但今天没有时间让同学们采访我了。

现在我们小结一下，今天我们上了一节什么课？

生：作文课。

师：什么作文课？

生：写人的作文课。

师：怎样才能写出一个人的特点？

生：写肖像，写语言，写行为。

生：写表现特点的具体事件。

生：还可以从侧面写。

生：还可以借用别人的事件写。

师：大家记得很全。好的，布置作业，请以"认识黄厚江"为题，写一篇记叙文，要写出人物的特点。大家想一想，这个题目能不能写成记事的记叙文？

生：不能。

生：能。

师：黄老师也觉得是能的。如果大家愿意，可以分别写一篇。下课，谢谢同学们。

附：

认识黄厚江老师

湖南省湘潭江声实验学校1225班　庞铮

朱老师从青岛开会回来，口中就天天念叨着一个名字——黄厚江，那神情可是敬佩死了。朱老师可不经常夸人的哦！这不禁让我对这位享有“殊荣”的老师多了几分好奇。

幸运的是，一个周日下午，我们真的有机会一睹黄老师的风采——黄厚江老师来给我们上课了！

我们坐在偌大的会议室，静静地等待着这位贵客的到来。没多久，一个穿着暗红毛线衣，提着一个纸袋的老头儿，在谭校长的陪同下健步走了进来。他的一边衣领半翘着，头发稀疏蓬松，像未经过打理。我想象着他的头发被风吹得张牙舞爪的情形，就不由得想笑出声来。这个黄老师，倒是有点像那个连领结都忘记打的藤野先生！

“同学们，知道我姓什么吗?”略带调侃的语气从他嘴里缓缓吐出，让人感觉像是在听一曲悠扬缓慢的江南小调。

我们齐答道：“姓黄。”

“那我叫黄什么呢?”他再次悠悠地说。

这个问题似乎是有些好笑的，因为他身后上方的电子显示屏赫然写着：“热烈欢迎特级教师黄厚江先生!”

我们又再次齐答。

他似乎没料想到我们会回答得如此整齐，神色中露出些许的惊喜。一些同学示意他看向身后，他才明白其中的缘由，摸摸脑袋像个犯了错的孩子般不好意思地笑了。但他随即又话锋一转，说道：“这么多人认识我，看来我还是很有名的嘛!”这幽默的话语使得满堂顿时欢乐起来，气氛一下子变得热闹了。这个迷糊的老师还是很可爱的!

接着，他让我们用“黄”“厚”分别组词，从普通的“黄土”“厚度”组到有文化意蕴的词语“炎黄子孙”“厚积薄发”，还从古今诗词的长廊中采撷了许多含有“江”的名句……一堂怎样写出人的特点作文课就这样开始了。

他先让我们概括他的特点。也许是他的特点太鲜明了，同学们一下子就概括出“慈祥”“平易”“智慧”“渊博”“幽默”等等许多特点。有同学说他“狡猾”，他似乎也不生气。但有些特点他似乎不同意。比如，有同学说他是平易近人。他问大家“平易近人”一般用在什么人的身上呢？大家都说是用在地位高的人身上。他说：“黄老师只是个普通的老师。”于是在黑板上写下“平易”两个字。

接着他让我们写一段话表现他的某一个特点，然后进行交流讨论，看看有没有通过具体的描写表现出特点。应该说，我们班的同学表现不错，不少同学抓住肖像、语言、动作写出了他的特点。他似乎很满意，便强调写人物外在特征要和内在特点相统一，要求让我们抓住他眼睛小、头发少的特征写出不同的内在特点。这倒是我们没有想到的，原来同样一个特征，还可以有不同的理解。

为了让我们把他这个人物写得更丰满，黄老师还给我们讲了一些关于他的故事。我印象最深的是他对语文的热爱。他对语文简直爱到了痴迷的地步，脑子里成天想的都是语文。他告诉我们他已经为自己想好了碑文——“这里躺着一个热爱语文的人”。引得在场的老师同学一阵大笑，同时大家心中都对他充满了敬佩。给我印象深刻的还有他的粗心，一次由于他的粗心，家里的煤气罐差点爆炸。我倒觉得，从这些粗心中也能看到黄老师对语文的热爱。他的爱人就说他是“一根筋”，因为他心中总是想着语文。

他问我们：“写我的文章能不能写你们自己的老师呢？”这个问题可把我们难住了。在有同学大胆说出可以写我们老师时，他又问：“写你们老师好还是不好呢？”这时候，我们的思路一下子打开了。有同学说，可以写我们老师同样好的地方，这是衬托；有同学说可以写我们老师相反的地方，这是反衬。“写你们老师不好，你们不怕老师报复吗？”在幽默了一句之后，黄老师大大地表扬了我们：“对！写文章就应该这样，虚虚实实。不仅可以衬托反衬，还可以‘嫁接’，把你们老师有些材料直接写到我的身上。”他还举了张飞“鞭打邮差”的例子作为证明。

一节课很快结束了。不知不觉中，我们学到了写出人物特点的很多方法，也充分感受到黄老师幽默风趣、循循善诱的教学智慧。

现在想来，最后悔的就是没有在黄老师的课堂上勇敢地展示自己。但他说的“优秀的人都是主动的”这句话我已牢记于心间。若是有机会能再听一节黄老师的课，能再做一次黄老师的学生，我想他一定会认识一个女孩，这个女孩的名字叫庞铮。

第二章

教我们能教的作文

什么叫中学作文教学的基本定位呢？简单地说，就是作文教学是什么，作文教学应该教什么。这个问题很多老师没思考过，没有思考过有两种可能。一种可能是智者，他没有想清楚，但是他能做得很好，“随心所欲而不逾矩”，这是教育的最高境界，是古人说的以其昏昏使人昭昭。但更多的人达不到这个境界，是以其昏昏使人更昏。对于绝大多数人来说，只有以其昭昭才能使人昭昭。那么中学作文教学的基本定位是什么呢？这个问题要从不同角度回答。

中学作文教学应培养学生基本的写作素养

从课程价值角度看，中学作文教学是公民写作素养的培养。什么叫作公民写作素养呢？即一般公民的日常写作所要求的写作素养。也就是能够达到写作的基本要求，能够做到文从字顺，言之有物，能够掌握常用的表达方式和基本的写作方法，学会常见文体的写作。

为什么这么说呢？

这首先是由中学教育的性质决定的。中学教育，包括高中教育，仍然是基础教育，它的总体目标都是培养公民的基本素养。语文学科当然是培养学生的语文基本素养，写作也就是培养学生的写作基本素养。其次是由人的基本素质决定的。绝大多数人各方面基本的素养都是普通水平，或者说都比较接近。只有少数人在某一方面具有特别超常的天赋。数学特别好，绘画特别好，音乐特别好，跑步特别好的，都是极少数人，自然写作天赋好的，也是极少数人。再次，也是由班级授课制这样的学校教学方式决定的。班级授课，某种意义上就是工厂化生产。工厂化生产出来的只能是工艺品，而不可能是创作的艺术品。尽管我们从理念上强调教育对个性的培养，但班级授课要实现这一目标是非常困难的，效果也是非常有限的。老师如果能够包容而不扼杀个性就非常不容易了。

最主要的是由写作规律决定的。古人说：诗有别才。其实，文章写得好，都有别才。就像不是所有人都可以将围棋下到聂卫平那样的境界，不管你怎么勤奋都不行。同样，不管你用什么样神奇的教学方法，都不能培养鲁迅和莫言。我们反复强调几个“基本”，就是强调公民写作素养而不是特长培养，也不是竞赛作文，更不是作家培养。作家是学校培养出来的吗？韩寒是学校培养出来的吗？都不是。谁都知道，作家不是培养出来的，更

在杭州浙师大活动中上课

不是学校教育培养出来的，不用说一般的中学，北大那样的大学也培养不出作家来。竞赛获奖是培养出来的吗？我们说也不是。有些老师班上有两个学生作文得奖了，他就以为是他的功劳；班级上有同学发表文章了，他也以为是他的功劳；班级上有同学出书了，他也以为是他的功劳。说和你有关系，我信。因为你没有因为要考试而扼杀了这些孩子的写作兴趣和天赋。但说是你教出来的，我就不信了。我要问，你女儿获奖了吗？你儿子发表文章出书了吗？我随便指定一个学生给你，你能保证让他获奖吗？你连自己的女儿也不能培养获奖，你自己的儿子也不能发表作品，你就能培养别人获奖。可信吗？

指令性写作与自由式写作的差异

作文教学，我们常常又叫写作教学。从某种意义上说，作文和写作没有区别。但有时候两者又不完全是一回事。比如我们说作家写作，一般不说作家作文。这就意味着写作和作文并不完全是一回事。这也告诉我们写作有着不同的类型，中学生写作是一种特殊的写作。写作有哪些类型呢？我们以为从写作性质角度看，写作至少可以大致分为两种类型：一是作家的写作，一是中学生的作文。我们把前者称为自由式写作，把后者称为指令性写作。这两者有着本质的差异。

首先是写作动机和目的不同：指令性写作多是为了完成必需的写作任务，通过这些任务的完成，以测量或提高写作的能力，具有很强的功利色彩，而且这种功利具有自闭性，即为了写作本身而写作。自由式写作，一般是为了满足表达自身思想情感，宣泄自我情绪的需要，功利色彩比较淡化，而不是单纯为了写作而写作，尽管也具有较强的功利性，但这种功利具有社会性特点，更多的是为了表达作者对生活的关注、思考和干涉，这种功利性，和写作具有一种远距离的关系，主要不体现在作者本身，更不体现在写作过程本身，而体现在写作的结果（作品）。

这两者写作主动权的归属和写作的流程也不一样，甚至可以说完全相反。所谓自由式写作，就是写不写，写什么，采用什么形式，什么时候写，完全是由写作主体决定的。所谓指令式写作，就是写不写，写什么，采用什么形式，什么时候写，完全不是由写作主体自己决定的。指令性写作的流程是：接受指令—明确要求—根据要求组织材料、确定立意—成果呈现—简单修改或修改缺失—命题人评价—反思回顾。自由式写作的流程大致是：生活触动，形成创作欲望—深化思想—丰富材料—选择一定的文学式样加以呈现—反复修改—发表交流—接受社会性评价。

由于写作的性质和写作的流程不同，我们对写作结果的期望也就不应该一样。指令性写作的成果呈现一般是单向呈现，即呈现的目的是让命题者评价而不是读者评价，通过命题者的评价，再进行自我反思以提高自己的写作能力，评价周期短促，对成果的评价是标杆式的，即是否达到预定的要求。自由式写作的成果呈现一般都是社会性的，评价的主体是读者和专业评论者，评价周期则往往比较长，社会和作者对于写作成果的质量期望都很高，评价的标准主要着眼于其独特的文学价值和社会价值，尤其是在思想深度和形式的新颖方面，又有着很高的要求。

因此，期望学生在规定时间规定地点按照规定要求写出的文章具有作家创作的特点和质量，是违背写作规律的；同样，要求作家按照考试的要求进行写作也是不尊重写作规律的。

认识到这一点，我们前面说到的困惑就会在一定程度上有了解答。作家写高考作文，得分并不理想，很多竞赛获奖或者发表很多作品的学生参加高考，作文得分并不高，平时写得好考试写不好，教师会写学生未必会写，便不难理解，因为自由式写作和指令性写作是两类不同的写作，比赛作文和考试作文也不是一回事。这就像打球，会打篮球的乒乓球不一定打得好，乒乓球打得好的人不一定会打羽毛球，也不一定会打篮球。即使乒乓球打得好的人，用惯了反胶的拍子，给他打正胶的拍子他可能就不会打了。

认识了这一定位和特点，还可以发现我们作文教学的一些问题。

一种情况是把中学生作文和文学创作式的自由写作混为一谈，用自由写作的方法指导学生的指令性写作。这些老师理念非常先进，而且常常很有才气，自以为对写作有思考有研究，于是简单化地用自由写作的方式来指导学生的写作。特别是一些文学素养比较好的老师，常常会如此。我认识几个小才女，她们的文笔绝对漂亮，散文赶得上专业作家，但是她们的学生写作并没有优势，有的高考反而不行。什么原因呢？因为她们把中学生的作文当作文学创作，用纯粹的自由写作的方式来指导学生的指令性写作，过分强调什么自由和个性，就等于用打排球的方式来指导打乒乓球，用指导打反胶的方式来指导学生打正胶，自然会南辕北辙，造成学生脑子里一片混乱。现在语文刊物上很多关于作文教学的文章仍然有这样的问题。

也有些老师用指导竞赛作文的方法指导学生的日常写作。有一段时间这个问题尤其严重，新概念作文甚嚣尘上，贻害不小。因为新概念作文的写作方法，和我们对中学生的写作要求是完全不一样的，用那样的方法指导中学生写作只会走上歧路。我跟高三的同学讲作文，特别强调这一点。在写作策略上，竞赛作文和考场作文刚好相反。竞赛作文是要么上天堂，要么进地狱，宁可下地狱，也要上天堂。这是什么意思？简单地说，就是宁可冒险，也要求新。因为我要么就获奖，要么不获奖。假如这次比赛十个人获奖，我是第十一名，我的十一名和倒数第一名某种意义上没有区别，而高考作文、中考作文显然不一样。我和我的学生说：宁可不上天堂，也绝不下地狱。就是不能得高分，也不能因为冒险得低分。力求稳妥，绝不冒险。就是说，我不想得那个特别高的分，我也不能得特别低的分。你看这两个策略是相反的，所以在高考作文的时候，文章的取材、立意、结构等，它的策略都应该如此。

而比较普遍的做法是简单化地用指令性写作的方法来对付考试。面广量大的老师是从初一高一考试（甚至现在小学也有这样的情况）就都是指令性写作，就是反复强化针对考试说明和评分标准的写作训练，就是将考试说明的要求和评分标准进行分解，然后再归纳出一系列的方法和技巧，有计划地进行分点的反复训练。遗憾的是很多作文阅读专家也到处鼓吹这样的做法。但事实证明这样的做法效果也不好，不仅学生的作文越来越空洞无物，即使他们所期望的考试要求也并没有达到。因为这些人也没有真正认识到中学生作文写作的规律和特点。

让学生写好平常文章

什么叫平平常常的好文章，为什么要这样说，我后面再交代。

应该看到，我们现在对中学作文教学的定位普遍拔高了，而实际的操作又非常低端。这就出现了严重的眼高手低、理想和实际脱节的问题。为什么会出现这样的情况呢？根源主要在于高考、中考阅卷与课程标准的脱节。实际上，课程标准对中学作文教学要求的定位总体上讲还是比较清晰的，也是比较恰当的。如初中写记叙文，就是要求内容具体，有自己的体验，有自己的感情就行了。用我们的话来说就是中心明白，内容具体，表达清楚，简而言之，就是文从字顺，内容具体。但达到这个要求，做到内容具体，表达清楚，中心明确，中考阅卷只能拿中等偏上的分。阅卷老师是怎么要求的呢？要看立意是不是深刻，取材是不是新颖，结构有没有特点，语言有没有文采，等等。要具有这四个东西，学生的作文才能拿到高分。高考作文阅卷则首先有个基础分，60分总分的基础分是40分，70分总分的基础分是50分。什么情况才能拿到基础分呢？就是我们刚才讲的，内容具体，表达清楚，思路流畅，中心明确。还有20分，称之为所谓的发展分。什么情况才能拿到后面的20分呢？要新颖，要深刻，要有文采，要有创新。综合多家高考作文的评分标准，满分作文或高分的要求是：

1. 符合题意，中心突出，内容充实，思想健康，感情真挚；

2. 符合文体要求，结构严谨，语言流畅，字迹工整；

3. 能透过现象深入本质，揭示事物内在的因果关系，观点具有启发作用；

4. 用词贴切，句式灵活，善于运用修辞手法，文句具有表现力；

5. 见解新颖，材料新鲜，构思新巧，推理想象有独到之处，有个性特征。

这个要求就是命题人所期望考生达到的理想的写作水平，在他们看来高中毕业生就应该能写出这样的文章。而现在普遍的现象是高考作文的标准就是教师作文教学的目标，而且几乎所有学校的老师都冲向这个目标（而高考的评分标准又影响着、左右着中考的作文评分）进行作文教学。换一个角度也可以说，他们认为中学作文教学的任务就是培养学生能写这样的文章。那么，高中生都能写出这样的文章吗？中学作文教学能完成这样的任务吗？我认为都不能。事实上，这个要求也是明显高于高中课程标准的要求的。《普通高中语文课程标准（实验）》第二部分“课程目标”“必修课程”的“表达与交流”有9条要求，其中1~6条都是对写作的要求：

1. 学会多角度地观察生活，丰富生活经历和情感体验，对自然、社会和人生有自己的感受和思考。

2. 能考虑不同的目的要求，以负责的态度陈述自己的看法，表达真情实感，培育科学理性精神。

3. 书面表达要观点明确，内容充实，感情真实健康；思路清晰连贯，能围绕中心选取材料，合理安排结构。在表达实践中发展形象思维和逻辑思维，发展创造性思维。

4. 力求有个性、有创意地表达，根据个人特长和兴趣自主写作。在生活和学习中多方面地积累素材，多想多写，做到有感而发。

5. 进一步提高记叙、说明、描写、议论、抒情等基本表达能力，并努力学习综合运用多种表达方式。能调动自己的语言积累，推敲、锤炼语言，表达力求准确、鲜明、生动。

6. 能独立修改自己的文章，结合所学语文知识，多写多改，养成切磋交流的习惯。乐于相互展示和评价写作成果。45分钟能写600字左右的文章。课外练笔不少于2万字。

我们不难发现，“对自然、社会和人生有自己的感受和思考”变成了

"能透过现象深入本质，揭示事物内在的因果关系，观点具有启发作用"，"力求有个性、有创意地表达，根据个人特长和兴趣自主写作"变成了"见解新颖，材料新鲜，构思新巧，推理想象有独到之处，有个性特征"，"提高记叙、说明、描写、议论、抒情等基本表达能力，并努力学习综合运用多种表达方式"，"表达力求准确、鲜明、生动"变成了"用词贴切，句式灵活，善于运用修辞手法，文句具有表现力"。我不知道制订这些阅卷标准的专家自己的文章能否达到这样的标准，他们是不知道一般高中生也是一般人的写作素养的实际呢，还是不理解写作的规律和课程的要求？

实际的情形是，绝大多数学生是不可能达到这样的要求的，语文老师也没办法教学生写出这样的作文，我们讲过文章写得好是要有特别的天赋的，不是每个人都能写得深刻、写得新颖的。面对这样的标准，我跟高三的学生讲，也跟高三的老师讲，我们的作文教学应该追求学生作文得多少分呢？我的想法是70分，要确保50分，力争55分，拿60分是你的运气，拿65分以上，是你前世积的德。和高三学生讲作文，我第一个问题就问他们：你们高考作文想得多少分？有的学生在下面起哄说："我们想得满分！"我会说，高考作文想得满分，说明你是个糊涂蛋。然后我就告诉他们：70分的作文你要确保50分力争55分，考不到50分到55分，你也是个糊涂蛋。因为只要按照要求去做，人人都能考到50分到55分。对于老师来说，如果你班上没有学生考50分以下，大多数考55分以上，你这个班级的成绩一定很漂亮。而这个分数是我们可以教的，能够帮助学生做到的。为什么我不鼓励不要求学生争取高分力争满分呢？因为我自己做不到，一般老师也做不到。我前面说过，考场作文有它的特点，有它的特殊性，要写深刻，要写生动，要写新颖，这是很不容易的。我们有多少老师能做到呢？我估计不多。我们自己高考作文是高分吗？我们能保证不管什么作文题每次都可以写高分吗？我估计绝大多数老师不能。当然，不单单是中学老师写不出来，大学老师也写不出来。前面说过，连作家也写不出来。命题的老师和专家，阅卷的老师和专家，都能写出来吗？也不能，或者说绝大多数不能，更不能保证每次都能。孔子讲："己所不欲，勿施于人。"换一个角度，己所不能，也勿施于人。现在有一个非常没道理的现象，就是老师写不出来，专家写不来，要求学生写得出来；老师写不深刻，要学生写深刻；老师写不生动，要学生写生动；老师写不新颖，要学生写新颖。我们自己写不出来，专家和大学老师也写不出来，偏偏逼着孩子要写出来，怎么能写得出来呢？所以我们要老老实实地把我们的精力放在教学生会写50分到55分的作文。一开始我们就讲了，古人说作文有可教有不可教的，50分到55分的作文是教师可以教出来的，60分以上的作文主要不是教出来的，我们不要在不可教的地方拼命用功。再换一个角度看，一个班级作文能考60分以上的人有多少呢？60分以上的作文相当于百分制将近90分了，平时有多少学生的作文能达到90分左右呢？高考阅卷的高分作文，一般不会超过10%吧？就是说，50个人的班级只有5个人左右，还要你这个班级的作文达到江苏省的中等水平。事实上优秀的学生常常集中在一些重点中学的重点班级，普通中学的普通班级是远远达不到这个比例的。我们的教学能只是为班级上的极少数的3~4个同学服务吗？而班级上的这几个是你教出来的吗？你即使为他们而教学，就能保证他们考高分吗？

我说这么多，并不是纠结于高考作文的评分和想得多少分，而是为了通过这个分数说明我们作文教学的目标定位应该是让绝大多数学生写出平平常常的好文章。什么是平常的好文章呢？我们当然可以借用课程标准来

在郑州上课倾听学生发言

说明，也可以展开比较全面的阐述，但一般对学生简单概括为：切题、有物、得体。所谓切题，就是紧扣题目的要求，就是有明确的话题，不枝不蔓，内容集中。所谓有物，一是有自己的想法，即有明确的中心，想要表达什么，想要说明什么，自己清楚，让读者也清楚；二是有具体的内容，通过具体的材料来表达自己的思想和感情。所谓得体，是能够根据特定的要求和对象，根据具体的目的和内容，采用适当的形式进行表达；写什么文体像什么文体，能根据表达需要和文体的特点运用适当的表达方式。我们想，这就是一个高中生或者说一个公民必须具备的能够具备的写作素养。事实上，我们作文教学的最大问题，并不是写不出深刻、生动、新颖的文章，而是写不出达到这样基本要求的文章（甚至有为数不少的中学老师大学老师也达不到这样的要求）。

总之，我们以为，中学作文教学的基本任务是培养学生写作的基本能力，训练学生掌握常见文体的写作，让学生能够写好平常文章。所谓写作的基本能力，就是能够根据具体要求完成写作任务，能够清晰地表达自己的想法，能够围绕文章的中心组织材料，能够条理清楚地组织文章内容。或者说，就是必须明白要求写什么，自己想写什么，用什么形式写比较适宜，能把自己要写的写清楚。所谓掌握常见文体的写作，就是能够根据具体要求和具体材料选择适当的文体，能够体现不同文体的基本特征，能够根据需要比较熟练地叙事、说理、说明和抒情。所谓写好平常的文章，就是只求切合要求，不求别出心裁；只求文从字顺，不求语言文采；只求言之有物，不求立意深刻；只求形式适宜，不求形式新颖。这样的定位，才是绝大多数学生能够达到的，也是大多数教师能够有所作为的。

如何选择中学作文教学的立场

我知道，对前述三个基本定位很多人是有不同意见的，他们觉得我这样的定位实在太低了。这是非常正常的学术现象，但我诚恳地提醒大家，我们思考中学作文教学基本定位，不能不考虑我们的立场选择。

一、是为多数还是为少数？

章熊先生曾专门撰文讨论我们的语文教学是为学生中的绝大多数还是为学生中的极少数。我以为章先生提出了一个非常重要，也非常尖锐的问题。不用怀疑，有不少语文老师的教学是为少数学生在教，课堂回答问题的，就是那么几个学生；能够跟上老师节奏和要求的，也就是那么几个学生；能够和老师对话的，更是那么三两个学生；能够证明这些老师教学主张和教学实践的，也仍是极少数。在这些老师的视野中，那些一般的、普通的学生早已被高度边缘化。在这些老师的课堂上，绝大多数学生就是看客而已。而这一切又决定了他们对中学作文教学的课程价值的定位。

毫无疑问，我是坚定地站在多数学生立场上的。因为我看到绝大多数人各方面基本的素养都是普通水平，或者说都比较接近。只有少数人在某一方面具有特别超常的天赋。因为我们知道“诗有别才”，文章写得好的，也是别才。就像不是所有人都可以将围棋下到聂卫平那样的境界，不管你怎么勤奋都不行。同样，不管你用什么样神奇的教学方法，都不能培养鲁迅和莫言。所以，我非常明确地指出：“从课程目标的角度看，中学作文教学的基本任务就是培养学生的公民写作素养。”

有些老师曾从社会学的角度强调“公民写作不仅是指掌握应用文体写作，掌握说明和表达的方法技巧，最重要的是要有独立思想和个性觉悟”。

首先要说明，公民写作并不是指“掌握应用文体写作，掌握说明和表达的方法技巧”。一个称职的理想的“公民”是应该“要有独立思想和个性觉悟”的，这固然不错，但大概不会有人认为公民的“独立思想和个性觉悟”应该比党的干部比知识分子更高吧？当然，我们这里的“公民写作素养”中的“公民”并不是严格意义上的社会学的概念。“公民写作素养”这样的定位，意在说明中学的作文教学主要是为绝大多数普普通通的学生服务的，是为培养他们将来在日常生活中所需要的基本写作素养；意在强调中学的作文教学是为绝大多数普通的人而教学，而不是为极少数有创作天赋的人而进行的教学。这里的“公民”是和“专业”相对的，而不是有人强调的“有独立思想和个性觉悟”的、和“国家、社会”相对的概念。

对中学作文教学是为少数还是为多数这个问题，我们的看法是，应该是立足多数，兼顾少数。即培养那些写作天赋一般的同学的写作基本素养，是我们的主要责任，而对那些写作天赋突出的同学，要保护他们的兴趣爱好，要给他们成长空间，培养他们的写作特长。

二、立足现实还是立足理想？

应该说，当我们讨论作文教学的基本定位的时候，如果对作文教学的基本规律都有着比较准确的认识和理解，就不应该存在很大的差距。大家对这个问题的认识之所以有比较大的差异，大多是由于理想和现实之间的差距及矛盾造成的。

我们知道，理想的写作素养，应该具有“独立思想和个性觉悟”，应该具有强烈的社会责任，应该具有高尚的思想道德，应该具有悲悯精神和人文情怀，具有丰富的精神世界，应该具有良好的想象能力，应该具有一定的文学创作能力，应该具有旺盛的生命力，等等。但现实的问题是，绝大多数人是不具有甚至不可能具有这样的素养的。这既有天赋的因素，又有后天的因素；既有环境的因素，又有教育的因素。而要解决这样的问题，不单是教育的问题，更不是语文教育的问题，尤其不是语文教师的问题。因此，理想式的中学作文教学定位即使是正确的，即使是完美的，也只能是不能成为现实的“肥皂泡”而已。

从教师队伍的实际情况看，目前的语文教师能够具有以上罗列的良好写作素养的又有多少，又占多大比例？实在不敢乐观。从来不写作的教师，基本不写作的教师，占有相当大的比例，让这样的教师，去承担理想的中学作文教学的责任，去培养学生理想的写作素养，会是什么结果，大家都很清楚。基础教育的性质，决定了中小学教育都是人的基本素质的教育，都是培养公民的基本素养。那么，从社会需要的实际看，一般的劳动者和建设者，普通的公民，需要什么样的写作素养呢？或许都不会要求达到我们前面罗列的那么全面和那么理想的素养。不用说，我们中国还是一个发展中的国家，高中教育还没有普及，即使西方发达国家恐怕也不会提出这么高的要求。温儒敏先生就说过，“文笔不是作文教学的第一要义。基础教育和高中教育主要让学生学会清楚地表达，做到文从字顺”。可见，他对基础教育的语文写作教学的定位还是清醒而冷静的，“清楚地表达”应该就是一种基本的定位。

当然，我们以为，比较合理的定位是将理想和现实相结合，怀揣理想又立足现实，心中有理想但也不脱离实际。

三、基于对立还是基于统一？

提出这样的问题，似乎毫无必要，当然是坚持对立的统一。但问题不是这样简单。我们发现，对语文很多问题的认识，包括对作文教学课程价值的理解，人们还是容易采取简单对立的态度。

一是对写作和创作的理解。

一般人的写作，包括中学生的写作，和作家的创作有着显著的不同。这是显而易见的，但并不能说两者是完全不相干的，更不能认为两者是完全对立的。基本的写作能力，是作家创作的基础；作家创作所特别需要的认识生活的能力、想象能力、审美能力等，也是一般人写作所不可缺少的，中学生的写作同样也需要具备这样的能力。只不过两者的要求有所不同，所强调的重点不同。当然我们又不能因为承认了两者的相通之处和共同之处，就以为两者完全是一回事。

二是对指令性写作和自由式写作的认识。

中学生的写作，其基本性质是培养指令性写作的能力（这并不简单等同于考试，他们将来在生活中也很需要这种能力），但并不能说它就只能是

“指令式写作的教学”。对这一点，在有关章节有比较充分的表达。同样，我们说自由式写作主要是指作家的文学创作，但并不是除了作家的创作，其他人的写作就不包含“创作”的意味。我们以为培养“指令式写作”的能力，也必须结合自由式写作的训练，也必须培养想象能力和审美能力。

三是对考试和素养的理解。

我们知道很多人是鄙视考试的，同样也鄙视考试作文，以为凡考试作文就是八股，八股就是僵化的形式，就是形式技巧。反对应试的人这样认为，热衷应试的人也这样认为。我以为，这都是犯了极端主义和简单主义的错误。考试作文是不是八股，我们暂且不说，即使八股的文章也不是一概废话空话，八股并非没有好文章，就像“有生命力有想象力”的文学创作未必都是好作品一样。我以为考试和素养并不矛盾。具有良好的写作素养，“只要教师指导时为学生划定‘雷池’，适应戴着镣铐跳舞”就能考好；反之，缺少写作的基本素养，不管传授多少技巧秘籍也不可能考好。需要指出的是，我们不能把作文命题和阅卷中存在的问题，和讨论中学作文教学的基本定位搅在一起。

课例2

“记叙文故事情节的展开”教学实录

师：我刚才听了一节课，发现同学们身心发展非常健康，在生活中发现了很多故事。这是写好文章的基础。但是，你能从生活中发现一个具有开发价值的故事，并不等于就能写一篇好文章。我们一般从生活中看到的原始素材和故事，它往往都比较单薄，还不是一个丰富的故事，所以对于我们想写好记叙文的同学来讲，有一个很重要的基本素养，就是要善于对事件进行展开。（板书：事件展开）比如刚刚有个同学看到小猪，这个同学看到一对情侣，如何把你看到的这个镜头转化成一个故事呢？从看到可写的故事到有分量的文章，中间有一个比较长的过程，有很多要求。我们今天和大家来尝试事件怎么展开。事件展开有很多种方式，今天我们主要学习其中一种。

先给同学们读一篇文章，这是我们班一位同学写的。我先读前面的一部分，大家听的时候就要在脑子里想一件事，想什么事啊？

生：想后续事件的发展。

师：非常好。作文的题目叫“满分”。（板书：满分）

中考前的日子，是紧张而忙碌的，不经意间一模即将来临。他，一位成绩优秀的初中生，正在努力为一模做准备，一遍又一遍地翻着书本，以至几乎能把书本内容背诵下来。就这样他信心十足地参加了一模考试，果然考场上是一帆风顺，几乎没有遇到什么难题。过了几天，物理老师来报成绩了，这次考试我们班有一个满分，在此给予表扬，他两眼发光，激动地盯着老师，“王小川”，接着是热烈的掌声响起。随着掌声，他的眼神却暗淡了下来。他知道这掌声不是送给他的，拿到卷子的时候，明晃晃的99

分很是刺眼，就差一分啊，就一分啊，满分就与他失之交臂。他的心中是无比遗憾，翻了一下试卷，他却无比的疑惑："这道题目我明明是正确的，为什么扣我一分呢？""题目明确规定算到小数点后两位，你为什么算到第三位呢？"老师呵斥。"可是我算到第三位，数值上没有错啊。"他的争辩显得如此的苍白无力。"那可不行，一切要按照题目上的要求，你先下去吧，下一次好好努力。"

师：这个故事就先读到这个地方。大家都听明白了吧？现在我们面前已经有这样一个故事了，或者说，有了这么一个事件。但它能不能算一篇理想的文章呢？或者说，能不能算一篇文章呢？

生：不能。

师：不能，最明显的是字数不够。高考要求我们作文多少字啊？

生：800字。

师：这还差得远了。更重要的，不仅仅是字数的问题，更重要的是什么问题？

生：没有情节的展开。

师：对，但还有更重要的。这个同学讲还没有情节的展开，那么情节展开的目的是什么呢？文章有一个重要的标志，是什么？

生：要有思想。

师：非常好。要有灵魂。一个人长得高一点、矮一点都没关系，但是要有灵魂。故事的展开就是要表达思想，思想就是文章的灵魂。如果让你们接着写，你们觉得故事怎么发展？大家想一想，两三个同学议论议论也可以，哪个同学想到了就先交流。

（全班同学自由讨论）

师：有没有同学有比较成熟的想法？这一组先来吧，派个代表说一说。你觉得这个故事下面会怎么发展？

生：可能是对他的激励，老师鼓励他。

师：（板书：老师鼓励）老师鼓励后怎么样？

生：继续努力。

师：你们觉得怎么样？

生：比较俗。

师：不要紧，大俗就是大雅。（学生大笑）

生：被老师批评后，心理很不平衡，奋发向上，中考考了个很好的成绩。

师：就是被老师这么一刺激，下面就到了中考了，中考就考好了。为什么这就叫俗呢？

生：这样的情节从初中就开始写了。

师：好，如果你想到更好的方案可以再说。其他同学呢？

生：他对这个事情还是耿耿于怀，上课的时候，跟老师交流的时候，再次讨论这个问题时，老师对他已经有了固定的印象，感觉他像一个刺头一样，他们之间的交流也不好了，那个学生在学习物理上也遇到了障碍。

师：我帮你把情节概括一下。就是跟老师的关系交恶了，形象也不好了。这边的同学呢？有什么不同想法？

生：也许是这次考试后心里有了阴影，在下一次考试时他就特别去注意，却取得了相反的效果，没有考好。经过这个事件，他就再去找老师交流以后，老师给他建议，考试终于考好了。

师：我们帮他概括一下，由有阴影到考不好，最后再考好。这位同学呢？

生：故事中还有一个拿满分的同学嘛，他找到那位同学的试卷，发现他也保留了三位小数，然后找老师理论，老师说一模是电脑阅卷，不能改分数，那位同学就是永远的100分，他就是永远的99分。

师：用“永远”两个字啦？

生：因为改不掉分数。

师：那也不能用“永远”，后面还有考试的呀。

生：或者是中考的时候他拿了100分，他的同班同学拿了99分。

师：好的，有点意思。找小川的卷子，那道题小川也保留了三位小数，分数不能改维持原判。

生：还有一个故事就是他自己加了一分。

师：他这一分加到哪里去呢？是老师的记分册上还是他自己的卷子上呢？

生：加到他自己的卷子上，他觉得自己没错。

师：在试卷上添上1分变成100分。你老师不给我，我认为我是100分。非常好啊，请坐。后面的同学这次就不给你们机会了。但是后面机会有的是。刚才大家是想怎么说就怎么说，想怎么写就怎么写，这是写记叙文非常重要的品质。一开始撒开来想怎么写就怎么写，但是注意，要想写好文章不是想怎么写就怎么写，也不是想怎么想就怎么想的。有一句话说：一篇小说一旦写成功，它就不再属于作者，而属于读者。这句话听起来有点玄乎，意思是小说一旦写成，到底怎么理解就不由作者说了算，读者想怎么理解就怎么理解。同样，一篇文章一旦开了头，它后面应当怎么写也不全由作者说了算。听懂这话是什么意思了吗？就是当这个事件一旦形成，后面应该怎么发展，文章有它自身的逻辑。我们有些同学说："我的文章我做主。"就是我想怎么写就怎么写，然后我就对他说："你的文章你做主，你的分数我做主。"刚才都是你们做主的，但到底怎么样写更合理呢？大家先想一想，事件的发展必须达到什么样的要求？有没有同学想到？

生：我觉得要大致符合人的认知。

师：符合认知规律，就是要合理。（板书：合理）除了合理以外呢？还有什么要求？刚刚已经有位同学说了，要有意思。写记叙文首先把题目变成一个故事，然后用故事表达一个意思，这很重要。故事后面还应该怎样呢，有没有同学想到？

生：应该要出人意料。

师：应该要出人意料，（板书：出人意料）但又要合理，对不对？其实这就是我们所谓的要有波折，波澜，要有变化。（板书：波折，波澜，变化）很好，摸到记叙文的门道了。要有变化，要写出跌宕来。好的，其他同学想一想，有没有要求了？没有同学想到，那黄老师来补充两点。一是最好聚焦到一个点上，围绕一个点展开。（板书：围绕一个点）换一个角度从反面说，就是不能散。最最重要的是后面一个，什么叫故事呢？莫言说他是一个讲故事的人。记叙文就是讲故事，故事就有情节，什么叫情节？事件之间的发展要有因果关联。好的，现在我们这么多要求清楚明白了。大家来审视一下上面的种种方案，你们觉得很显然哪些方案是不太好的？很显然相对好的是哪个方案？大家认为在试卷上反复写几个100分好不好？

生：不好。

师：为什么不好呢？首先你要反复写100分干什么呢？

生：骗自己。

师：骗自己，再来看，聚焦到一个点上，有没有聚焦到一个点上？我们现在的事件聚焦到什么点上呢？你认为应该聚焦到哪个点上？

生：聚焦到满分上。

师：对。再来看有没有因果？老师不给我写100分我就自己写100分，有没有因果？因为老师没有给我100分，所以我就自己写上100分。那高考的时候就不要去考了，老师把试卷发给你，你就都写100分。其实这个同学的发言有个漏洞，你自己写下来的这个100分跟考试的100分，是不是同一个100分啊？

生：不是。

师：你这个100分不代表成绩，只是一种不满的情绪。所以我认为聚焦还不是很集中。被老师批评后，心理很不平衡，奋发向上，中考考了个很好的成绩。这个方案怎么样？

生：不好。和原来的故事不在一个点上。

师：对。矛盾不集中。由有阴影到考不好，最后再考好。这个方案也有这样的问题，而且因果关系也不够合理。其他方案我们不再一一评点了，同学们自己可以想一想，也可以互相进行讨论。下面我们一起来看原作者是怎么展开的，看看他的展开是不是符合这些基本要求。

按照题目上的要求，他一边念叨，一边离开老师的办公室。转眼间，二模到来了。他进入物理考场以后，又想起了老师的这句话，嘴里不断地念叨着：“一定要按照题目上的要求做。”周围的同学无不侧过头来看他。“这位同学，你在说什么呢？”监考的老师皱着眉问。“没什么，老师。”他这才反应过来。前面的题目完成得很顺利，他也很苛求自己每道题百分之百正确。做到一道填空题时，他突然疑惑了。题目很简单，可是题目明明写的是“溶化”，他记得书上写的是“熔化”。他犹豫了很长时间，耳边又响起了老师的那句话，“一切按照题目上的要求”。于是他很果断地写下了“溶化”。整个考试期间他反反复复地看这道题，反复安慰自己说：“一切按照题目上的要求。”可是，心里头总感觉很忐忑。考试结束之后，他特地去问了语文老师，语文老师告诉他说："要看主语，如果主语是水，液体的，那就填'溶化'；如果主语是金属，那就填'熔化'。"他悬着的一颗心终于放下了。很快，又到报成绩的时候了，他眼中再次充满了希望的光芒。"这次考试很可惜，我们班没有一个100分，只有一位同学得了99分，太可惜啊，就因为写错了一个字。同学们，考试的时候一定要注意细节啊。"老师的话无情地破灭了他的满分希望。

师：好，这是这位同学写的事件的发展。现在我们大家一起来讨论一下，比较一下。认为这位同学写的事件发展比较成功比较合理的请举手。（举手较少）都不认为成功，是吧？我们先请两个举手的同学来说说。好吧，你认为他的事件发展为什么比较成功？

生：这种情况是完全有可能发生的，满足了合理这个要求。而且还挺有意思的，跟平常写的不太一样。

师：既比较合理又比较出乎意料。这位同学呢？

生：我觉得这样写比较容易产生悬念。

师：为后面的发展提供了悬念。

生：而且这样写也有一种写老师关注细节的讽刺意义。

师：对老师的那两句话具有讽刺的意味，是这个意思吧？

生：但是我觉得他这样写的话，会不会导致读者认为，这个作者是刻意这样写。

师：怎样写的呢？

生：老师如果给他满分，这篇文章的档次就下降了。

师：这个同学已经想到了后面。有没有同学觉得这个事件的展开并不是太好的？觉得还没有我们班同学前面几个方案好的呢？（没有同学发表不同意见）这位同学，你是认可还是不认可啊？

生：稍微有一点不认可。

师：我看出了你不认可。你主要对他哪些方面不太认可呢？

生：我们刚刚讨论的时候也讨论到了，就是他太注意细节了。觉得不够出乎意料，还在意料之中。

师：你觉得出乎意料一定要让所有人都想不到？

生：我觉得还是没有升华到一个主题吧。

师：还没有升华到什么主题，非常好。我觉得这个同学说得非常有道理。但他前面一句话，同学们不要太纠结，不要刻意强调出乎意料。有意识地强调事件的跌宕起伏就很好了，因为我们毕竟不是文学创作。就算是文学创作，一部电视剧，是不是所有情节我们全都想不到啊？另一点，这个同学讲得非常好，这样写意思还不是很明白，确实如此。

下面说说我的看法，我从总体上还是非常认可这位同学的写法的。第一，事件很明显有了新的发展。我们刚刚几个故事，老师鼓励，自己加100分都处理得比较简单而单调，事件没有本质的发展，没有推进。大家明白我的意思吧？第二，我尤其认可他的，就是聚焦在一个点，矛盾很集中。考试写完了再写考试，满分还是满分，然后紧紧抓住老师一句话，那句话太重要了，因为那句话体现了因果，就是因为前面那句话导致了后面一次考试又没得到满分。有些同学抓住他和得满分的同学之间的关系，就没有抓住主要矛盾。所以，原作者的安排，总体来说还是比较好的。刚刚有两位同学已经讲到了事件的后一步。一个同学说后面肯定导致老师给他难堪，还有一个同学说这样写意思还没有明白。是的，文章还没完啊，事件还要再向前发展。下面我们围绕让它的意思更明确，想一想，让你写，事件会怎么发展。请大家注意，除了刚才的种种要求以外，还要让它不但有意思还要意思明确。

哪位同学想到了就先说。在说的过程中想法就会更丰富起来。第一次的想法不一定就是成功的，但是想着想着就会更理想。所以，刚刚有个同学说，思路打开以后就会越来越满意的。

（全班同学讨论）

好，那边的同学先来，说说你们这一组的想法。

生：主题讽刺教育制度或者是考试制度。

师：怎么讽刺？下面怎么写呢？

生：就写两次考试，就是下一次考试又特别注重细节，又没得100分。

师：现在大家聚焦的意识比较强了。一模二模，后面再来一个三模行不行？就来一个三模吧，三模考得好考不好？

生：考不好。

师：因为什么原因考不好？

生：因为注重细节。

师：因为注重细节，大家已经摸到记叙文写作的一种写作方式的门道了，因果关系非常重要。第三次考试他又因为老师那句话没考好。这组同学啊，你认为怎么展开？后面要不要写考试了？

生：不写考试了。

师：那写什么？

生：他们俩的成绩不能更改了。第二次考试他没错，是改错了。

师：大家认为合理吗？（学生没有反应）我认为不太合理。原来的事件，矛盾在于老师前后的语言，在于这位同学的心理，现在变成了阅卷的失误。这两种矛盾不是一个性质，就分散了。你们三个人刚刚讨论的是不是这样？

生：第一次老师跟他说要注意细节，第二次他就开始死抠细节，我以前也因为死抠细节被扣分，但还不像他这样死抠错别字，我感觉他这样已经不算注意细节了，已经过头了。

师：那是不是说第二件事情不合理，或者说他的心理出了问题？这就像一道填空题，没有唯一的答案。你觉得应该怎样安排比较合理呢？

生：我觉得老师既然说让他注意细节，那下次就应该留心；如果说要出问题，那就是他把题目看得太认真了，把题目意思给理解错了，而不是看错了一个字。

师：这个同学的想法我觉得非常有道理。其实我的意思就是想让同学们对作者的第二次安排做出揣测。作为物理的试卷，纠结“溶”和“熔”是没有道理的，应该纠结在某一个符号上导致没有拿到满分，更为合理是吧？但由此可见这位同学已经不是“注意细节”而是典型的“纠结于细节”了。但这个纠结是什么原因导致的呢？大家可以思考。总之，我还是比较认同他这个说法的。——这位同学，我发现我上你当了。大家有没有发现我被他拐跑了？那位老师讲的不是一个细节问题，老师讲的是什么？“一切按照要求去做。”但这个同学把我们拐跑了其实就是发展了另一个情节。就是后面还是要让他考一次试。再考的时候也是细节出错，看错了符号，最后又考不好，是这个意思吧？其他同学呢，有没有不同的思路？这位同学有。

生：接下来第三次考试，他碰到和第一次一模一样的问题，没注意又做错了，考完试才发现这次跟上次是一样的错。结果他又很懊恼，就知道自己肯定拿不到满分了。

师：怎么错的？还是小数点后面保留三位数？

生：对，还是保留三位数，但最后他发现却是满分。

师：最后发现是满分？有点意思。他的情节是，再考试遇到同一个题，而且是同一个答案，也是题目要求保留两位小数，他保留的还是三位小数，但这回考了满分。你认为这样好不好？

生：非常好。

师：你认为他这样写是要表达什么意思呢？

生：讽刺一下，因为一样的答案却是不一样的成绩。

师：讽刺什么？主要是讽刺老师批改试卷不认真？这是一种思路，讽刺的矛头就是阅卷老师。大家想一想这个合理不合理？

生：看起来这个安排很具有讽刺效果，其实不是很合理。对照前面的要求，还是分散了主题。

师：这个安排，我也觉得不是很好。不是不能讽刺老师，但讽刺老师的阅卷粗心，和前面已有的情节不够一致。如果还能紧扣前面老师的话就好了。下面我们看看原作者是怎么写的。“紧张的日子过得飞快，一眨眼中考到了”。大家看，是中考好还是三模好？

生：中考。

师：对，这体现了事件的张力，也使结果更具有震撼力。

考试的时候，他充分吸取了前两次考试失败的经验，仔细地审视每一道题目，幸运的是中考并没有什么难理解的字眼，要求也很清晰，他小心翼翼地写着做着。直到铃声响起那一刻，他长长地舒了一口气，悬着的心终于放了下来，这一回终于能拿满分了。他心中无比的欢喜。中考后的放假是轻松而愉快的，他躺在沙发上悠闲地看着报纸。看到中考答案的时候，他的心又紧张起来了，首先翻开了物理答案，一道道题目对下来，都没有问题，直到最后一道题。怎么还有这样一道题？我怎么没看到呢？他有点疑惑了，或许是太轻松了，以至于忘掉这道题了吧，我怎么可能漏掉这道题呢？从来考试也没有这样的情况啊。他自我安慰道。愉快的日子如白驹过隙，眨眼间就过去了。这一天是领分数条的日子，他在座位上忐忑不安，那张蕴含了无数期望的纸条从前面传过来，终于他拿到那张轻松又沉重的纸片，他看了一眼。随即脸色煞白，无力地瘫坐在椅子上，90分，最后一道题刚好是10分。

师：现在我们讨论两个问题。第一个问题：我们是让这个同学考好好还是考差好？认为考好好的同学举手。（两个同学举手）你说说理由。

生：考那么多次，让他考好一次也挺好的。

师：他心比较软，一般心软的男孩子特别受女生欢迎。但我们不是要表现同情心，而是要思考写作的安排。你的理由呢？

生：这样安排的效果是积极向上的。

师：中国的古典作品大多是这样的，来个大团圆的结局，题目是满分，最后也是满分。但是大家要记住，最后让他考了满分，你是要表现什么意思呢？这点太重要了。你要告诉人们什么呢？只要注意细节，只要按规定要求，只要听老师的话就能考满分？所以我认为从主题的深刻性、震撼力，从阅读欣赏审美的角度讲，恐怕还是不要让他考好。下面是第二个问题：让他没考好，是什么原因比较好呢？你可以有各种各样的安排，但是必须有一条，必须和前面两次构成一个内在的联系。最后一次，最关键的一次没有考好，没有拿到满分，他的原因是什么？这就是主题的指向。所以记叙文特别强调这种因果关系。好，下面就涉及主题的指向了，最后的结尾就太重要了。这里有两个结尾，我们来比较一下。

结尾1：这一学期期末表彰的名单上再也没有出现他的名字。

结尾2：一年以后，他以一个普通高中生的身份，夺得了物理竞赛的金牌。

认为结尾2写得好的同学请举手。（举手比较多）哪位同学来说说理由？

生：给读者留下了很大的想象空间。

生：我认为结尾2意义比较深刻，现在的教育伤害了很多比较有天赋的学生。

师：她的意思我明白了，就是拿满分的未必有出息，不拿满分的未必没有出息。有没有人认为结尾2不好的？

生：我觉得结尾2和这篇文章有种脱轨的感觉，我觉得结尾1比较深刻，有很深的意味，唤起了对主人公的同情。

师：我跟这位同学的意见比较接近，比较喜欢结尾1。一般来说，记叙文的结尾要干净，结尾要含蓄有意味。更重要的是，不喜欢结尾2，什么原因呢？第一，不合理。一年后，这么纠结的一个高中生夺得了金牌？不可信，让人无法理解，而且拿金牌的就是成功、就是有出息吗？这是想用另一种方式来肯定大家批评的教育。

现在请每个同学给这篇文章写一个结尾，要能体现我们前面提到的各项要求。——啊，要下课了。那就课后再写。黄老师写了三个结尾，你们看一看哪一个更好？

结尾a：原来往往越想得到的就越得不到啊。

结尾b：他后来才明白，或许人生本来就没有满分。

结尾c：中考结束了，他病了。可到底是什么病呢？

认为a方案好的请举手。（没有举手的）认为b方案好的请举手。（少数举手）好，找个同学说一说为什么b好。

生：文章的中心是想拿满分，最后发现人生本来就没有满分。很自然，也很深刻。

师：认为c方案好的来说一说想法。

生：我认为c方案思考的空间比较大。

生：我认为a和b的结尾和前面的内容没有什么太大关系。

师：想不想听听黄老师的意见？

生：想。

师：前面两个都是议论式的，把主题点得很明，也很有深度。但引申得的确有些突然，而且我以为记叙文以叙述的方式结尾更好。c方案由没有考好而生病，由他的病进行设问，很自然。到底谁病了，什么病，让读者去想。可能是心病，也可能是教育的病，当然也可能是社会的病。但是黄老师也觉得三个都不好，为什么？因为最好的结尾在你心中。好的，下课。谢谢同学们！

第三章

让学生在写作中学会写作

语文教学教什么的问题，近几年来得到了大家充分的关注，但讨论的视点还基本集中在阅读教学。其实写作教学教什么的问题，更为重要。我们认为，中学作文教学的基本内容应该是让学生感受写作过程、丰富写作积累、体悟写作规律、形成写作经验。

让学生感受写作过程

古人说："文章千古事，得失寸心知。"这可能是说写作的责任和艰难，但我想理解为写作需要自己的亲身经历和体验也是不错的。写作过程，是一种极为复杂和丰富的过程，恐怕谁都说不清楚，听不清楚。"道可道，非常道；名可名，非常名。"即使说清楚了，听清楚了，也是非亲历不能真正理解。这个亲历的过程，就是一种最好的学习方式，也是最重要的学习内容。很多写作的大家，并没有名师的指导；很多名师，也没有能指导出大家。这足以说明，所谓的"教学"对于写作能力的提高是多么的苍白无力，而亲历和体验是多么的重要。

因此，对于作文来说，"不教而教"，让学生亲历写作的过程，体验写作的过程，去经历体验和积累种种写作的感受，是作文教学最最基本的教学内容。毛泽东说：要知道梨子的滋味，只有亲口尝一尝。这对写作来说是至理名言。小马过河，只有自己到河里一探深浅。站在岸上，听老马"讲"和在老马指导下"练"，终究不能解决问题。无论是作文指导还是作文评讲，教师都不可剥夺学生这样的权利，更不能以自己的主观认识或他人的经验强势压迫和替代学生的写作体验，而要善于激活学生自觉体验写作过程、反思写作过程的意识，共享写作体验的资源。

可是，我们很多老师却不重视让学生感受写作过程。

他们有的把写作知识作为作文教学的主要内容。

写作必然会涉及写作知识，比如记叙、描写和抒情等表达方式，比如论点、论据和论证等文体知识，比如联想、想象和象征等表现手法，如此等等，内容十分丰富。但写作知识的学习，并不是作文教学的主要内容，更不是教学的目的和重点。

可是，相当一部分老师的作文指导和作文评讲，还是以讲写作知识为主。翻来覆去就是那么一套写作知识，什么主题如何如何，什么剪裁如何如何，什么结构如何如何，什么记叙文的倒叙，什么散文的线索，什么散文和记叙文的区别。更让人担心的是，写作训练也是在概念上花功夫。听过一节“感悟亲情”的写作课，先是欣赏歌词《父亲》《母亲》，归纳出“修辞方法、细节描写、抒情议论”等表现亲情的写作方法；再阅读欣赏史铁生的《秋天的怀念》，归纳出“开篇夺人、侧面描写、细节渲染、精致结构、真情实感、抒情议论”等表现方法；接着就是套用这些方法进行写作。一节课的教学，就是以这一大堆概念为中心展开。

我不止一次听过“联想和想象”的作文课，几乎整堂课就是学习联想和想象的知识，诸如什么是联想，什么是想象，各有什么类型，思维怎么展开，注意什么问题，联想和想象有什么不同，有时候也会穿插一些训练，但完全是为了例证概念、理解概念、接受概念。

写作知识对于写作活动的作用，是一个比较复杂的问题。但写作课就是讲知识，就是学知识，写作活动也是为掌握写作知识服务，对于写作能力培养来说，很显然是背道而驰的。

一位老师在材料作文的审题训练课上，就把材料分为“情境型、问题型、话题型、寓意型、事例型、名言型、数据型、图表型、漫画型”等类型，然后再一一说明每个类型的特点，接着就教给学生应对不同类型的审题方法；再提供材料分别进行审题训练，并交流分别用了什么方法。不要说学生，就是我们听课的语文教师，也弄得眼花缭乱；不要说运用，那么多知识概念要记住并能区别就不容易。

更多的老师把写作方法和技巧作为作文教学的主要内容。

教给学生写作方法和技巧，无疑对学生的写作是有益的，新的课程标准也强调“知识和能力、过程和方法”，我们传统的教学理念更是强调“授之以鱼，不如授之以渔”。但对于语文学习来说，尤其是对于写作来说，方法和技巧本身并不是写作能力，也不是写作素养。没有学习过写作方法和技巧，可以写好文章；学习过写作方法和技巧，甚至系统地学习过写作方法和技巧，也未必就能写好文章。作家班几乎没有培养出真正的作家，或者说大作家；绝大多数作家，尤其是大作家，几乎不是作家班培养的。

现在很多写作课，主要就是教给学生写作方法和技巧，什么审题的几种方法，选材的几种方法，结构的几种方法，开头的几种方法，点题的几种方法，议论的几种方法，分析的几种方法，抒情的几种方法。有的一节课，就是在讲方法。先是概念，然后是举例，再接着就是训练，学用结合，立竿见影。但是否知道了写作方法和技巧的概念，了解一两个例子，就能运用了呢？这是把复杂的写作活动简单化了。也有的课堂，先花大力气归纳方法，然后再进行运用方法的训练。比如，写人，就是先由阅读的课文中归纳出人物描写的几种方法，然后依样画葫芦描写人物。或许，课堂上会表现出一定的效果，但要真的提高写作能力似乎不大可能。

我听过一节作文课是“让你的语言亮起来”，就是先列举大量的例子归纳出语言生动形象的种种技巧，然后再模仿运用。从现场看似乎是有一点效果的，但大家都知道语言素养的提高，不可能一节课两节课就见效，更不是学一两招技巧就有用的。甚至有老师指导学生写散文、写诗歌也是先通过阅读范文（一篇散文、一篇小说或者一首诗）引出一两种写作方法，然后现场进行模仿训练或者叫迁移训练。这与其说是写作训练还不如说是语言知识运用的训练。

丰富学生的写作积累

只要不是外行，都知道语文学习必须强调积累。而对于写作能力的提高来说，积累更具有极为重要的意义。

但人们常常注意的是写作素材的积累。这固然很重要，文章是高楼，素材是砖瓦和泥沙。但一幢大楼，仅仅有砖瓦泥沙，是不行的。不要说造大楼，造一间小房子都不行。还有许多更为重要的东西。

首先是生活的积累。什么是生活呢？并不好说。有老师说，现在学生的生活太苍白了，所以写不出好文章。他们认为，只有投身“鲜活”的社会生活才能写出好文章。对此，我并不完全赞同。一方面，我也认为，现在学生的非正常状态的学习生活和远离社会生活对他们写作能力的提高是有影响的，但我同时认为，这不是问题的关键，或者说不是根本的原因。因为让我们的学生与他们所深恶痛绝的单调的学习生活，他也写不好啊。问题的症结在于他们缺少生活意识，对生活抱一种无关痛痒的态度。所以，再鲜活再丰富的生活对他们来说也是无意义的，因为并没有为他们所“积累”。

近几年，有人热衷于活动式作文，即先活动后作文。这样的做法，应该会有一定的效果。但我并不完全赞同。如果写作文之前总要先来一次远足，总要先参观一下“世博”，甚至先搞一次班会，做一次游戏，那么对作文的理解就失之于简单化。我认为，对于写作来说，生活应该是一种原味的自然的生活，活动也应该是一种原味的活动，甚至没有活动的生活也是“有文章可做”的。

我所强调的生活积累，就是善于把普通平常的生活“据为己有”，使之成为写作的材料，写作的源头，写作的动力，写作的灵感。

对于写作来说，感情和思想的积累更为重要。

记叙文的写作，在具备基本能力的前提下，区分文章高下的一个重要因素，就在于有没有细腻的描写（而现在学生的通病就是泛泛的叙述），而有没有细腻的描写，其关键又在于有没有细腻的情感。细腻的情感哪里来？除了先天的因素，就是依靠积累。写议论文，在具备基本能力的前提下，区分文章高下的一个重要因素，就在于有没有思想的深度。认识有深度，是因为自己心中有一个“深刻的东西”。自己心中有一个“深刻的东西”，才能发现题目和材料中“深刻的东西”。自己心中这个“深刻的东西”从哪里来呢？当然只能从生活中来，只能从阅读中来。但归根结底又是从思考中来。思考，才能有思想。思考的过程，就是一个积累的过程；有了思考过程的积累，才会有思想的积累。对于写作来说，这恐怕是最重要的。

可是，不少老师把展示式佳作作为作文教学的主要内容。

有些老师的作文课，没有把时间和注意力集中在写作知识和写作技巧上，也没有在阅读上花很多时间，而是把大量时间花在优秀作文的展示和交流上。听过一节作文课，先是名家名篇的展示，再是高考优秀作文展示，接着布置写作，然后小组交流，接着就是各组优秀作文的展示，最后是老师自己作品的展示。

作文课上，展示一些优秀的习作，是一种示范，也是一种交流，能够激发写作兴趣，激发写作动力。但类似这节课的做法，就很值得推敲。我认为，在学生写作之前 展示名家名篇，并不适宜，这对学生的写作心理更多的是消极影响，而不是积极的示范。因为，一般的中学生要能够有效模仿名家名篇，是很不容易的事情；生硬的模仿意义也不是很大。而学生习作的交流，仅仅是展示优秀的习作，我以为也没有道理。写得比较成功的习作，一个班级总会有的，但更多的可能是写得一般的甚至是写得不太好的。教学的目光应该关注那些写得一般的、写得不够好的，教学的重点应该是如何帮助这些学生提高。这才是真正的“教学”。至于，最后展示教师自己的成功习作，则更不应该。从课堂教学活动的角度看，教学活动的意图是不明确的，甚至动机是不良的。如果缺少和学生写作过程的有效整合，展示自己的习作，能对学生的写作起什么作用呢？

与此相似的是，有些老师的写作课也是把阅读作为作文教学的主要内容。

阅读和写作密不可分，但又有各自的课程定位，阅读教学和写作教学也是各有其责。把阅读课上成写作课，不可取；把写作课上成阅读课，也不可取。

一位老师的作文教学内容是“细节描写，让记叙文亮起来”，其教学环节有：1. 感受细节。去掉鲁迅小说《祝福》中“五年前花白的头发……纯乎是一个乞丐了”这个片段中的细节描写，然后要求学生和原文比较，说说哪一段更好，为什么。2. 品味细节。要求阅读《为了忘却的记念》《药》《孔乙己》《项脊轩志》中的五个片段，指出描写的类别并分析其作用。先讨论归纳出“动作细节、神态细节、语言细节、衣着细节”等细节描写的类型，分析其不同的作用，然后“提炼”出“观察生活，锤炼词语，典型化”等细节描写的方法。3. 添加细节。给一篇习作添加几处细节。不难看出，这节作文课，无论是教学时间还是教学活动，都把重心放在了阅读上。

对这样的问题，可能会有不同的意见。有人也许会认为，我们传统的母语教学，就没有分什么阅读教学和写作教学，阅读和写作始终是一体的。这的确是事实，但当时的教育环境和教育体制，还是一种不分科的综合型教育。某种意义上说，当时的语文教学，并不是我们今天的语文课程。而且，即使从课程的角度看，它既然把阅读和写作不加以区分，那么教学中“不分家”则是正常的也是应该的。课程发展到今天，阅读和写作作为语文课程的两个基本领域已经定型，也比较成熟，有着各自明确的定位。在这种情况下，仍把写作课上成阅读课，只能说明对课程缺乏应有的基本理解，对阅读教学和写作教学都会带来得不到落实的问题。

让学生体悟写作规律

写作是一种高层级的语文能力，是一种复杂的学习活动。尽管人们对它的认识还很肤浅，但它有其自身的规律存在，是必然的。要提高写作能力，必须认识这个规律。但认识写作规律，不是或者主要不是通过老师的讲，甚至也主要不是通过所谓的练达到目的的，而主要依靠写作主体也就是学生自己的体悟。这大概就是作文教学难以见效甚至有些老师不愿意有所作为的原因之一。费了很多神，花了很多时间，未必有用，甚至适得其反。因此，我们必须承认，写作规律的认识，必须依靠学生自己的体悟，而这也应该是作文教学的基本内容。比如，我们必须让学生认识到写作绝不仅仅是作文课的事，也绝不仅仅是“写作文”的时候的事；我们要努力培养学生非写作状态中的写作意识。一个囿于课堂囿于考场教作文的人，是绝不可能教好写作的；一个囿于课堂学习写作的人，也是绝不可能写好文章的。

可是，不少老师把习作的评判作为作文教学的主要内容。

作文评讲自然是作文教学的一个方面，但作文评讲并不是作文教学的全部，更不等于就是习作的评判。现在不少老师的作文课，就剩下了作文评讲；而作文评讲，主要就是评判学生的习作。或者是开“表彰大会”，或者是开“批斗大会”。有时候是列出优秀习作和问题习作，进行评判；有时候是梳理出优秀习作的成功之处，和问题习作的存在问题，一一举例进行分析，正反对比。而这种评判的尺度，基本是套用高考和中考作文阅卷的标准。

看上去，这样的作文教学把着力点放在了学生的写作上。但却只是关注写作的结果，而不是关注写作的过程，更没有致力于写作能力的训练和写作素养的提高。从学习心理学的角度看，这种二元对比的教学方法尽管有它的学习效果，但也有着显著的副作用。总是如此，对很多同学的写作心理会造成伤害。

更为突出的是，有些初三高三的老师，把中考和高考的评分标准作为教学内容。课堂上，会花很多时间，和学生解读中考高考的评分标准，什么一类文要求做到哪几点，二类文要求做到哪几点，三类文要求做到哪几点。然后再对每条要求甚至每一个词语进行深度解读。不能体悟写作规律，没有必要的积累，这样的标准研究得再透彻，也不能把作文写好。就像知道美女的标准，并不能成为美女，就像精通乒乓球的规则，并不能把球打好一样。

新课改之后，又有一种流行的做法，就是把课程标准写作要求作为作文教学的内容，就像阅读教学把课程理念用PPT呈现给学生看一样。课程标准是写给老师看的，是老师教学的依据，不是学生学习的依据，学生是不需要看课程标准的，事实上也不一定看得懂。

在办公室

注重学生写作经验的形成

写作是需要经验的。这就是绝大多数人文章越写越好的原因。写作经验，既包括成功的经验，也包括不成功的经验；既包括写作过程的发展，也包括写作方法和技巧的运用；既包括写作过程中各种知识积累和生活积累的调动，也包括各种矛盾的处理；既包括思想的不断深化，也包括情感的复杂运动。这个经验形成的过程，常常是不自觉不自知的，常常是“潜移默化”的。

写作是一种个性化的学习活动，很多写作经验是不可复制的，甚至对于同一个写作主体都是不可重复的，因此照搬别人的写作经验，并没有多大的意义。它不像数理化等学科，有很多的定理和方法大家都可以采用。在自然科学中，不可复制的结论往往得不到承认，而在写作领域，简单重复的东西却常常得不到人们的认可。

对于中学生来说，这种写作经验的个性化，主要体现在必须在自己的写作活动中形成自己的经验。这就要求我们的作文教学，要把写作经验的形成当作作文教学的主要内容，注重学生写作经验的形成。采用单纯应试式的写作训练并不能真正提高写作能力，也不能有效提高考试成绩，就是因为这样的写作训练，这样的作文教学，学生很难形成良好的写作经验和良好的写作体验。

写作经验的重要，启发我们要能更多地为学生提供良好的写作空间，以利于学生体验写作过程的同时，在不自觉中形成写作经验，还要善于引导学生形成善于进行写作反思的品质。我在前面否定过把写作技巧和写作方法当作作文教学主要内容的做法，其实，我反对的只是简单化的教学技巧和方法。我认为，符合写作规律的做法应该是，让学生在写作经验形成的过程中掌握方法运用技巧，或者在写作活动的过程中学习写作的方法和技巧。

写作的经验对写作是很有用的，但写作的经验是需要自己在写作中形成的，别人的经验作用不大。可是有些老师的作文课，却把应试的套路训练当作写作教学的主要内容。

作文教学不能不考虑应对中考和高考的需要，但不能把应对考试作文作为作文教学的全部使命和追求。更重要的是，即使是提高学生应对考试作文的能力，也要遵循写作能力提高的规律。

很多老师，就像阅读课就是做阅读题一样，作文课就是进行应考的针对训练，重点就是学习对付考试的套路。先是考点出示，然后是考点解释，再是评分细则，接着正面佳作，然后是反面例子。一切就是为了弄清楚，这样的题目中考高考阅卷会有什么要求，什么样的作文得高分，什么样的是中档分，什么样的是低档分。

重视考试作文训练并不错，我们承认应试作文的写作也是一种必须具备的能力。但既然是一种能力，就必须着眼于能力的培养。这样把评改标准和评改方式，或者说把应试作文格式训练，作为作文教学的主要内容，对于提高应试作文的能力来说，只能是缘木求鱼。大家都知道，语文能力的培养，包括作文能力的培养，也必然包括应试能力的培养，都不是“种瓜得瓜，种豆得豆”这样立竿见影的事情。

课例3

“写出特别之处背后的故事”教学实录

师：今天我们一起来学习记叙文的写作。在初中阶段我们一定要学习写好记叙文。写好记叙文，很重要的一点是要能写出事物或事情的特别之处。(板书：特别之处)

先请大家来看一位作家写的一篇文章的开头。

（屏显）

今年沈阳的雪下得大，埋没膝盖，到处有胖乎乎的雪人。

下班时，路过院里的雪人，我发现一个奇怪的迹象：雪人的颏下似有一张纸片。我这人好奇心重，仔细看，像是贺卡，插在雪人怀里。

抽出来，果然是贺卡，画面是一个满脸雀斑的男孩，穿着成人的牛仔装，在抹鼻涕。里面有字，歪歪扭扭，是小孩写的。

师：请一位同学读一下，其他同学思考文中的雪人有什么特别之处。

（学生紧张，无人回应）

师（激励）：一个人的优秀，从主动开始。

（一生主动举手读文章）

师：这位同学很好，很主动，读得也很好。大家看看文段中的雪人有什么特别之处啊?

生：雪人特别之处就是颏下有张贺卡。

师：是的，雪人有贺卡就是其与众不同的特别之处，特别之处就要关注它。作者能看出这张贺卡的特别之处，是因为作者有什么特点啊?

生：作者有好奇心。

师：是的，正是作者有好奇心才能写出特别之处来。而特别之处后面的故事正是写作记叙文的关键所在。请同学们想想，作者看到雪人颏下的贺卡会接着发生什么故事？

生：会看看贺卡写的什么。

师：是的，我们同学都有好奇心，作家也想知道贺卡的内容。好奇心是写好文章很重要的条件。文章接下去会怎么写？

生：会写贺卡的内容。

师：这会是谁写的贺卡呢？

生：一个小孩子。

师：是的。一个小孩子，准确地说，应该是一个小学生写了这张贺卡，写贺卡给雪人，这个人肯定是特别的。写给雪人的贺卡，贺卡一定也很特别。——这样贺卡的背后就有了故事。（板书：故事）

同学们，假如你是写这张贺卡的人，你会写些什么呢？首先我们要明确写作者的身份。

生：小学生。

师：能够给雪人写贺卡的这位小学生有什么特点呢？

生：比较幼稚。

生：充满童真。

师：哪个更好？

生：充满童真。

师：贺卡接收者是谁啊？也就是说小学生是给谁写贺卡？

生：雪人。

师：很好。下面就请同学们写写这张贺卡。

（生写贺卡）

师：（看学生写作时间较长，提醒贺卡要简短）哪位同学来和大家分享一下自己写的贺卡？

生：雪人，你不怕冷吗？我自己都有些感冒了，希望你不要流鼻涕哟。

师：写出了关心雪人的情感，也写出了自己的状况。

生：致亲爱的雪人：你好吗？我好不容易才与你见面，怕你冷，我给你围上了自己最心爱的围巾。希望你能永远陪着我。

师："致"需要吗？你直接给爸爸妈妈写信还要"致亲爱的爸爸妈妈"吗？直接写"亲爱的雪人"更简洁。这位同学关爱雪人，把小孩与雪人的情感表现得较深。其中的"好不容易才与你见面"，给雪人"围上心爱的围巾"，能不能从原文找到依据呢？

生：找不到根据。

师：写作要符合相应的语境，最好还是不要无中生有，让读者觉得一头雾水。后面的"希望你能永远陪着我"很有感觉，但能不能修改一下呢？

生：我觉得可以改成"你和我做个好朋友吧"。

师：很好。下面我们来看看作者写的内容，比照一下哪位同学跟他最为接近。

（屏显）

雪人：你又白又胖，橘子皮嘴唇真好看。你一定不怕冷，半夜里自己害怕吗？饿了就吃雪吧。咱俩做个好朋友！

祝愿：新年快乐　心想事成！

沈阳岐山三校二年四班　李小屹

师：这位同学的有些内容还是十分接近的。作者抓住贺卡这一特别之处，下面的故事如何发展呢？如果你是这位作者，你看到这贺卡接下来会怎么做？

生：回贺卡。

师：怎么回？

生：我会以雪人的口吻来回贺卡。

师：很好。下面看看作者是怎么往下写的。

（屏显）

我寄出也接受过一些贺卡，这张却让人心动。我有点嫉妒雪人，能收到李小屹这么诚挚的关爱。

我把贺卡放回雪人的襟怀，只露一点小角。回到家，放不下这件事，给李小屹写了一张贺卡，以雪人的名义。我不知这样做对不对，希望不至伤害孩子的感情。

师：下面就请同学们以雪人的口吻给李小屹回贺卡。

（生写贺卡）

生：你好！你的贺卡内容让我很感动，我很愿意和你做好朋友。希望能陪伴你度过整个冬天，如果你能天天来看我就更好了。

师：这位同学写得好不好？

生：他用了非常亲切的口吻在写，很好。

师：嗯，口吻很亲切，而且也与前面的贺卡内容契合。有没有同学写得跟他一样好的啊？

生：我很高兴与你成为朋友，你不要担心，我晚上会去梦中找你的。

师：写得很好。两位同学都表达了希望与雪人成为好朋友的愿望，把无生命的雪人当成有感情的人就能写出感情。下面我们来看看作家是怎么写的。

（屏显）

李小屹：真高兴得到你的贺卡，在无数个冬天里面，从来都没人送给我贺卡。你是我的好朋友！

祝愿：获得双百　永远快乐！

岐山中路10号三单元门前　雪人

师：作家贺卡里的精彩之处是突出了“从来没有人给我送贺卡”的这种温暖，我们同学写的“我晚上会去梦中找你的”也很妙，更加细腻生动，想象更新颖独特。故事能不能就到此结束呢？

生：不能。

师：对的，文章到此结束就显得过于单薄了。那后面的情节又会怎样进行呢？

生：我认为要写那位小朋友到雪人这边来了。

师：那位小朋友会不会到雪人这边来呢？

（生有的说会，有的说不会）

师：是的。来不来各有道理。我们来看作者怎么写的。

（屏显）

我寄了出去，几天里，我时不时看一眼雪人，李小屹是否会来？认识一下也很好。第三天，我看见雪人肩膀又插上了一张贺卡，忙抽出来读。

师：如果你们是这个小朋友，你给雪人写了一张贺卡，雪人又给你写了一张贺卡，你信不信？

生：不相信，他会认为肯定是出鬼了。

师：这就是你和文中李小屹的不同。从文中我们可以看出李小屹是一个怎样的孩子？

生：充满童真。

师：所以雪人写的贺卡，他相信，还是不相信？

生：相信。

师：宁可相信神话，不要相信有鬼。世上只有美丽的神话、浪漫的童话，没有鬼。一个孩子有童心，才会幸福；一个成年人有童心，会更加幸福。李小屹既然相信雪人写的贺卡，那他接下来会怎么做呢？

生：再给雪人写一张贺卡。

师：好的。下面就请同学们以雪人的身份给李小屹再回一张贺卡。注意要抓住特别之处去写故事，而且是按照人与人交往的逻辑去写故事。

（生写贺卡）

生：雪人，你好！我很好奇，你是怎么写字的呢？请你偷偷地告诉我吧，我会保密的。

师：很有感情，要"偷偷"地告诉，还要保密，很有人情味。还有哪个同学来读读你写的？

生：雪人，很开心你能给我回信！这个冬天有你的陪伴，我也不会寒冷了，我会感到分外的温暖了。

师：你能够感谢雪人给予的温暖，有雪人的陪伴，这个寒冷的冬天也感受到了融融暖意，不错。

生：雪人，贺卡真的是你写的吗？我们做个约定哦，每天放学后我都来看你哦！

师：她写了两层意思，首先是不大相信，其次又情愿相信，并与雪人约定经常见面。在矛盾中叙写，这也是记叙文写作常见的情况。所以大家在写作记叙文的时候，一定要想想故事背后的道理。我们继续看作者是怎么写的。

（屏显）

雪人：我收到你的贺卡高兴得跳了起来，咱们不是已经实现神话了吗？但我的同学说这是假的。是假的吗？我爸说这是大人写的。我也觉得你不会写贺卡，大人是谁？十万火急！告诉我！（15个惊叹号）你如果不方便，也可通知我同学，王洋，电话621××10；张弩，电话684××77。

祝愿：万事如意　心想事成！

李小屹

师：作者的贺卡内容有哪些特点啊？

生：写出了李小屹的欣喜和怀疑的矛盾心理。

师：是的。这些我们同学也多有提及，很好。正是这欣喜又怀疑的矛盾心理推动了情节的发展，并预示着作者的写作意图。下面的情节中，李小屹还要回贺卡吗？

生：不要了。

师：为什么呀？（生无语）因为写来写去，故事没什么变化，没有推进。该怎么变化呢？

生：让李小屹和作者见面。

师：你认为李小屹与作者要见面吗？

生：要见面。满足他的好奇心。

生：不见面，因为作者情感上不愿意让李小屹失望。

师：我也认为还是不见面为好——想一想，为什么不见面好？

生：故事更有悬念。

师：是的。这是写记叙文要注意的。

生：有想象空间。

师：写记叙文这也很重要。还有吗？

（学生没有反应）

师：大家一定要注意，写记叙文一定要写故事。写故事干什么呢？是为了表达主题。所以故事的安排，要根据主题的需要。——刚才有位同学虽然声音很小，但思路很清楚，她说作者情感上不愿意让李小屹失望，这就抓住了文章中的情感内涵进行思考。下面请继续看原文。

（屏显）

我把贺卡放回去，生出别样心情。李小屹是个相信神话的孩子，多么幸福，我也有过这样的年月。在这场游戏中，我应该小心而且罢手了。尽管李小屹焦急地期待回音。

就在昨天，星期日的下午，雪人前站着一个女孩，背对着我家的窗。她装束臃肿，胳膊都放不下来了。这必是李小屹。她痴痴地站在雪人边上，不时捧雪拍在它身上。雪人橘子皮嘴唇依然鲜艳。

我不忍心让李小屹就这么盼望着，像骗了她。但我更不忍心破坏她的梦。不妨让她惊讶着，甚至长成大人后跟自己的男友讲这件贺卡的奇遇。

师：文章写到这里似乎结束了，但后面还有一句话的结尾，请同学们帮忙补出来。注意要从思想情感角度去写，也就是说要考虑文章的主题了。

（生写结尾并交流）

生：我犹豫地看着那个李小屹，还有那茫茫雪地里的雪人，心里莫名地生出种种凄凉。

师：这位同学写得怎么样？

生：“凄凉”不太好。

师：怎么改？

生：改为“温暖”。

师：很切合主题，但“温暖”与上文有重复之嫌。

生：温馨。

师：很好，注意结尾不要和前文重复。还有哪位同学读读自己写的结尾？

生：过了很久，雪融化了，雪人也消失了，但我相信她心中会永远相信这贺卡奇遇。

师：最后一句很好，现在很多孩子已经不相信这样的童话了，像刚才那位认为出鬼的同学一样。(同学笑)

生：我把视线从窗外收回来，我想，这样的孩子很难再遇见了，这个冬天我会很温暖。

师：为什么要“把视线从窗外收回来”?

生：思考的时候通常都是这样吧。

师：完全可以删去，凡是“通常这样”句不一定要写，不如直接写“这样的孩子很难再遇见了，这个冬天会很温暖”，这样更简洁。最后一句比较深刻，也许生活中根本没有李小屹，或者很少。——这本身就是一个童话。我们来看看作者的结尾。

（屏显）

一个带有秘密的童年是多么地幸福。

师：这个结尾有什么特点呢?

生：很有总结性，也很深刻。

师：这样的结尾与上文的“神话”相照应，点明了文章的写作意图：存留着神话的童年是最幸福最值得珍惜的。大家看看这篇文章还缺什么呢?

生：题目。

师：我们为它拟一个什么样的题目好呢?

生：孤单。

生：写给雪人的贺卡。

生：雪人贺卡。

生：冬天雪人怀中的一丝温暖。

师：题目最好不要写主题，否则，显得不够含蓄，如“温暖”之类的；“写给雪人的贺卡”只是全文内容的一部分，不能涵盖全部内容。题目要写特别之处，“雪人怀中的贺卡”不如“雪人贺卡”，后者更简洁。

（出示原文题目：雪地贺卡）

师："雪人贺卡"和"雪地贺卡"哪个更好？

生：雪人贺卡。

师：嗯，我个人也认为"雪人贺卡"更好，文章就是围绕"贺卡"写了李小屹和雪人之间的故事，探讨了一个令人深思的问题：童心的可贵。大家想一想，这个故事是真的还是假的？

生：假的。

师：为什么呢？

生：不可能，哪儿有这样的两个人。

生：真的。

师：为什么？

生：是散文。

师：有道理。散文一般都写真实的事件。我要综合一下两种意见。小说以虚构为主，散文以写真实事件为主，这不错。但我要告诉大家的是，所有文章某种意义上都是"半真半假"。

我们来总结一下，看看这节课我们学到了什么？

（边板书边总结）

这节课我们学习了记叙文的写作，要抓住特别之处去写故事，首先是一个特别的人，一个好奇的作者，抓住事物特别的地方，便写出了这样一个特别的故事，揭示了一个特别的主旨。

第四章

作文不仅是作文课教好的

中学作文教学的基本策略，其实也就是中学作文教学怎么去做。但是怎么教的问题，包括很多层面。课程标准是从理念的层面告诉我们怎么教；很多专家会从理论层面说明应该怎么教。而一线老师需要的是具体的方法。但不同的人有不同的方法，不同的学生有不同的方法，不同的内容有不同的方法。我们这里着眼于中间层面，讲讲作文教学的基本策略。

自由作文和指令作文互补

这是非常重要的一个策略，必须放在前面讲；否则我们前面的一些内容会引起误解。

说到作文教学的实际，我曾指出两种不好的情形：一是有些老师纯粹用文学创作的自由式写作的方法指导学生的指令性写作，一是有些老师就是用简单化的应试指令性的写作来进行写作指导。而事实上这两种做法效果都不好。

于是有些老师会问，你不是说中学生写作的性质就是指令性的写作吗?这有什么错呢?对，我告诉你这的确也是错的。中学生写作的基本性质是指令性写作，但并不等于说用指令性写作进行训练就能使学生写好作文，即培养指令性写作的能力也并不是完全依靠指令性写作。因为指令性写作只能使学生获得写作技巧和写作方法，而不能使学生获得写作的体验和写作的经验，更不能从根本上培养学生的写作素养。打个比方，就像一个人生了病，如果缺脂肪、缺蛋白质、缺维生素C，当然可以吃点药补充一下。但小孩子生下来，我们绝不能就让他根据各种需要去直接补充蛋白质和各种维生素，而只能是从正常的饮食中获得，我们只要让他吃五谷杂粮吃鸡鱼肉蛋，就能够获得各种需要的营养。有句话很朴素，但非常深刻，说出了语文学习的规律，也说出了写作能力培养的规律：语文不是吃肉长肉的事情，作文更不是吃肉长肉的事情。这个道理一定要弄懂。用指令性写作反复训练，就像让学生喝各种营养液，吃各种补药，终究是不能调养出好身体的。在这种机械的训练中，培养的只是简单的应试技巧，只是熟悉考试作文的游戏规则。一个人靠学习游戏规则能成为游戏高手吗?肯定不能。一个人要学习开车专门就在家里学习交通规则行不行?肯定不行。可是我们不少老师却用这样的方法教作文。

因此，作文教学的基本策略，首先要强调自由作文和指令作文互补，坚持两条腿走路。

什么叫自由作文呢？一是指学生自主进行的写作活动，写与不写，写什么内容，写什么文体，用什么方式写，在什么时候写，完全由学生自己决定。二是在安排统一的作文训练时，不要僵化地“一刀切”，不要简单强调统一，也要留给学生自己选择的空间。我们有很多老师在这样的问题上总是想不通。他们觉得，只有统一的训练才有效果，他们宁可让学生不停地进行低水平的反复，也不愿意给学生一点空间，让学生写出更好的作文。也有些老师顾虑，总是自由写作，到考场怎么办呢？其实，这是不用担心的，因为我们并没有完全拒绝指令性的写作训练和规定性的写作训练。更重要的是，让学生具备基本写作能力才是根本，有了良好的写作能力和写作素养，才能写出好的文章，没有写作的基本能力，即使熟悉考场作文的技巧，即使能够在规定时间内完成任务，写出来的很可能也是低劣的产品。根据我们了解，不少学生三年甚至六年，从来没有写过70分以上的作文。不能不让人感慨，也不能不让人深思。

事实早已证明，只有自由写作才能真正培养学生的写作能力和写作素养。我们在谈作文教学的基本内容时说过，作文教学要让学生感受写作的过程，让学生丰富写作的积累，要让学生感悟写作的规律，要让学生形成直接的写作经验。可是在指令性的僵化的应试训练中是不可能实现这样的意图的，只有在自由写作中，学生才能真正进入写作的情景，才能获得写作过程中的真切感受，才能形成写作所必需的种种丰富的积累，才能在一次次成功的或者失败的写作中对写作的规律有所体悟，才能形成自身直接的写作经验。再简单地说，让学生自由写，他才喜欢写，才能够培养兴趣，才能够发现优势，才能够写得好，才能够写出好文章。作文教学，写得多不是目的，写得好才是目的。

除此之外，自由写作还可以让学生积累丰富的写作素材和作文半成品。有实际写作经验和对学生写作实际有深入了解的人都知道写作素材尤其是半成品作文对写作的意义。台湾有位研究作文教学的专家专门对半成品写作进行了深入而系统的研究，并且取得了非常显著的成效。我们所倡导的共生写作，有一个很重要的类型也是半成品写作。我们曾经访谈过数十位在高考中作文获得高分的同学，几乎无一例外的都是半成品写作，而看到题目凭空写起获得高分的几乎没有。他们有的说：老师，看到题目，我就想到我以前写过的一个素材，然后稍作加工，就写出来了。他们有的说：老师，拿到题目，我就想到我以前写过的一篇随笔，然后稍作加工，就写出来了。他们有的说：老师，看到题目，我就想到我以前写过的一篇作文，稍作修改，就写出来交了，感觉很爽。他们有的说：老师，你说过的一个材料帮了我的忙，我就是写的你说过的一个故事。他们有的说：我这次要感谢某某同学，因为我写的是他有一次在作文中写的材料。这些同学的经验，尽管有的用的是自己的半成品，有的用的是别人的半成品，但都是对半成品的加工。而半成品，尽管可以从书本中来，可以从别人的写作中来，但最主要的还是从自己的生活中来。我们在生活中，常常会有很多收获，有很多感触，也会发现很多有意思的材料。但如果只是稍加注意，并不能真正成为我们的素材积累；只有经过写的过程，哪怕没有写成一篇成熟的作文，它才会成为我们比较深刻的记忆，而那些并不成熟的作文就是所谓的半成品。

在强调自由作文对于培养写作能力和写作素养的重要意义的同时，我们认为对指令性写作对考场作文进行深入研究，了解其特点和规律，并让学生在一定的训练中获得应对考场写作的必要能力和技巧也是必需的。而对这个问题的研究，也存在着严重的误区。

从复习的策略角度看，有的老师不知道初中生、高中生三年的语文学习应该怎么做才能写好文章，不知道到了初三高三这一年又应该怎么安排自己的语文学习，怎么进行应考作文的准备，也不知道还有三个月应该怎样指导学生的作文。我经常举一个例子，一位老师到了高三还有三个月的时候，作文课上还要和学生训练如何让语言有文采，举了一大串例子，教了一大串招数。有用吗？我说基本没有用。大家想一想：语言有文采可以教吗？即使可以教，还有三个月可以教吗？你教的那些招数，什么多用拟人多用排比多用比喻，什么多用古诗和古文，就是文采吗？肚子里没有古诗和古文怎么办？拟人排比和比喻不当怎么办？三个月让人有文采，神仙也做不到。再说，你班级同学作文的主要问题是没有文采吗？这样的老师，就是缺少对考试作文的研究，当然也缺少对写作规律的研究。

从考场写作规律的角度看，很多老师的教学完全脱离学生的实际和考场的实际。我们在前面说到的，有些老师大讲审题类型和审题步骤，也是属于这类问题。一个考生在考场上能这样去想审题的几个大类，每个类型审题的几大步骤吗？这是绝对不能的。还有的老师说：作文选材，一定要写别人之未写，更不能写以前写过的材料。以前写过的材料都不写，那么写什么材料呢？在考场上，我们怎么知道别人写什么材料呢？这不是把学生逼上绝路吗？还有老师要求学生高考考场作文要写记叙文（初中中考当然如此），因为记叙文容易得高分。不错，似乎高考的高分作文记叙文占的比例比较大，但能不能说所有人写记叙文都可能得高分呢？这在逻辑上是说不通的。事实上，从写记叙文的总数看，得高分的比例还是非常非常小的。更重要的是，在考场上的文体选择，它是有自身规律的，并不是一厢情愿的事情。文章的立意也是如此，有些老师过分强调立意要新奇，要不同寻常，要不同常人，事实上风险也因此大增。所以，我们对指令性写作和应试写作，也要了解它的特点，掌握它的规律。

很显然，负责的作文教学，科学的作文教学，应该坚持自由作文和指令作文互补，坚持两条腿走路。那么怎么坚持呢？简单说，由初一到初三，由高一到高三，先放后收，即初一、高一自由写作为主，兼顾指令性写作；初三、高三指令性写作为主，兼顾自由写作。我们相信两者的结合，会相得益彰。

营造学生写作的立体空间

古人说："功夫在诗外。"其实，写文章的功夫也在"文章之外"。我们前面引古人的话说作文有可教的有不可教的。而我们在作文课上大概只能教可教的一部分。不可教的一部分怎么办呢？不可教的一部分，一是依靠自由写作，让学生自己去感悟；二是依靠我们为学生营造良好的写作环境，也可以说为他们建构立体化的写作空间。语文老师自己都应该有体验，写文章最主要的不是"写"的那个过程，更重要的是在写之前的准备。比如我们教师要写论文，很多老师往往都是要评职称了，要交论文了，才坐下来写论文。写不出论文来就说论文难写得不得了。打开电脑才想到写论文是绝写不出论文的。所以有人把写文章比喻成生孩子是非常有道理的。只有要写的文章本来就已经怀胎十月，到那一天才会自然分娩，生出一个健康孩子；如果肚子里没有孩子，不管怎么努力，不管什么高明的接生婆，也生不出孩子。我们学生的写作也应该是同样的道理。所以要建构一个立体化的写作空间，努力培养学生非写作状态下的写作意识。

首先要在阅读中培养写作意识和写作能力。

当然，这绝不是把阅读课教成作文。我们反对把作文课上成阅读课，也反对把阅读课上成写作课。有人提倡语文教学要以写作为中心。尝试当然是可以的，但我们以为总体是不可取的。阅读和写作紧密关联，但阅读就是阅读，写作就是写作，二者不可互相取代，当然也不可以互相隔离。但现在阅读教学和写作教学的隔离是一个不争的事实。很多老师的阅读课就是图解文本内容，就是老师出题目学生找答案，文言文就是串讲文意，就是实词虚词和文言句式。我们一直强调文言文的教学要文言、文章、文学、文化四文统一。但现在别说文言文了，很多现代文阅读教学都没有文章意识没有文学意识了。不能不说这对学生写作有很大的伤害。而只有到了写作课上才“讲作文”，很多老师似乎太迷信写作训练的效果了。有些老师的阅读课也会讲写作特点，但只是作为一个知识一个任务去完成，并不是为了给学生写作的启发。有学生到高三还不会写议论文，问我怎么写，我说背诵《六国论》，然后用心想一想。在阅读教学中培养学生的写作意识和写作能力，主要的是常常立足写的角度思考问题：作者是怎么写出来的？作者为什么要这样写？这里为什么要描写？有些内容为什么不写？我教《孔乙己》在品读了小说中的写手之后，让学生也找一处可以写手的地方写一句手，让学生思考写手时要注意什么问题（一要合乎人物性格，二要切合上下文），写好之后再讨论大家写的地方作者为什么不写？我教《黔之驴》最后有一个环节是讨论：课文内容写老虎的多，为什么题目叫“黔之驴”而不叫“黔之虎”呢？写虎对写驴又有什么作用呢？原来这和作者要表达的主题有关，目的在于讽刺驴而不在于歌颂虎。诸如此类的活动，我是经常组织的。我不敢说这些活动就非常成功，但我相信它们的价值绝不仅仅是解读文本内容，对学生的写作意识的培养和写作能力的培养都会有积极的效果。

但我们反对简单化的读写结合。有些老师阅读教学教散文就写散文，读诗就让学生写诗，读《背影》就写“背影”，学《桥》就写“桥”。记得一个老师教茅以升的《中国石拱桥》，就让学生以“桥”为题写一篇文章。我说这样做不好，他不服气，说读写结合是传统的写作教学经验。不错，强调读写结合的确是我们传统的经验，但这样的读写结合是不符合写作规律的。这个老师问我为什么不符合呢？我说你让学生写什么文体呢？他就说文体不限啊，可以自由写。我说文体不限，但学生只能写一种。写哪一种呢？他说我们这里学的是说明文《中国石拱桥》，那他也可以写说明文啊。我说茅以升写《中国石拱桥》，是对石拱桥有研究，桥有多少个孔，每个孔有多高，这些孔有什么作用，水流从哪里流出去，怎么样才能减小受到的冲击力，他清清楚楚。可是我们的学生写什么桥呢？他们对桥了解吗？我告诉他说明文的题目不能随便布置，因为没有研究没有充分的了解，就没有办法写说明文。我女儿读初二的时候，老师布置写一篇“钢笔”的说明文。她写不出来，让我帮忙，我也写不出来。因为钢笔上很多地方我们连名字也说不来，很多原理更不懂。我说，学生对桥没有研究就写不出说明文。这位老师说：那就写散文、记叙文吧。阅读教学是学的说明文，让学生写散文、记叙文，这读写怎么结合呢？所以我们强调，在阅读中培养写作意识和写作能力，主要是在阅读教学的过程中注意激发学生的写作欲望，让学生感悟写作的规律，而不是把阅读课上成作文课，也不是简单化地生硬地进行读写结合。

在阅读中培养学生的写作意识和写作能力还要引导学生在读书中有写作的意识。读书的用途是多方面的，但读书为写作服务是一个很重要的方面，中学生的读书尤其如此。而现在有些同学是为读书而读书，书读了，脑子里什么都没有，甚至一句话都说不出。读书对写作的作用是多方面的。首先是弥补生活阅历的不足。一个人的生活阅历总是有局限的，中学生尤其如此。唯有读书能够弥补这种局限。没有经历战争，我们可以在读书中经历战争；没有经历爱情和婚姻，我们可以在读书中经历爱情和婚姻。读书还可以引领思想的成长。和阅读理解一样，阅读能力和写作能力，从根本上说都不是方法问题而是思想问题。对题目的理解，对材料的运用，对文章的立意，乃至文章的构思和结构，一个人的思想水平都起着重要的作用。而思想和情感一样，除了先天的因素，主要通过读书来提高。这些是从写作的源头和根本上说的。如果从比较狭隘也比较功利的角度讲，读书对写作也有许多直接的作用。比如材料的积累。写议论文总要有理有据。理可能是从自己的心中出来的（其实心中的理也与读书有关），但据是哪里来的呢？主要是从书本中来。这就要读书时善于为写作考虑，或者说能立足写作的立场读书：哪里可以为我所用？哪里可以说明什么样的问题？即使记叙文也可以从书中获得很多写作的启发和材料。很多名作家的作品都是在读其他名著时产生写作灵感的，甚至还借鉴了很多东西。不是有人说鲁迅的《狂人日记》和曹禺的《雷雨》都借鉴了别人的作品吗？用我的共生写作理论解释，这就是和名家名著进行共生写作。我曾经和高中学生讲，你把《红楼梦》读透了，就能把文章写好，包括考试的文章，谁还能出一道不能写《红楼梦》的作文题呢？关键是怎么读，怎么用。为读书而读书自然是写不好文章的。

培养学生非写作状态下的写作意识，很重要的一点就是要培养他们胡乱想想、随便写写的习惯。

应该说很多老师是有这个意识的。让学生写日记、写随笔、写练笔是不少老师的做法。长期坚持肯定是有效果的。我一直说：就靠每学期几篇大作文是写不好文章的。但有些老师的写日记、写随笔、写练笔，却越写越正经，很多老师也很正经地修改。这就把学生的自由写作又逼到了指令性写作应试写作的路子上去了。我的想法和做法是要求学生胡乱想想、随便写写。我能举很多例子说明我自己的一些文章是胡思乱想写出来的，我相信很多人会有同感，过于老实的“实事求是”的写作怎么能写出好文章来呢？我鼓励同学们多写半成品，或者是原始素材的记录，或者是稍微做些加工，这些东西主题或许不明，结构或许不完整，但到时候却是很顶用的。每一个作家都有丰富的素材库和半成品。需要时，条件成熟时拿出一个就很有用。我问过不少在高考中作文分数比较高的同学，他们大多是根据题目要求对半成品进行加工写出来的。凭空写起的不多，通篇照搬的危险。这就像我爸爸那辈人造房或者打家具。今天有棵树，明天有块板，都收集起来。如果需要，做适当修砍，但基本是不触及关键的。因为他们还没有想好，到时候到底怎么用。一旦修砍太多，到时候加工余地就小了。我之所以说是半成品，没有简单说是素材，可能包含了还是需要适当的修整而不是完全原始的保留的。我强调写半成品的重要，还与强调学生应该学会共生写作有关。所谓共生写作，是一种作文教学的方法，也是一种作文的写作方法。聪明的作家都将这个方法运用得非常熟，一种熟悉的生活，一个精彩的生活故事，他能写出很多作品，写小说，写剧本，写散文，写诗，甚至写不止一本小说，不止一篇散文。而我们的学生却坚信一则材料只能切合一个题目，只能写一篇文章。因为有些老师就是这样指导的。而我恰恰相反总是指导学生开发自己的生活，用好自己的独特素材，要用一个素材写出多篇文章来。如果积累了一批半成品或者素材，有时间就盘点一下，琢磨琢磨能写个什么。这样的做法，对培养写作意识和写作能力都是非常重要的。

经常交流积累的材料和半成品，也能有效培养学生的写作意识和写作能力。莫言在诺贝尔颁奖大会上的发言中说：我是一个讲故事的人。我觉得不仅作家，写文章的人都必须会讲故事。写记叙文就是讲故事，写议论

在英国小镇

文也少不了讲故事，某种意义上说，作文教学就是大家一起讲故事。所以，我经常和学生讲故事，讲我自己的故事，讲我们家族的故事，讲我在生活里遇到的故事。有不少同学把我讲的故事写到作文中。我还会经常安排时间让学生讲故事。高一年级的第一轮演讲就是“一个有意义的故事”。高三后期我组织一个宝藏素材交流活动，也就是讲故事。讲完了，大家讨论，这样的故事可以写什么样的话题，可以表达什么样的主题，表达不同的主题和话题，应该如何进行加工。这样的交流，互相启发，互相补充，对写作的意义是非常大的。

其次，要引导学生善于发现和抓住生活中的作文事件。

生活中从不缺乏写作的材料，而我们的同学总抱怨生活太单调，我们的老师也跟着起哄。我是不同意的。我让学生以“单调”为话题写作，他们也写不好。这是什么原因呢？其实是我们的学生有眼不识宝贝。怎么办呢？有老师想出的办法是用活动式作文，先活动再作文；有老师想的办法是制造作文事件，其实还是搞活动，什么名著评选了，排演话剧啊。这样做用心良苦，意义总是有的。但这种人造生活对学生可能有些误导，还是让他们觉得原味的生活中就没有事件。对此我是不同意的。真正的好的作文都来自原味的生活，生活有的是作文事件。这方面，就是自己不仅要有正确的认识，最好还能有所示范。我是经常这样做的，即把自己在原味生活中经历的事件或故事和学生一起讨论能写什么该怎么写，效果是比较显著的。我在有关文章和专著里都举过例子，这里不再细说。记得一年秋天，一片树叶掉在我头上，然后掉进了我的车篓里。上课之后我就借此事件和学生共生写作了一首小诗。诗歌拿不出手，给学生有益的东西是很多的。至少可以培养他们非写作状态下的写作意识吧。

有些老师说我自己不写怎么办？语文老师至少要偶尔写点东西，从来不写，要教好写作很难。但即使不写，也可以借助别人的写作体验和案例来引导学生关注生活中的作文事件。比如鲍吉尔·原野的《月光手帕》就经常被我用来培养学生的写作意识。作者在医院里陪护父亲，晚上在病房走廊里来来回回上上下下地边走边抽烟。可是他发现一个小女孩竟然在他走了好几趟的楼梯上捡起一块漂亮的手帕。可是他再走过去一细看，原来地上还有一块手帕。蹲下来仔细一看，原来是月光透过花窗照在楼梯上就像一块手帕。作者以此为题材写了一篇非常优美、立意深刻的散文。我和同学们一起读读文章，一起讨论好文章是怎么写出来的。效果很不错。还有篇文章叫《会飞的鸭子》，我记不清作者了。作者从一群鸭子中发现了一只鸭子能飞很远很远，经过观察发现这只鸭子没有脚，经过了解，知道了这只鸭子曾经被黄鼠狼咬断过双脚的故事。文章或许算不得非常好，但对我们培养写作意识却很有用。我用它告诉学生要写好文章就要善于发现事物的特别之处，然后去寻找背后的故事。生活中，可写的作文事件真是层出不穷，写也写不完。从奥巴马，到中学生升旗讲话向女同学表达爱慕，从中国式“到此一游”到中国式上电梯，即使不写这些社会问题和社会事件，我们的校园生活、我们的班级生活、我们的语文生活中就有很多很多可写的“事件”。生活无处不在，生活无不精彩，到处都有可写的故事。

散点训练和系统训练结合

建立一个具有科学性、操作性的作文教学系统和写作训练系统，可以说是一线教师的共同期望；不少老师认为，作文教学效率低下的原因，主要是缺少一个作文的教学系统和训练系统。

作为两套初中国标教材和一套高中国标教材的编写者，我经常受到责难：你们为什么不编写一个系统的写作教材？为什么不建立一个具有操作性的训练系统？我只能借用《祝福》中“我”的话回答这样的问题：“也许有罢，——我想。”“论理，就该也有。然而未必”“那是，……实在，我说不清……。”我知道这是很不负责任的搪塞，我也知道我的回答一如小说中的“我”吞吞吐吐、支支吾吾、踌躇而胆怯。然而我又能怎样说呢？因为这实在是说不清楚的问题，至今没有人说清楚，甚至至今没有多少人愿意多说就是明证。

2009年秋天，我应邀到华东师大为一个国家级的培训做了一场关于作文教学的讲座。听讲座的或者是省级教研员，或者是有关高校负责教师培训的教授。没有想到的是，他们中也不止一位向我提出这样的问题。这使我更充分地认识到，这个问题对大家困扰的严重。这里，我们不讨论建立作文教学系统和写作训练系统，是否就可以解决作文教学的一切问题，或者说能否解决作文教学的基本问题，不讨论作文教学效率低下的原因到底有哪些，而根本的原因又是什么，也不讨论是否一定要建立一个系统，是否建立了一个系统作文教学的问题就迎刃而解，只是讨论：如果可以建立一个作文教学系统和写作训练系统，该是一个什么样的系统呢？

我想，大概会是这样几个设想：

设想一：以能力要素为主线的系统

即将中学生的写作能力分解为许多个能力点或者能力元素，将这些点或者元素组合为一个作文教学的系统和写作训练的系统。这大概是最容易想到的，也是很多人认为最科学的系统。

写作是一种能力，写作训练的系统以能力为主线，从学理上讲也是符合逻辑的。如果我们把写作能力分解为无数个点，然后逐项训练逐项落实，最后学生达成了写作所需要的所有能力，而这些“点”和“元素”的相加，就是学生的写作能力和素养。这不能不说是一个很美好的假设和理想。这就像我们曾经迷信一时的语文知识树：语文是一棵树，有听说读写四个树干，每个树干上有无数的小枝干，小枝干上又有无数的叶子。今天获得一片叶子，明天长成一个枝干，三年下来，不就是一棵树吗？小而化之，作文教学也是一棵树，也有许多枝叶，今日一枝，明日一叶，最后就是一棵树。以目标为中心，把目标体系作为教学体系的作文教学模式，就是以此设想为理论前提的作文教学系统。但这个设想，看起来很美好，却并不可行。因为那棵树就是真的能“长”成，也只能是一棵用塑料做成的没有生命的树，而语文（当然包括写作）是一棵有生命的树。

这种看起来在学理上最严谨的设想，学理上的漏洞最大：1. 语文能力，当然包括写作能力可以分解为无数个“点”吗？如果可以，又应该分为多少个呢？2. 这些能力点，能分开来训练吗？每一次训练真能达成目标吗？3. 这些分开训练的能力点合起来，就是写作能力吗？

从教学实际的角度看，三个问题中最关键的是第二个问题。教学实践早就证明，写作能力是很难分成一个个点进行训练的，观察能力和联想能力分不开，联想能力和想象能力分不开，分析能力和概括能力分不开，审题能力和立意能力分不开，甚至审题能力和结构能力也分不开。更重要的是，即使分开了，也不是每个能力点经过一两次训练就可以实现目标的。如果说阅读能力的任何一个“点”不是经过一两次训练就可以达成的，那么写作能力更是如此。就不说语言表达要有文采、立意要有深度、构思要有创意这样高要求的能力点，就是记叙文的结构安排、议论文的材料叙述、说明文要简要明白等常规的能力点，也很难通过分点的训练解决；就连记叙文的开头、记叙文的详略、记叙文的标题等看起来很容易训练的点，也不是分点训练一段时间就能解决问题的。

如果写作的能力点，很难分开来训练，更不是一两次训练能够达成目标，那么以能力要素为主线的写作系统和训练系统的建立，就失去了逻辑前提和操作可能。

设想二：以写作过程为主线的系统

写作，是语文学习的一种活动。这个活动，自然是一个纵向的过程。如果按照这个过程建立一个作文教学的系统或者写作训练的系统，应该是最具有操作性的。事实上，进行这种尝试的老师很多，有普通的老师，也有名家大家。洪宗礼先生就编写过《高三作文“三阶十六步”》《初三作文“三阶十六步”》等作文教程。高原、刘朏朏老师的“观察—分析—表达”三级训练的作文教学实验，也是着眼于写作过程建构写作训练的系统。众多语文教育名家和普通老师探索实验的成果，后来在一些教材中也得到了一定的体现。但事实上是，这样的教材并不具有可操作性，主要问题是：

1. 从写作规律看，写作有两种完全不同的过程：一种是从生活引起的写作冲动出发，一种是从命题的要求出发，两者的过程虽然也有许多相同之处，但有本质的不同，甚至可以说是一种完全逆向的过程。2. 不同的文体有不同的写作过程，用一个总的过程无法照顾到不同文体，而不同的人写作过程还具有个性特点，这更是一个复杂的难以处理的问题。3. 一个“写作过程”应该切分为多少“段”，也就是到底该是多少“阶”多少“步”，就可以实现写作教学的总的目标，或者说切分为多少个点是科学而且可行的，这几乎是一个无法回答的问题。比如“观察”应该分多少个点，“分析”应该分多少个点，“表达”应该分多少个点，恐怕没有人说得清楚。4. 把一个写作过程切割为无数个点，在教学中几乎无法划清楚这些训练点的界限。比如，没有“表达”的“观察”和没有“分析”的“表达”，不仅其价值都不大，而且是无法操作的，甚至就不再是写作训练了。5. 每一个“点”也不是通过一次两次写作训练就能解决问题的。

设想三：以文体分类为主线的系统

很多人主张建立一个文体写作的训练系统。无论是初中生还是高中生，要求掌握的还是常见文体的写作能力；按照文体集中训练，以使他们能掌握常见文体的写作，这样的设想还是有道理的。多年来的语文教材，基本都是按照文体组织训练的。实践证明，这有一定的可操作性，也有一定的效果。但建立以文体分类为主线的系统，有许多无法回避的矛盾：

1. 文体到底怎样分类？金人王若虚说："或问文章有体乎？曰：无。又问文章无体乎？曰：有。然则果如何？曰：定体则无，大体则有。"这是非常有见地的。粗略分，大致分，当然是可以的；要细分，要严格分，就很难。而要建立一个系统，必须比较严格而清晰地分类，也就必然会遇到难以解决的困难。比如记叙文，自然可以分为写人、写事，写人可以分为写一个人、写两个人、写一群人；写事可以分为写一件事、两件事、多件事。那么小小说怎么办，散文怎么办？其实，就是写人还是记事，也常常说不清楚。议论文也一样有这样的麻烦。这样必然会把老师的精力和学生的精力引到文体的分类上。这是吃力而没有意义的事。更麻烦的是，很多文章，尤其是一些好文章，很难简单进行文体分类。汪曾祺的很多散文就像说明文，鲁迅的很多杂文就是记叙文。编写高中选修教材《唐宋八大家散文选读》时，我就深感八大家在文体方面有很多创新和突破，有的传记就不是传记（如《毛颖传》），有的祭文就不是祭文（如《祭鳄鱼文》），有的论说文用的是对话体（如《进学解》）。在敬佩他们对文体运用的娴熟、敢于创新的同时，也深感文体只能是"定体则无，大体则有"。如果建立以文体分类为主线的系统，该如何制订文体评价的标准呢？倘若我们的学生写出韩愈、柳宗元、鲁迅、汪曾祺这样的文章，我们该怎样评价呢？

既然文体不能严格分类，以文体分类为主线的系统也就失去了依据。

2. 即使退一步说，可以分了，那么谁先谁后呢？以前的习惯是"记叙文—议论文—说明文"。然而很多人早就质疑：这有必然的科学道理吗？而记叙文内部，议论文内部，又谁先谁后呢？这些问题都不好回答。

3. 一个高中生应该学会哪些文体的写作？进行哪些文体的训练？每个学生必须公式化地进行如此甲乙丙丁的文体写作训练吗？这合乎写作个性

和多元能力的要求吗？这个问题看起来简单，深入一些思考，就不简单。有人会说，不就是记叙文、议论文、说明文三大文体吗？那么散文、小小说要不要学习呢？散文、小说是不是就属于记叙文呢？应用文又要不要学习呢？又该学习哪些种类呢？好吧，就是三大文体吧。那么议论文又该是哪些类型呢？评论要不要会写？是文学评论还是思想评论？时事评论又要不要学习？如果有同学喜欢写寓言、故事、童话、剧本，怎么办？高考作文，有时候连诗歌也不限制，那么要不要训练诗歌的写作？

4. 文体训练，和其他的写作维度之间，比如写作过程、写作方法等是什么关系呢？我们都知道，仅仅从文体角度是不能完成写作训练的，也是不能真正建立系统的。如果将文体和写作过程、写作方法等进行整合，我真不知道该有多少个“点”，那恐怕是“剪不断，理还乱”了。

设想四：以写作方法为主线的系统

有人认为，写作有很多东西是不可以分点训练的，比如写作的基本素养、写作的过程，包括文体类型，但写作方法是可以分点训练的。今天学习对比衬托，明天学习欲扬先抑，后天学习想象联想，掌握了这些方法，就学会了写作。乍看是有道理的，但其实一样隐含着许多无法避免的矛盾。

首先是到底有多少方法，恐怕没有人能说清楚。我看到过一本初中作文的指导用书，仅仅谋篇，也就是结构安排，就讲了60多种方法。一些常用的写作方法，也几乎都可以分出很多小类。比如联想，就有所谓接近联想、相似联想、因果联想、相关联想，细节描写就有动作细节、肖像细节、神态细节、心理细节等。而不同的人对许多方法，又有不同的分类和不同的说法。而许多方法之间常常是相互交叉的，相互的逻辑关系也不是非常清楚，比如反衬和对比、对比和比较、象征和比喻等，始终存在着种种不同的说法。要以方法为主线、为基本的点进行写作训练，就必须先理清楚这些概念的关系。这实在让人头疼，不仅学生纠缠不清楚，教师也会纠缠不清楚。

其次是不同文体有不同的方法，同一方法在不同文体中的运用，该怎样处理。同样是结构安排，记叙文和议论文不一样，和说明文可能更不一样；同样是详略安排，记叙文和议论文、说明文也会有不同的要求。而同样是比喻、描写，在记叙文、议论文、说明文中，方法又不一样作用也不一样。应该说，这是一个看起来很简单，其实很复杂的问题。

最根本的问题是，脱离了整体的写作活动，方法是否可学，是否有用。现在初三高三的复习课，或者说许多作文课，都会为学生总结出很多方法。比如选材，就有到生活中选材、到历史中选材、到名人传记中选材、到影视作品中选材、到文学作品中选材、到教材中选材等很多看起来很具体很有效的方法。但仔细想一想，学生知道了到哪里选材，就真的有材料可选了吗？似乎并不如此。所以，我们说方法是有用的，但方法并不是万能的，写作尤其如此。

设想五：以核心话题为主线的系统

有人说，既然种种设想都有难以解决的问题和矛盾，那就干脆采用以核心话题为元素建立作文教学系统和训练系统。罗列一下常见的话题，然后分话题进行写作训练，把写作方法的学习、各种文体的写作、写作能力的培养等都融合在这些话题的写作之中。某种意义上说，这倒是一种无为中求有为的办法。

但首先要筛选出所谓常见的话题得到广泛的认同，是一个比较困难的问题。而有些话题本身内涵丰富，空间很大，也会对写作训练的具体操作有一定的影响。

其次是这些话题如何组织成系统呢？核心话题之间，往往没有必然的逻辑联系，谁先训练谁后训练，没有必然的道理。

再次是同一个话题可以进行不同文体的写作训练，如果每个话题都这样训练，就没有操作的可行性。

因此，某种意义上说，这也是一个虚假的系统。

设想六：综合种种因素建立一个综合系统

即综合写作过程、写作能力、文体训练、写作方法、核心话题等种种因素建立一个作文教学和写作训练的系统。这看上去倒是一个万全之策，但最大的问题是也不具有可行性。试想：一个维度就难以处理，综合起来会有多少个“点”，这些“点”该组成一个多么复杂的网络。初中三年或高中三年，写作训练的次数按照一学期6次算大概就36次。我们想建立一个综合写作系统肯定远远超过36个点，甚至72个点都不止。就是说，一个训练点连一次训练都轮不上。这如何能保证训练的效果呢？

我们知道，肯定还会有人提出其他种种设想，但都绕不开四个基本矛盾：1. 如何科学分解训练的点？是否可分？2. 分点以后的训练是否能确保有效“达标”？3. 写作过程、写作能力、文体训练、写作方法等基本维度之间的关系如何处理？4. 初高中是一个系统还是各自建立一个系统？如何处理两个年段既独立又紧密联系的关系？

因此，我得出了一个比较悲观的结论：在目前情况下，还没有发现一个科学的、具有可操作性的作文教学系统和写作训练系统。我们甚至觉得：作文教学和写作训练是否有一个科学而具有操作性的系统，都值得怀疑。

但我这样说，绝不是主张无序的混乱的作文教学和写作训练。我们只是想告诉大家：作文教学只能在无序中求有序，不要指望课标制订者、教材编写者提供一个系统，或者说也不要轻易相信和依赖有些教材所提供的所谓系统。那么怎样做到在无序中求有序，怎样避免随意、混乱的作文教学和训练呢？

一是暂时放弃对作文教学系统和写作训练系统的学理追求，建立经验型的作文教学系统和训练系统。

既然那个具有普遍价值的系统不存在，至少是暂时还没有发现，不如针对我们自己的教学对象、立足自己的教学实际、根据自己的教学经验建立作文教学系统和写作训练系统。我们常常看到一些老师在这方面有很成功的做法。语文刊物上有这样的论文，我们也听过一些老师的口头介绍。我身边的年轻教师，就有人形成了她自己的“系统”。我觉得每个人都可以有自己的“系统”，小而言之就是自己三年的作文教学计划和写作训练的统筹安排。如果不求完美，这并不难。有，总比乱好。我自己的基本做法是高一基本都是自由式写作、话题写作，高二在以自由式写作、话题写作为主的同时，适当强化议论文写作，高三强调三种基本文体（记叙文、议论文和散文——这里不是很严谨的分类，只是从应考的角度大致分类）写作的同时，会有意识地鼓励和培养个性化的写作（培养考场绝招——未必人人都有）。同时我会针对班级同学的具体情况，进行专题训练解决他们的突出问题。

写文章，各人有各人的思路，关键不能没有思路。写作教学似乎也应该如此。这种经验性的作文教学计划和训练安排，在学理上未必经得住推敲，但常常比较实用，比之于混乱无序肯定效果要好。因为没有一种系统是经得住推敲的啊！

二是暂时放弃对建立整体系统的追求，建立局部的作文教学系统和写作训练系统。

如果说建立一个完整的系统，困难很多，那么建立一个局部的、灵活的系统相对就比较容易；而且从教学实际的角度看，也更加实用。最简单的就是建立一次写作训练的系统。现在作文教学的无序，不仅仅是整体的作文教学没有系统和序列，而且每一次写作训练的基本环节也互相割裂。绝大多数老师的作文教学的基本流程是布置一次写作，然后利用教学之余进行批改，隔一两周进行评讲，评讲后再进行下一次写作（而这一次写作基本和前一次写作没有内在联系）。在这样的写作训练的活动中，三个基本环节并没有互相作用。我们要使作文教学有序有效，恐怕首先要解决这个问题，这个问题不解决，即使有了整体的系统，也不能发挥效益。而解决这个问题，最基本的就是建立一次写作训练的系统，即让写作、批改、评讲三个基本环节能够互相作用（包括再写作是四个基本环节）。

其次是建立一个题目、一个话题写作训练的局部系统。即围绕一个题目、一个话题进行局部系统的训练。现在比较普遍的做法是一个题目一个话题写作一次，这就显得凌乱随意，很难体现整体效应。其实一个题目一个话题有计划地进行一组训练、几次训练，实际上就是一个局部的系统。

更为有意义的应该说是围绕一个专题建立局部的写作训练系统。这个专题可以是一个写作能力点，也可以是一种文体或者是一种文体中的一个小类，当然也可以是学生写作中暴露出的一个具有普遍性的问题。围绕这个专题比较集中地进行一个阶段的训练。我觉得这比之于建立一个整体的训练系统，而每个点都只能机械地进行一两次写作训练更有针对性，效果也更能保证。初三高三更适宜采用这样的训练方法。

三是暂时放弃对固定系统的追求，建立灵活的作文教学系统和训练系统。

建立一个固定的作文教学系统和写作训练系统，这似乎能一劳永逸地解决作文教学的烦人的问题，但似乎不大可能；即使可能，效果似乎也不大好。作文没有一个一成不变的公式，作文教学也没有一个公式一样的作文教程。反而是灵活的系统更能适应教学的需要，更有生命力。今年可以这样组合，明年可以那样组合；这样的学生可以这样训练，那样的学生可以那样安排。训练的内容、训练的重点、训练的安排，完全可以随机应变，不拘一格。

四是暂时放弃对共性系统的追求，建立个性化作文教学系统和写作训练系统。

作文教学和写作训练无疑是有共同规律的，每个教师的作文教学都必须遵循这个规律。但遵循这个规律，不等于说就必须所有人按照同样的系统进行作文教学。事实上，每个老师对作文规律的理解，也未必相同；即使理解相同，作文教学、写作训练的方式，也未必相同。比如说，有的老师注重课内训练，有的老师依赖于课外的自由写作，有的老师注重阅读中的写作指导，有的老师喜欢在活动中进行作文指导，等等等等。这些个性化的写作训练方式，很难说孰优孰劣。所以说，建立个性化的作文教学系统和写作训练系统，是必需的也是可行的。也许有人担心，这样会形成混乱。我想，这样的担心是不必要的，也是没有意义的。殊途同归，达到培养学生写作能力的目的就行。不管怎么说，有一定经验的教师能根据自己的经验，针对自己的学生建立作文教学的个性化系统，比之于无序的训练，效果一定会好得多。也许有人会问，那些年轻的老师怎么办？我觉得，不仅是年轻老师，凡是自己没有能力建立系统的老师，都不妨借用别人的比较合理的系统。所以我们要强调，这个个性化系统，也不只是指教师个人的，更多的是指一定群体的。一个教研组、一个备课组形成的个性化的作文教学系统和写作训练系统，是最实用最有价值的。

把上面的内容概括起来说，与其等待和追求固定的、一成不变的、具有普遍意义的、全面的作文教学系统，不如追求个性化的、经验型的、切合实际的、灵活多变的系统。我认为作为教学的无序，主要的问题不在于六年或者三年没有一个系统，最主要的问题在于作文教学本身，主要的问题在于作文教学安排的非连贯性。目前，作文教学比较普遍的做法是，学生写一篇作文老师两三个星期才能改完发下去评讲，评讲之后再另做一篇内容、体裁和前一篇几乎没有多大关联的作文。这样的做法，最大的问题是两个：一是学生的写作，距离老师的评讲时间太长，等到老师评讲时，学生的写作体验几乎完全淡忘，甚至自己写的什么内容也没有什么大的印象，所以对评讲的内容也就缺少深切感受和认同；二是前后的两次作文关联不大，使针对前一次作文的评讲，不能很好地为后面的一次写作服务，意义不大或者完全失去意义。

所以我们在实践中总结了一种套餐式作文的做法，也可以叫作连锁性写作或再度作文。就是将一个小阶段的作文进行紧密型的关联性的安排。基本的形式有：1. 同一题目同一要求，因人施教，内外互补。2. 同一题目不同要求，分步训练，不断提升。3. 同一题目不同文体，强化文体特征的训练。4. 同一话题多次写作，训练从不同角度切入话题和选择材料。5. 同一题目多次写作，训练深层立意、多向立意的能力。6. 同一材料不同使用，训练加工材料和根据不同要求叙述材料的能力。实践证明，效果还是不错的。可以建立改善作文训练的局部系统，使一个阶段内的写作训练，有一个比较明确集中的训练目标、一个比较合理的训练顺序，同时具有更强的针对性和连续性，也可以在一定程度上使教师的“教”有效地作用于学生的“学”，对学生的写作过程发挥作用。如果用拳击打比方，就是我们无法将一场比赛的过程完全系统化，但可以多打一些组合拳，效果也一定不错。梁启超先生主张作文不要多写滥写，而是要写就把一篇文章写好。我的观点是一个学生初中三年、高中三年要写几篇自己比较满意老师比较满意的文章。可是能做到的学生不多。很多老师不管好歹，就是逼着学生低水平反复，三年写的都是同一水平的文章。不能不说是作文教学的悲剧。

在注重作文教学的阶段性、灵活性、个性化的系统性的同时，我们还要注重“点”的训练。所谓“点”的训练，就是针对写作能力的某一个“能力点”，或者针对学生写作的某一个“问题点”，进行教学。实践证明，这样的做法是有效的。即使说写作能力可以为系统的无数个点，但也不是在教学中每个点都平均用力的，有些点可能训练一两次，而有的点可能要许多次。这样的选点教学和选点训练，一方面可以具有非常强的针对性，一方面又可以提高课堂的实效性。初三高三尤其要加强点的训练。和高三老师谈高三作文复习，我经常打比方说：一个人到癌症晚期去看医生，医生一般都会说，回去吧，想吃什么就吃什么吧。老师常常会发笑。其实，真不是开玩笑。还有三个月就上考场了，还折腾什么呢？写作能力还能提高吗？问题的关键是很多老师不知道学生到了最后三个月该吃什么，想吃什么，于是就瞎折腾。一厢情愿，暴饮暴食，营养过剩。学生所需要的，就是我们应该着力的“点”。有了具体的“点”，教学就有了方向。

我总觉得现在很多老师的作文教学总是笼而统之，大而化之。一节课，往往会把写文章的话都说到，都说尽。听几节高三作文课更是如此。一位老师一节课的教学内容干脆就是“高考作文八项注意”：1. 吃透要求，看菜吃饭。2. 量身定做，把握文体。3. 以静制动，准确审题。4. 合理用时，确保数字。5. 慎重下笔，讲究技巧。6. 换位思考，少犯错误。7. 稳保基分，力求突破。8. 用“本”索“源”，注重积累。八个方面，平均用力，5分钟一项。面面俱到，毫无重点，蜻蜓点水，浮光掠影，泛泛而谈，毫不深入。看上去内容充实，其实几乎无效。我想，假如在一个方面选择一个学生最不清楚、老师又有心得的点进行教学，效果一定比这样要好。我特别提倡，作文训练，尤其是课堂的作文教学，无论是指导还是评讲，都应该有一个清楚的“点”。这个点，就是教什么，就是教学内容。

这个点一定要力求具体集中。一般来说，越是具体集中效果会越好。这些点绝不是来自什么教学指导用书，也不是来自教师的主观想象，更不是来自什么复习资料；而是来自学生，来自具体班级的具体同学的具体问题。阅读教学，要从学生的原初体验出发，作文教学也是如此。针对学生的问题，才能满足学生的学习需要，才能真正达到教学生学。

这个点应该是内容和形式的统一。我的共生树式教学结构，简单说就是“一个点，一条线，多层次，求共生”。这个点，就是“教什么”；这个“点”，应该是一个教学生长点。只有着眼于形式和内容的结合点明确教学内容，这个“点”才体现了语文学科的课程特点，才会有充满活力的共生共长的教学情景。

有了这个“点”，明确了教什么，课堂教学就要在这个点上用力。有位老师，教学目标很明确，说是“文章要主题鲜明、中心突出”。可是一开头就把考试说明的所有要求用PPT展示一遍，教师一一说明。然后结合学生作文介绍使主题鲜明的三个具体方法（A. 明确表达观点，使文章的立意贯穿始终；B. 材料要始终为主旨服务，要有聚焦主题的功能；C. 按一定意图精选材料，感觉所用的材料不能为主旨服务时，一定要修改或更换）。接下去，便在如何写警策的句子上进行指导和训练。很显然，教师并不真正清楚，这节作文课究竟要教什么；或者说表面清楚教什么，却没有紧紧围绕既定的教学内容展开教学。我教过一节“让观点集中明确”的作文评讲课，主要有三个教学环节：一是让学生进行自主评价，在互动讨论中甚至是辩论中发现习作比较隐秘的问题；二是通过作者和读者的互动，理解文章具体材料的性质及其实际的论证效果，它们和原定中心观点之间的距离；三是对习作进行既立足原定中心，又假定新的立论角度的多元修改。三个环节，第一个环节加强学生对观点明确这一写作知识的深层理解；第二个环节是例文解构，分析问题；第三个环节是重新建构，立足写的指导和训练。力求做到知识传授和写作实践结合，评改讨论和修改思考结合；做到紧紧围绕既定的“教什么”展开，一节课都围绕这个“点”进行教学。

在南通共生教学研讨会上

作文教学应作用于写作过程

上海师大王荣生教授曾经说，有相当一批老师是没有作文教学的。这我是相信的。很多老师的作文教学就是“看天收”。而那些有作文教学的老师，又是如何进行作文教学的呢？

有些老师的作文教学只做两件事——出题目，打分数。出题目，打分数，能让学生写好文章吗？我认为不能。原来写得怎样还是怎样。因为这里面没有教学，没有教也没有学，有的只是要求和结果。

还有一些老师，不仅出题目打分数，还写评语，而且还很认真。现在有很多老师在写评语上很下功夫。如果评语写了学生并不认真看，我们有些老师就很生气。我劝他们不要生气，他们想不通。其实，作文评语从小学三年级就已经开始写了，写到初中就已经写了三年了，高中又写三年，已经六年了，而且六年的评语基本差不多。高中老师未必写得比初中老师好，初中老师也未必比小学老师写得认真，也未必比小学老师写得高明。对学生来说，自己的作文评语已经看了五六年七八年了，还想再看呀？实际上，老师不写评语，学生大多数也知道自己的作文有什么样的问题，别人的好作文有什么优点。甚至我们让学生自己写评语，也未必比老师写得差。我是每学期都让学生互相批改一次作文的，学生的作文评语写得真的不差。

如果从实际情况看，目前绝大多数老师的评语还是套话多，还是格式化的多，就跟学生的期末家庭联络书上的评语差不多。有人统计，结论是中学语文教师的作文评语最常用的就是12个短语，几乎没有超过这12个短语的。我的感觉，可能都没有12个短语，基本就是那么五六个短语再组合，什么审题怎么样，选材怎么样，中心怎么样，结构怎么样，立意怎么样，语言怎么样。这样的评语，你让学生看什么呢？又有什么用呢？就像群发的短信，真的没有什么真情实感。

更重要的是，学生读了评语，哪怕是非常认真地读，对作文提高有用吗？基本是没有用的。这不是我的观点，这是叶圣陶先生说的。其实，道理很简单，如果学生读评语、读范文就能写好文章，那么我们就各年级选一批好文章，请一批人写上最好的评语，然后全国中小学生全看这本书，那作文教学岂不省事了。问题是不会这样简单的。有人要问，那么为什么要写评语呢？我觉得主要是为了便于和学生交流，也为作文评讲提供素材准备，为作文教学的决策和安排提供依据。

当然，除了出题目，打分数，写评语，很多老师还有作文指导和作文评讲。但作文评讲和作文指导能不能都说是作文教学呢？我认为还不一定。因为有些老师的作文指导课主要就是和学生一起审题。所谓审题，就是明确要求，就是讲好作文的标准，就是弄清楚应该怎么写，就是弄清楚怎么写才是最好的。这对于学生的考试写作自然是有一定用的。但我们前面已经说过，平时写作训练是为了提高写作能力，而本身并不是考试行为。而从写作规律的角度看，知道要求、知道标准对提高写作能力几乎没有意义。某种意义上说，这都没有进入写的过程，都没有着眼怎么写进行教学。至于作文评讲课，比较普遍的模式就是开两会。一般先开表彰大会，说说这一次作文哪几个同学写得好，好在哪几个方面。然后再开批斗大会，说说这次作文有哪些同学写得不符合要求。这样的表彰大会和批斗大会，有没有用？不能说一点用没有，但用处不大。因为这些话，不用老是说，学生也知道，尤其是高中生和初中生。看一篇文章，学生都会有自己的看法。某某选材新颖，某某结构巧妙，某某立意深刻，他们能看得清清楚楚。老师花了那么多时间，说的都是学生本来就知道的，当然用处不大。在这样的评讲中，教师充当的只是法官，是判定输赢的裁判，而不是教练。而教师的角色，不是布置任务的领导，也不是裁判和法官，而应该是一个好的教练，即应该让学生由不会而会，由不好而好，把立意不深刻的变得深刻，把结构安排不好的变得好起来，这样我们学生的作文能力才会提高。

通过以上分析不难看出，我们的作文教学很普遍的问题是没有能真正作用于学生的写作过程，老师的教学总是着眼和用力于两端，总是站在局外，教的都是知识，都是结论。那么，作文教学怎样才能作用于学生的写作过程呢？

从常规的作文教学课来看，作文指导课应该力求能够真正进入写的过程，对改善学生的写作过程发挥引导作用。而且最好突破以题目为立足点的写作指导，可以以材料为立足点，可以以构思为立足点，可以以写作困境的突破为立足点，当然也可以以一个写作知识点为立足点（当然不是为了学习这个写作知识）。这样作文指导就可能对写作过程的改善更有意义。我在初中上过一节写出人物特点的作文课，就是让学生写我。写这样一个几乎陌生也不是完全陌生的人，怎么写呢？这就是我这节课的教学内容。这堂课在全国各地已经执教很多次，效果还是比较理想的。我还在初中执教过一节作文课“抓住特别之处写故事”，教学内容和目的是引导学生要关注生活中一些事物的特别之处，发现并且写好这特别之处背后的故事，也得到了很多老师的认可。

作文评讲课最基本的做法就是对学生的作文进行现场的选点提升。每篇提升，篇篇提升，是不太可能的，每次提升一两篇是应该的，也是可以的，从来不进行提升肯定是不行的。作文升格，早就有人研究和实践，这应该也是一种很有效的方法。但我们见到的作文升格，往往都是立足于把一篇作文改得更好，而且大多是单向的，是着眼于结果的升格，甚至有不少人是着眼于技巧的，而起作用的主要是教师的示范。这对学生当然也很有启发。我们这里说的现场的提升和它并不完全相同，不是着眼于一篇文章如何写得更好，而是着眼于文章写作自我改善的动态过程。我在很多地方举过我的一个作文评讲的例子。高一议论文写作的第一个训练点是要有一个明确的观点。可第一次写作，很多同学做不到这一点。我让他们自选话题写一篇议论文，有相当一批学生文章的观点不明确。主要有两种类型，一是观点的表达很含混，二是观点的表达不够集中，也不一致。我想先解决后边一个问题。我选了一篇题目叫“风”（“风”作为题目我认为也是不理想的，但这不是主要问题）的文章作为评讲内容。文章的主要问题是，开头提出了一个观点，结尾又变成了另外一个观点，中间材料分析部分又是一个不同的观点。三个观点有联系，但不完全一致。当然，作文评讲时最简单的做法是，我边读文章边点评出文章的三个观点，这样最省事，但这就没有教学过程，没有教的过程，也没有学的过程。我采取的做法是：先读一下，让大家看看这篇文章怎么样，让学生打打分。大多数学生打70分，有学生打得很高。我就问他为什么打这么高？他们说：语言很流畅，也很有文采；第二，还引用了很多古诗；第三，层次也很清楚；第四，话题也比较集中，紧紧围绕风展开的。我问，我们这一次的作文要求是什么？学写议论文。写议论文，最重要的是观点要明确鲜明。对照这个要求打分，这篇文章又该打多少分？有人打70分，没有人再打80分了，也有人打60分。我就问打60分的同学，问打65分的同学，文章的主要问题是什么。他们都认为文章的观点不明确。我再把文章读一遍，让同学们记下文中的观点。原来文章不是没有观点而是有几个不一致的观点。接下来，我们一起讨论，让这篇文章的观点变得鲜明。我把文章的三个观点写在黑板上，让大家讨论，从文章的材料看这篇文章最好以哪一个作为中心观点。有人认为开头的观点好，有人认为结尾的观点好，有人认为中间的观点好。我就让他们再讨论，如果以开头的观点为中心观点，后面怎么改；如果以结尾的观点为中心观点，前面怎么改；如果以中间的观点为中心观点，前后怎么改。一篇作文的评讲，评出了三篇文章。当然这是次要的，我认为最主要的是对学生的写作过程产成了影响。

课例4

“用‘感激’唤醒‘感动’”教学实录

那是一次普通的作文训练，题目是“感动”。记不起是哪一年了，应该是在高一年级。好像当时的人教版高中语文教材第一个写作单元就有这样一个题目，我也觉得这个题目很适宜高一学生写作训练。

可是作文收上来一看，比预想的要差。我教的班级是我们学校的尖子班，可是几乎没有让我满意的作文。一个普遍的问题是没有“感动”。

为准备作文评讲，我先找了几个同学聊天。问到为什么写得不好时，他们几乎异口同声地说：没有什么好写的。是的，这就是问题的症结所在。心中没有感动，笔下哪里来的感动呢？没有值得感动的事，又哪会有感动的文章呢？

“那么，什么样的事情你们才会感动呢？”我问。

“总要特别一点吧。”他们说。

原来，在他们心中，平平常常的生活，平平常常的事情，就没有什么值得感动的。可是如何让他们懂得感动呢？怎样引导他们发现生活中值得感动的事情呢？这是一个很不好解决的问题。它不是写作知识，靠讲是不行的；似乎也不是写作能力，靠练也是不行的。

刚好，这时我在生活中遭遇了一个“故事”，正准备以此为素材写一篇小散文。构思中，我眼前一亮，找到了这次作文评讲的重点和策略。

这一天作文课上，我没有明确要进行作文评讲，而是说：“黄老师最近有一件事想写成一篇文章，可是主题还没有最后确定，想听听大家的意见，愿意吗？”

“当然愿意！”大家声音很响。这类事情他们历来很感兴趣，轻松，没有压力，说不定还有机会调侃我一下。这样的活动，我们是经常进行的。

我有时有了一些写作的打算，会让他们参与我的写作构思。或者是帮我提炼主题，或者是帮我推敲词句，或者是帮我斟酌标题，或者是帮我想一个结尾。

他们让我先说说写作的内容和构思。于是我讲起了在飞机上经历的一件事：那天坐我前一排对应位子的是一个女孩。我并没有正面看见她，只是从她的头发上判断。飞机进入平飞之后，大多数人都开始休息。我便放下小桌板开始看书。大概为了睡得舒服，前面的女孩把又黑又长的头发甩到椅背的后边，就像一道黑色的瀑布挂在我的面前。我向后仰一仰身子，免得她的头发撩在我的脸上。可是过了一会儿，飞机遇到气流，剧烈地晃动起来。空姐在广播里通知大家要收起小桌板，调整好座椅靠背。可是前面的女孩似乎睡得很沉，仍然一动不动。我一看，原来她的座椅后背并没有放低。但我收起小桌板却遇到了麻烦，因为她瀑布一样的头发紧贴着她座椅后背的这一面垂着。我要么叫醒她，要么捋开她的头发将小桌板推上去，否则就会将她的头发压在小桌板和椅背之间。

从内心的想法，我当然应该选择后者。但我却有一点顾忌，因为我有过一次尴尬的遭遇。那一次也是在飞机上，大概太累了，飞机起飞不久我就睡着了。熟睡中忽然觉得脸上有点痒痒的，于是顺手就在脸上捋了一把，没想到手里是一缕长长的头发。原来是邻座的女孩子也睡着了。熟睡中我们的头都侧向了对方，所以她的头发撩到了我的脸上。而我用手一捋，就抓着了她的头发。我连忙松开头发，睁开眼睛向一侧看去。我的目光遭遇了女孩的目光，那目光如刀子般锋利，在我的心上深深划了一下。然而，我只能说一句“不好意思”（其实也怪不上我啊）然后默默转过头来。

如果这个时候我为了推上小桌板而用手划拨她的头发，万一她醒来了，再那样看我一眼甚至骂我一句“无聊”，我岂不是自找没趣？可是，我为了自己推上小桌板就把人家从熟睡中叫醒，是不是也不应该呢？短暂的犹豫之后，我还是小心翼翼地将她的头发捋开，然后轻轻推上小桌板。做完这一切我再小心翼翼地看看前座的女孩，她似乎并没有觉察到这一切，仍然睡得很甜。

“你们说，这个材料可以表达什么主题呢？”我叙述完故事，问他们。

“这个材料有什么值得写的？”一个同学说。

“老黄，你是不是想写一个浪漫的故事呢?”有几个调皮的家伙居然拿我取笑。

我说：“我觉得不仅值得写，而且能写一个比较严肃的主题。”

“那是什么主题呢?”

“我是想请你们一起想一想。”

“啊！原来你是来考我们的。”

“不是考，只是看看大家有什么好的主意。”

“我看应该是‘误会’。”

“可是这位女孩并没有误会我啊。”

“那应该是‘理解’，因为这个女孩没有像前一位那样误解你。”

我说有点道理。

“可以是‘尊重’，因为这位女孩很懂得尊重人，而前面一位则很不尊重人。”

“这想法和我想的比较接近。”

“那你自己到底是想表现什么主题呢?”

见他们实在想不到更好的说法，我说：“主题我还真没有最后确定，但你们知道当我推上小桌板而前面的女孩睡得很香时是什么感受吗?”见他们都听得很入神，我顿了顿说：“不知道为什么，当时我的心底涌起的是一股对她的感激。”

教室里静穆了好长时间。过了一会儿，一个同学才说：“那题目和主题，就是‘感激’好了。”

很快一个同学就呼应道：“用‘感激’我觉得很有深度。因为，一般感激别人都是别人给予自己帮助，而且大多是在自己困难的时候。而这里的女孩并没有给黄老师帮助，而黄老师却要感激她，就很有新意。”

“那么，大家觉得我的‘感激’自然吗?是不是有点做作?”

“有了前面的对比，就不做作了。因为人被别人误解是很正常的。”

“看来同学们还是很认同我的写作思路和主题的选择。”我说，“讨论了我的写作设想之后，下面我们来评讲最近的一篇作文——‘感动’。”

这时他们才恍然大悟，只听到有同学小声说：“这老黄，真鬼——今天耍了我们一把。”

接下去，我们结合具体习作分析了这一次作文普遍的问题——缺少感动。最后，我们明确：感激，并不一定是我们在为难之中别人伸出了援手，也不一定是我们遭遇重大困难时别人给予了帮助；感动，不一定要有催人泪下的场景，不一定要有感人肺腑的故事。一个鼓励的眼神，一声亲切的问候，一次平常的微笑……都可以让我们感激，都可以让我们感动。只要我们心存感激，生活永远总有值得我们感动的人和事。

评讲之后的"再度写作"，同学们的作文质量明显有了提高，至少是选材和主题都比前一次要好得多。

后来有好几位同学和我说到这一次作文，认为这次作文使他们悟到了很多东西。我不知道他们到底分别悟到了什么，我只知道这一节作文课的效果还是比较明显的。而且，这一次作文课，使我对"共生写作"的教学方法有了更清晰更深入的认识。经过多年的实践和总结，现在，"共生写作"已成为我作文教学经常采用的比较成熟的个性化方法。

附：

感 动

苏州中学 刘蒙丹

今年的秋来得真快，几丝秋雨便送来一抹凉意，我本没有在意，妈妈却早把套衫平整地放在我枕边。

"真烦人！"我只匆匆将它撂在一边，头也不回地冲出了家门，留下一串无奈与关怀的目光倚在门边。

秋风拂面而来，朱自清先生曾把春风形容为"母亲的手"，大约是心境不同吧，凉凉的秋风在我听来，却像母亲的唠叨般喋喋不休。我加紧蹬了几下，想要摆脱似的。

前面的大个子可真奇怪，也许是刚学会骑车吧，高大的身躯伏在高大的自行车上，缓慢地向前行进，仿佛一头老牛艰难地耕着地。他在做什么？

我暂时忘却了恼人的风声，一心想看个究竟。

秋日的残阳在树梢上若隐若现，缕缕金光像星星点点的花瓣散落在安静的路旁。最美的图画往往是在这样安详柔美的环境中应运而生，我的眼睛这样告诉我。

自行车的前座里，与其说是坐着，不如说是倒着一个小不点儿，他长长的睫毛盖住了那双眸子，一顶小黄帽早已偏向了另一侧，嘴角边隐约地还挂着一条“水晶项链”，而他的头正平稳地放在一个厚实柔软的“枕头”上，那“枕头”便是那男子，不，爸爸的大手掌。

我很不情愿地把目光收回，就像鉴赏家不愿把目光从画卷上转移开一样，世上还能有比这更和谐更温馨的图画吗？孩子脸上的平和，父亲眼中的慈爱，是散落的阳光中最明亮的两束，怦然心动的光芒使整条小街从秋的萧瑟蓦地回到了春的明媚。

我有些懂得朱先生的文字了，心中的烦闷被暖暖的亲情荡涤得一干二净，只觉得胸中像溢满了爱的潮水，汹涌奔腾。

我蹬着车，静静地注视着这对幸福的父子，默默地接受着爱的体味。父亲的手臂微微颤了一下。不知这小宝贝已睡了多久，父亲的臂膀却始终不知疲倦地托着，他可以放手，可以停车，然而他都没有。他的手一定很酸了吧，但是他却清楚自己的手对于孩子来说，是一座可以倚靠的大山啊！他将用这双手为孩子撑起一片天空，照顾孩子的点点滴滴……

另一双手呈现在了我的脑海里，洗衣做饭，整理房间……上面印满了多少爱的痕迹，就像眼前的这双手。

我依然不紧不慢地骑着，跳跃的阳光不时落在我的身上，就好像临行前的目光时时伴我左右。

秋风又起，我隐约感觉到了凉意，明天，该穿套衫了吧。

第五章

作文课是条多行道

很多年轻老师不知道作文课怎么教，很多老师的作文课非常单调。其实作文课有很多种教法，有着非常丰富的课型。这里我们先介绍一些基本的课型。

作文指导课

我们首先要承认很多语文教师是没有作文指导的。作文教师就是任其自然，就是“看天收”。这样做既有无奈的一面，也有合理的一面。那么有作文指导课的老师是怎么教的呢？大多数的作文指导课的内容和程序是怎么安排的呢？

1. 题目解析

某种意义上说，很多老师的作文指导课，就是题目解析。从题目的结构到题目的用词，从实词到虚词，从中心词到修饰语，从作文题的直接要求到隐含要求，从内容要求到形式要求，从字数要求到时间要求，从审题到选材，从剪裁到谋篇，和学生一一罗列逐一分析，甚至到了非常技术化非常专业化的地步。

2. 方法指导

作文教学教方法，已经成为一个普遍的现象，而且似乎还是一些比较负责比较有心的老师的做法。这些作文课传授的方法，常常是细而全面。审题的方法，选材的方法，开头的方法，结尾的方法。而有些方法，并不是符合作文规律的真正有用的方法，而是投机取巧的方法。比如有些高中老师指导学生要有文采，就是要多用比喻多用拟人多用排比等修辞，就是多引用古人的诗句。

3. 范文引路

既有印证某些写作知识的片段例文，也有整篇的范文阅读；既有中学生的习作，也有名家的名篇。如讲细节描写，就从名家作品中挖出一连串的细节描写片段，一会儿是鲁迅，一会儿是契诃夫。除了这样的片段性的范例，很多老师还要选择完整的范文给学生阅读或朗读，甚至干脆就是中考高考的满分作文。

这样的作文指导课，对学生的写作多多少少会有一定的指导作用，但每次如此，千篇一律，形式僵化，意义就不大了。其原因主要在于：

1. 主题不明。

没有明确的重点，就等于教学没有明确的目标。某种意义上说，全面指导，等于没有指导。由于没有具体指导重点，内容就显得分散，认识就比较肤浅，训练也没有方向。知识的学习，范文的运用和写作的训练，常常互相分离。

2. 主体缺失。

如果说目前学生主体的真正体现还普遍不够理想，那么作文指导课则更为严重。现在的作文指导课，普遍的是以教师讲为主，即使有时候有学生的活动，也多是象征性的配合，或者泛泛而谈的交流感受，而没有能把学生引入写作的状态和情境，没有学生立足写作的具体问题的思考和具体的写的活动。

3. 重心偏移。

作文指导课的重心并不是着眼于学生最后写出什么样的文章，而是着眼于激发学生写的欲望，激活学生的写作感受，打开学生写的思路，引领学生的写作过程。而很多作文指导课，关注的是最后写出的文章，是结果的呈现，而不是写作过程的引领。

4. 课型不明。

有些写作指导课，说不清是阅读课还是写作课。大量的范文呈现，大量的文本阅读，一节课学生花在阅读上的时间常常远远超过写作的时间。即使写作指导课本身，也有很多丰富的课型。有写作理念的学习，有写作能力的训练，有写作知识的学习。而有些写作指导课，到底指导什么，并不清楚。

5. 知识中心。

有些作文指导课，将知识学习作为重点，其他的活动都是为知识学习服务的。甚至有些作文指导课，老师出示范文和作品，要求学生判断和识别其中所运用的方法；学生自己写了一些片段之后，也要求学生能够说得

在朋友的农家小院中，希望共生教学也能如此硕果累累

出是运用了什么方法。这样典型的知识中心，转移了教学的中心和学生的注意。或许某个写作知识，真的是学会了，但写作能力并没有得到提高。

针对这样的现状，我以为作为指导课应该处理好如下几个关系：

1.点和面的融合，突出点的地位。

虽然我们不能苛求作文指导课也形成一个严整的系统，但每次作文指导课，根据具体的写作要求，确定一个指导的主题或者指导的重点，还是有必要的。但作文教学是一个综合性很强的学习活动，很难做到仅仅围绕一个点进行教学，即使能够仅仅围绕一个点教学，效果也未必理想。所以要努力做到点和面的融合，基于整体，着眼重点，以及其余，以点带面，效果会更好。比如一节课的指导重点是结构安排，就必然和材料选择、主题确定等紧密相关；比如一节课的指导重点是文章的结尾，就必然和整篇结构、主题提炼紧密相关。即使一个点的指导，也要“点”中取点，才能学得集中，练得深入。如叙事要有波澜，一节课教了好几种方法，一般很难有好的效果。

2. 读和写的融合，突出写的地位。

读和写结合，是我们传统的写作教学经验。可以说，脱离了读，就没有写。但写作课就是写作课，不能混同于一般阅读课，更不能主客倒置。必须明确，写作指导中的读写结合，读是为写服务的，写是主体，读是客体；读是手段，写是目的。从教学理念，到教学行为；从教学时间，到训练活动，都必须始终突出写的地位。要不要读，读什么读多少，什么时候读，都要根据写的需要。通过范文引领写作，是作文指导课的基本做法。但脱离了具体的题目，脱离了学生的实际，意义实在不大，而且这样做很可能对学生的写作心理造成很大的伤害。

3. 学和用的融合，突出用的地位。

写作指导课，教学生一些写作知识，讲一些写作方法，都是正常的，甚至是必需的。但除了专门的课型，作文指导课的根本任务都不是学习写作知识。了解一点写作知识，是为写作服务的；如果本末倒置，效果只能适得其反。因此，作文指导课，一定要把知识和方法在写作过程中的运用作为重点，要进行设计和组织写的活动，让学生在写的实践中运用知识，运用方法。

4. 教和学的融合，突出学的地位。

突出学生的主体地位，是个老话题。课堂教学的主体都是学生，写作指导课也必须如此。作文指导课，没有学生的积极参与，是不会有好的效果的。所以，作文指导课的成功与否，就看教师能否把学生带入写作情景，能否把学生引入写作状态。把学生带入写作情景，把学生引入写作状态，是作文指导课的关键所在。教师所有的“教”都是为了这一目的。

写作理念课

中学作文教学的任务主要是培养学生的写作能力。但写作能力的提高，又不仅仅是写作知识的学习和写作能力的训练。让学生懂得一些写作的基本理念，可以使学生对写作过程的理解更加全面，对写作规律的认识更加清楚，这无疑会有助于写作能力的提高。

所谓写作理念，就是关于写作的一些道理。大多数语文教材，都有写作理念的教学内容。比如苏教版高中语文新教材，就有“你的生活很重要”、“独立思考，善于发现”、“写作也是对话”、“言之无文，行而不远”等“写作观”的教学内容。

很多人会认为，中学生没有必要懂得什么写作理念。的确，对于中学生来说，最重要的是培养写作的基本能力，这也是中学作文教学的主要任务。但并不能因此否定中学生了解一些基本写作理念的必要。恰恰相反，对一些写作基本理念有了正确的理解，有了清晰的认识，能有助于写作能力的培养和提高。比如对写作读者意识的把握，对写作和生活的关系的认识，对文章要表达真情实感的理解，等等，对学生的写作就非常有意义。事实上，有些学生正是由于对这些问题没有清晰的认识，在很大程度上制约了写作能力的提高。

写作理念课，就是让学生懂得这些写作的基本理念的作文教学课型。一般来说，它有这样一些基本特点：

1. 以写作理念的认识、理解为教学目标。

写作理念课，不同于绝大多数作文课，它不以能力训练和能力培养为目标，而是通过一定的教学过程让学生懂得一些关于写作的道理。可以是对课程写作要求的理解，可以是对写作规律的认识，可以是对写作过程的感受，也可以是对写作方法的领会。

2. 教学过程围绕某一写作理念的学习展开。

作为作文教学课，写作理念课的教学过程也必然由许多写作学习活动组成。但作文理念课的教学，这些写作学习活动都不是直接指向写作能力的训练和培养，而是围绕某一写作理念的学习展开。学习活动的内容和方式的选择，整个教学过程的组织和安排，都服从于学生写作理念学习的需要。

3. 教学内容和教学目标具有一定的隐蔽性。

一方面它把写作理念的学习作为教学内容，把写作理念的认识、理解作为教学目标，另一方面教学过程却由一系列写作学习活动组成，这就必然把作为教学内容的写作理念的学习隐含在写作活动的过程之中。因此，写作理念课常常会和其他作文课型糅合在一起，甚至有时候从表面看很容易和其他作文课型相混淆。

从中，我们可以看出写作理念课教学的一些基本的操作要领：

教学活动的主要形式不是写的活动，而常常主要是“阅读”、“交流”和教师的“点拨”等活动，在读中感悟理念，在交流中认识理念，在教师点拨下加深对理念的理解。常常是以阅读为主要活动形式，读名家的作品，读自己的习作，也适当读一些有关资料。在作文教学的其他课型中也会有阅读，但不同的是那些课型中的阅读主要是学习写作方法，而在写作理念课中的阅读，则主要是感悟和认识写作理念。除了阅读就是交流，交流自己的习作，交流阅读感受，交流对一些相关问题的理解。教师的点拨，既是教学活动的组织，也是引导学生加深对写作理念的理解。

教学过程的重点不是写作方法的学习，不是写作能力的训练，而是对某些写作理念意识的培养。如果按照其他写作课的要求衡量，写作理念课看上去有时候似乎并不像写作课。其实，这可以说正是写作理念课的特点。因为写作理念课的教学，既不是让学生学习写作方法、写作技巧，也不是训练学生某一方面的写作能力，而是认识写作的一些基本道理，所以在一定程度上和一般写作课有些距离。

相对而言，写作理念课的教学，不像作前指导、作后评讲和能力训练等课型那样都有着规律性很强的教学思路，因为所学习的写作理念的不同以及呈现载体的不同，教学思路更加多样化。我执教过“在交流和修改中学习写作”的一节理念学习课，先让学生推荐并评点同学的习作，再让同学介绍和评点自己的习作，然后进行习作的自我修改并交流修改的体会。在教学过程中，既互相进行习作的交流，又进行写作感受和阅读感受的交流；既有同学之间的交流，又有师生之间的交流。一切教学活动旨在让学生懂得交流、发表和自我修改对于写作能力提高的意义。一般来说，写作理念课的教学思路，不是层层深入的纵向结构（而其他课型的作文课多为纵式结构），而更多是教学活动的横向组合，是对某一个写作理念认识的反复强化。

写作理念教学的作文课必须体现以下几点基本要求：

1.学习的写作理念要具体清晰。

既然是写作理念的学习，作为教学内容的写作理念就应该具体清晰。既不能是大而空的口号和概念，也不能是含混不清、无法表达的模糊认识。作为教学内容，更应该具有通过教学过程加以呈现的可操作性。不要直接表达要学生学习的理念，要通过具体的教学过程和渗透性的点拨语言，让学生认识和懂得有关的写作理念。

2.要找到理念呈现的适当形式。

尽管作为教学内容的教学理念应该具体、清晰，尽管写作理念课的教学内容就是写作理念的学习，但因为作为教学内容的写作理念具有隐蔽性和间接性，这就要求必须找到适当的呈现形式，即通过一定的写作学习活动来完成写作理念的学习。可以让学生在交流写作的感受、写作的心得，谈自己的得意之处，谈写作的困惑之中感悟和理解要学习写作理念；可以让学生在介绍、评点自己的作品，修改自己的作文，交流修改的意图和体会的过程中认识、理解有关的写作理念。

3.理念的学习不靠讲解而靠感悟。

写作理念的学习，不是学习写作知识，讲解几乎很难有好的效果；客观上教师也很难讲得清楚，只有通过具体的学习活动让学生自己感悟。或者以品读为主，或者以交流为主，但都要特别注重学生的感受，教师至多对学生的感受交流稍加点拨。尽量不正面讲解写作理念，要用心于组织学生学习活动的开展，让学生在倾听别人的习作交流、写作感受和修改体会的交流之中，以及在自己阅读习作、修改习作的过程中感悟有关写作的理念，懂得有关的道理。

要注意的是，写作理念学习的写作课，安排的次数不宜太多，而且写作理念的学习仅仅依靠集中的写作理念课，也不能解决全部问题，还要将有关写作理念的学习融合到各种课型的作文教学之中，才会有比较理想的效果。

在苏州博物馆

能力训练课

写作能力训练课是目前比较成熟，也比较有影响的一种作文教学的课型，也可以叫作写作方法学习课，它们比较集中地进行某一方面写作能力的训练，或某一写作方法的学习，两者的教学思路基本一样。

能力训练课，有这样一些基本特点：

1. 以某一写作能力的培养为教学目标。

写作教学课，大多是以指导学生进行具体的写作活动，完成具体的写作任务为教学目标，在进行这些活动完成这些任务的过程中提高写作的综合能力。而能力训练课则直接以某一方面写作能力的提高作为教学目标。也许教学过程中会安排一些写作活动，但进行这些写作活动本身不是教学的目标，而是为某一方面能力的训练服务。比如进行思维能力训练，或许教学中也会让学生围绕某一个题目某一个话题甚至是一组题目一组话题展开写作思路，但这只是这一节课进行能力训练的一个环节，一个训练点，而绝不是全部，更不是重点，这节课的教学也并不需完成这个题目或者这个话题的写作。

2. 以某一写作能力的训练为教学重点。

写作能力训练课，不以具体写作知识和写作方法的学习为教学内容，也不以和某一能力相关的知识的学习作为教学的重点。尽管在能力训练中，也许会涉及某些写作知识和写作方法，但课堂教学的重点不在掌握这些知识，只是借助于这些知识来帮助能力的训练。换一个角度说，能力训练课中涉及的知识不是教学的重点，常常是不要求掌握的内容。比如进行多向思维的训练，训练中了解一些多向思维的知识，对能力的训练无疑会有帮助，但掌握这些知识却不是教学的目的更不是重点。因为懂得再多的多向思维的知识，也并不代表就会多向思维。

3. 教学过程紧扣某一能力点展开。

能力训练课，都是紧紧围绕某一个能力点展开多层次、多角度的训练。通常有“观察生活”、“认识生活”、“问题分析”、“思想提炼”、“审题立意”、“选材剪裁”、“结构安排”、“联想想象”等能力点。一般来说，这个能力训练点训练切入的角度越小越具体越好。比如进行“认识生活”或者“审题立意”的能力训练，如果只是围绕这些能力泛泛进行训练，就很难有好的效果，必须从某一个更具体的角度切入进行训练。更重要的是，能力训练课的各个环节，不管是知识学习还是方法掌握，不管是案例列举还是训练组织，整个教学过程都是围绕这个能力点，紧扣一条线展开。

能力训练课的基本流程是：

1. 明确训练点。

即首先和学生明确具体的能力训练点是什么，也就是明确这一节的教学内容和学习内容。既可以开宗明义，也可以像由一些具体问题的解决入手。开门见山，主旨鲜明；先学后教，富有启发性。

2. 出示范例。

即通过具体的典型案例对学习内容进行解说，让学生理解有关能力点的内涵和要求。这些案例可以是教材上的，也可以是课外的；可以是名家名篇，也可以是学生的习作。这个环节，不仅让学生加深对能力训练点的理解，而且可以从中悟到具体的学习方法。有时候，这一环节和前一个环节也可以倒过来安排。

3. 迁移训练。

即通过具体的训练活动，让学生将在典型案例中所悟到的知识运用到具体的写作实践活动中。这个环节在教学思路中起着承前启后的过渡作用，是教学思路很重要的一环，要充分注意它在前后环节中的衔接作用。

4. 巩固训练。

即在迁移训练的基础上，再通过训练巩固前面所学的知识和前期训练所取得的效果。有时候，巩固性训练还可以弥补迁移性训练的不足，拓展训练的范围，提高训练的强度。巩固训练是能力训练课的重点环节，决定着训练的质量和效果，是教学的重点。

5. 交流讨论。

可以先是分小组交流当堂完成的写作。然后采用各小组根据要求推选同学或指名同学全班交流习作，并组织讨论。

6. 教学小结。

即对一节课的学习内容和训练效果，对有关能力运用的方法，对学生写作情况进行小结，对有关能力训练要注意的问题等进行概括和小结。

7. 布置作业。

能力训练这种课型，有它自身的特定价值和优势。一是着眼于“点”进行教学，教学内容集中明确，能解决一定问题，具有一定效果，而且便于操作。尤其是初三高三，进行这种“点”的训练，效果更为显著。因为初三高三，要进行所谓系统训练已经没有时间，或者说基础的训练已经完成，所以适宜的办法是针对学生的弱点进行点的训练。可以梳理分析班上同学作文的主要问题在哪里，有目的有针对性地进行反复练习，在一定程度上是可以矫正的。这种课型的第二个优点是着眼于怎么写进行教学，通过典型案例，教给方法，可见可学，不尚空谈，一定程度上能帮助学生解决无从下手的问题。第三个优点是知识学习、能力训练现场结合，有讲有练，有练有评，注重实效。这和高三初三复习课有讲有练，讲练结合的特征非常吻合。

但是这种课型也有它的明显不足。有些老师看了这样的作文课，说非常好，我要从初一开始，从高一开始，就这样一个个点地教。不错，你或许可以这样教，但这样教是不是一定能够教好呢？或者说，学生能不能考好呢？未必，或者说很难。首先遇到的第一个问题是：能把作文分为多少个点？从三年作文或者说从两年作文课来看（初三高三留作复习），你每学期按6篇作文算，一年12篇，三年只能36篇，或者说36个点。大家想一想，学生的作文，或者说我们的作文教学，初中或高中就是36篇36个点能够包含的吗？据我们粗略做过的分析，无论是初中作文还是高中作文，从写作类型、写作过程和写作方法三个维度看，都远远超过100个点。第二个问题是，一个点（一项能力或一种方法）一次训练，写一篇作文，就能解决问题吗？倘若真的能够一次解决一个问题，即使时间不够也不是问题，我们可以安排更多的时间。根本的问题是任何一个点，任何一种方法，都不是一两节课、一两次训练所能解决问题的。比如记叙文的拟题，你一节课行吗？记叙文的结尾，议论文的立意，议论文的分析，哪怕最小的一个点，你都无法一节课解决问题，甚至三五节课也解决不了问题。第三个问题是一个人的写作能力，一个人的写作素养，能不能进行这样的简单分割，即使能，即使每个点，一两节课就能解决问题，最后能不能拼装出我们需要的作文能力和写作素养呢？我以为不能。写作能力、写作素养，不是玩积木，也不是拼图游戏，不管多少个点，也拼不出写作能力和写作素养。就像作文本身，不是写几个开头、写几个结尾，再写几个段，就拼出一篇好文章的。有人试图从写句开始，再写段，最后合成篇，进行作文教学的训练，最后证明这条路是走不通的。我这样说，并不是否定这种课型的教学价值，只是说用它解决一些点的问题，可能有一定的效果，用这样一种课型进行所谓系统训练，解决所有问题，似乎不大可行。

能力训练课得有这样一些基本要求：

1. 能力训练点要集中明确。

写作能力的训练和写作方法的学习，内容十分丰富。尽管我们说，语文能力，尤其是写作能力的培养绝不是一节课所能达成目标的，但我认为每一节课的教学还是必须追求尽可能好的效果。这就要求每节课的训练内容要集中明确，一般说选点越小越好。

2. 必须以能力训练为主体。

能力训练课，顾名思义，就是要“训练”。以训练为主体，并不是练习的简单堆积和反复，也不是正反例子的罗列。一是要围绕同一个训练点进行多层次的训练；同时，要尽可能围绕一个点进行比较全面的多角度训练。

3. 示范一定要典型。

“典型案例解析”这个教学环节，是通过具体的案例说明教学的内容，让学生获得对某些能力鲜活具体的理解。这就要求无论是正面案例还是反面案例务必都要典型，否则会扰乱学生的思维和认识，也使课堂教学的结构遭到破坏。正面案例未必都要用名家，尤其不要总是所谓满分作文。对学生的示范最好要靠得近，摸得着。即使选用名篇名家的例子，也一定要注意选具有普适性的、贴近中学生的例子，或者说大多数学生能够学习的例子。

4. 讲解要精要到位。

既然是课内的学习，教师就要“教”。教师的教学除了组织教学活动，主要的形式和手段就是“讲”和“解”。讲什么呢？当然是讲知识。解什么呢？当然是解决问题。但务必要注意的是，一旦讲解多了，就不再是训练课。因此，讲解一定要精要。而所谓到位，是当讲必讲，还要讲到该讲的程度。

能力训练课要注意这样一些问题：

1. 重在针对性，不求系统性。

大家都希望作文教学能进行系统训练。这是可以理解的，但目前似乎还不可能。过于追求训练的系统，或许会陷入更大的混乱。而能力训练课，尤其不可追求训练的系统。一方面如何建立能力系统，如何科学分割写作能力，非常困难；即使可能，那样的教学也可能导致作文教学远离作文。但能力训练课，既不是盲目的，也不是随意的。所以能力训练课的科学性首先体现它的针对性。

2. 处理好“写”与“非写”的关系。

写作能力训练课，比之于作前指导、作文评讲和作文升格等课型，它和“写”的关系似乎有点远，似乎有点距离，这就要求我们在教学中要特别注意处理好能力训练和“写”的关系。比如学会思路的展开，学会多向思维，这些对写作都很重要，都非常有价值，很多学生的文章写不长，写不深入，写不出新意，就是思维肤浅僵化。但换一个角度说，思维问题又是一个专门的问题。思维和写作的关系，还是一个没有定论的复杂话题。这就要求立足进行思维训练和思路展开。所以能力训练课，把教学内容和教学过程置于写作的情景和背景中是至关重要的。

3. 坚持将方法渗透在训练过程之中。

作文教学不能不注意方法。“授人以鱼，不如授人以渔”，是大家都知道的教育箴言。三维目标也非常强调方法。这无疑是对的，但现在出现了“方法中心”、“方法简单化”、“方法解决一切问题”的倾向，不能不予以注意。如果把能力训练课变成方法传授课，就背离了课型的特点，也背离了教学的初衷，甚至违背了作文教学的规律。注重方法，但绝不“讲”方法，而是把方法渗透在训练过程之中。甚至连表达的形式都很注意“渗透式”，都让学生去悟方法，而不是教师说方法，更不是让学生练方法。

4. 要融入自己的写作体验和教学经验去选择训练的“点”。

很多老师这类课型的教学，都按照教科书或考试说明进行点的选择，我以为效果不会很好。教科书的点往往都是立足教学内容的需要排列的，考试说明往往都是从写作要求提出的点，它们对我们的教学固然都有指导作用，但和学生存在的问题往往并不一致，或者说它们都不是为了解决具体的写作问题。有经验的老师常常根据自己的写作体验，根据自己的教学经验，根据自己班级的实际情况，去开发写作的点。学生喜欢听的也是教师带经验色彩的教学内容，从书本出发的，从理论出发的，可能很严谨但学生可能并不喜欢，学生喜欢的，就是带有自我写作情感经验的东西。如有老师归纳出的“记叙文中物象的选择”，这是教材上没有的，但学生学习了这样的内容，可以把文章写得饱满丰富，可以把文章安排得更加合理，这对学生都是有用的。所以教师要善于发现训练点、分解考试说明的考点。千万不要把考试说明的点直接教给他们。

5. 写作要求的归纳，要力求简明，而不要过分知识化、系统化，尤其不要复杂化。

因为知识化、系统化、复杂化之后，学生的吸收和运用都有困难。比如细节描写，真要下一个定义并不容易，要讲分类也不容易，要说清楚什么时候该用细节，什么时候不要用那个细节，那就更不容易。有的高三老师教学生审题，说高考作文命题有三大类，一是话题类，二是命题类，三是材料类，还有话题加命题，材料加话题，材料加命题。再说材料作文有三类，叙事类、议论类、哲理类。再讲具体步骤，如果是叙事类，哪五个步骤，如果是议论类，哪五个步骤，如果是哲理类，哪五个步骤。大家想想，学生上了考场，能这样去想吗？谁这样想，谁就完蛋。所以，和学生归纳写作知识一定要立足有用。

6. 小组交流的样本一定要呈现多样性和典型性。

从目前的实际看，我们老师都喜欢呈现最好的。都是最好的，就没有教学的空间，对大多数学生也没有学习意义。因此应该呈现不同类型的，有好的，有中等的，也有差一点的，这样就有了典型性，也有了发挥老师教学价值的空间。好的大家如何借鉴学习，不好的如何让他提高。而教师自己的习作呈现，一定要选择恰当时机，要有明确目的，要和学生的写作过程融合，要为学生写作服务。现在有一个流行的做法，就是教师到最后就亮出了自己的习作。即使教师的文章写得很漂亮，对学生也没有多大意义。

作文评讲课

作文评讲是作文教学的基本课型，但不少作文评讲课，形式单一，内容单薄，教学效果不够理想。

我曾经调侃地把模式化、简单化的作文评讲课归纳为“开两会”：一是开表彰大会，也就是列举写得比较好的习作，并且选样在班级展示；二是开批斗大会，往往是归纳出学生习作中的问题，并且针对性进行举例，同时也会呈现出一些案例。

这样的作文评讲课，主要有这样一些问题：

1. 缺少问题意识，针对性不强，更没有明确的教学目标；

2. 教学过程简单，活动形式单一，没有触及学生写作的过程；

3. 学生游离于教学过程之外，教师的教学也是简单表扬和批评。

其实，作文评讲课的教学非常灵活，有许多丰富的类型。其中常见的有：

1. 全程式。

即对一次作文的各方面内容进行全面评讲。由审题到立意，由选材到构思，由结构到语言。这种类型的作文评讲，优势在于能展示作文的全过程，不足在于容易面面俱到，关键在于详略的安排，如果平均用力，则费时多而重点又不够突出，经常如此教学内容也必定大量重复，学生很容易产生厌倦感，会影响教学效果，但根据题目需要适当时机进行一次，也很有必要。

2. 板块式。

即根据学生习作的具体情况，从某几个方面进行评讲。可以每一次都有变化，也可以相对固定。如有一位老师一般都按照这样三个板块进行评讲：（1）精彩语句展示；（2）精彩片段呈现；（3）精彩篇章赏析。这样的安排可以点面结合，覆盖面大，有句有段，有篇章，层次清楚，以正面鼓励为主，利于调动学生的积极性。相对固定平静的板块，学生熟悉评讲内容，对老师的要求比较清楚，教学中师生之间配合和谐，教学效果得到强化，但也容易陷入套路，所以比较适宜的是相对固定，偶尔变化。

3. 对比式。

即每一个具体内容都着眼于正反对比进行评讲。对比的方式又有许多种，可以是一个问题的对比，也可以是一连串问题的对比，可以是以篇为单位的对比，也可以是针对写作过程的不同阶段进行对比。这种评讲形式，对比鲜明，效果强烈，但要注意分寸，尤其是反面例子的选择，既要典型，又要一分为二，否则很容易伤害一部分同学的自尊和写作积极性，尤其是常常以某些同学为反面典型，副作用非常严重。

4. 梳理式。

即梳理出本次写作过程中的成功之处和主要问题一一评讲。从某种意义上说，这就是一种整体上的对比式评讲，但这种评讲不讲究成功之处和存在问题之间的对应，更不必都要列举正反对应的例子进行对比分析。重点在于梳理，总结成绩，分析问题。换一个角度看，这也是一种例证式的评讲，或者叫演绎式的评讲。这种评讲，优势是比较严谨，但相对来说方式比较呆板，缺少活力，对学生的刺激不够强烈，经常运用，很容易失于套路，对问题的分析往往不够深入，对学生的触动可能不大。

5. 归纳式。

即先单篇分别评点，然后归纳出经验和教训。这种评讲，以具体习作的分析为基础，进行理性的归纳总结，没有框框架架的约束，无论是单篇习作的分别评点，还是后一阶段的归纳，都可以引导学生的充分参与，组织得好，能有好的效果。但要求对单篇习作的选择和把握，对有关问题的分析和归纳，都必须有充分准备。在引导学生参与评点时，要求教师必须有先进的教学理念和成熟的调控能力，对学生的各种反应能做出及时而正确的判断，并适时进行有效引导。

6. 典型式。

又叫案例式，即每次评讲只选择一篇或两三篇典型的习作进行多方位的评讲。所谓典型，既可以反映本次写作的成功之处，又可以反映出代表性的问题。评讲的过程，一般为三个阶段：（1）出示习作，或者让有关同学诵读自己的习作，或者用幻灯或其他媒体展示习作，有条件也可以通过网络呈现；（2）互动评点，教师组织同学们根据一般要求和本次训练的目标对习作进行评点，可以全班一起进行，也可以先分组然后交流；（3）互动提升，在充分肯定习作成功之处的基础上，通过互动对习作进行提升修改。

7. 专题式。

即每次评讲根据学生习作情况或作文教学的整体安排确定一个明确的专题。通常的思路是“专题疏导—问题分析—指导提升”，即先明确有关专题的写作知识、写作规律和要求，可以结合教材的有关内容，也可以结合名作名篇和学生的习作讲述，然后分析本次写作这方面的问题，最后指出修改的思路。这种评讲会使某一个专题的写作知识和要求得到相对充分的强化，对集中解决某一方面的问题效果比较明显，但往往以教师为主，要进行师生互动比较困难。

8. 串联式。

即以单篇的习作为评讲的内容，不过多地考虑单篇之间以及整个评讲内容的逻辑关系，只考虑所选的单篇有一定的代表性，具有评讲的丰富教学资源，整个过程就是引导学生对有关单篇习作进行互动式的评点讨论，也不清晰地分出先优点后问题，或先语言后结构等层次，一切只是顺着课堂动态发展进行。这种评讲注重教学的生成，突出学生的参与，内容比较鲜活，但对教学组织的要求比较高。

作文评讲要处理好的几组关系：

1. 点和面的关系。

作文评讲必须兼顾点和面两个方面。这里的点有两方面的含义：一是就习作而言的，一是就学生而言的。就前者说，点是有个别的问题，面是比较普遍的问题；就后者说，点是少数人的问题，面是全体的问题。作文评讲，可以先点后面，可以先面后点，也可以由面到点再到面。既要通过点来反映面的问题，又要通过点引导面的提高。有面无点，容易空洞浮泛；有点无面，容易狭隘偏颇，没有代表性。选好点，往往是评讲成功的关键。有时候点是具有代表性的问题，即点代表了面；有时候点虽然是少数人的问题，却是一个很值得注意很有评讲价值的问题，也可以作为评讲的重点。处理点面关系，尤其要防止只盯着几个作文的尖子，忽视绝大多数学生的问题和进步，把作文评讲变成几个人的展示课，大多数同学的挨批课。

2. 成绩和问题的关系。

作文评讲，总要着眼于成绩和问题两个方面。一般意义上说，既要肯定成绩，又要指出问题。但机械化地“一分为二”也是没有多大意义的，关键在于要根据具体情况，或突出问题，或肯定成绩，或两者融合，而不是形式上的两分法。要善于从纵向的比较中发现进步，要善于抓住当前应该关注的重点问题，不必对存在问题进行全面梳理，尤其忌讳夸大问题的严重性。无论是成绩还是问题，都应该尽可能落到细处。

3. 知识、方法和能力的关系。

作文评讲，既要注意知识的讲解，也要注意方法的传授，但归根结底还是要着眼于能力的培养。知识的讲解，方法的传授，都要融合在具体习作的评点之中，尽可能不要集中进行，尤其不要迷信知识和方法本身对改善学生写作的作用，更不可有“该讲的我都讲了，重点内容我都反复讲了，会不会是你的事情”这样的想法，也不要追求知识和方法的系统性，一切都要立足于学生写作能力的提高。

4. 常规和创新的关系。

所谓常规，是指写作的一般要求，所谓创新，是指突破常规的写作。一般情况下，要把常规的形成作为评讲的重点，立足基本要求发现成绩和梳理问题，但又不可因此忽视对学生富有创意地写作的引导，尤其是对一些“另类作文”，要能宽容和肯定。

作文评讲还要注意这样一些问题：

1. 要遵循写作规律。

写作有着自身的内在规律，比如对生活的认识，对命题的把握，写作方法的运用，写作能力的提高等，语文教师对此要能有比较准确的把握，并且尽可能地有自身的体验，否则如果从本本出发，从他人的经验出发，从套套出发，很可能对学生来说是隔靴搔痒，很难有理想的效果。这个规律包括对作文课程新理念的接受和理解。不可排斥抵制，也不可简单化，更不可走极端。这样才能保证作文评讲在正确的思想指导下进行，才能不说、少说外行话、空话和废话，多说有用的话。

2. 要引导学生的参与。

作文评讲，并不是教师一个人的教学活动，也应该引导学生积极参与，让他们对具体习作发表自己的意见，有不同意见可以充分展开讨论，这样可以使他们确立正确的写作标准，提高他们判断作文优劣、调整作文策略、修改自己习作的能力，也可以拓展课堂的教学资源，促进课堂教学的生成，提高课堂教学的效率。不仅要引导学生参与他人作文的评讲，也要引导他们参与对自己作文的评讲，交流写作的过程，提出评价和修改的意见，包括对别人批评的反驳。这样的评讲过程，学生的收获是多方面的，更是鲜活的。

3. 要突出写作的过程。

作文评讲不是学生习作的表彰大会和宣判大会，树立一个个先进人物，或者拎出一个个“不法”分子，或表彰或示众。千万不可只是着眼于学生写作的结果进行评讲，应该着眼于写作的过程评析学生的习作，无论是比较成功的习作，还是有问题的习作，都要从过程入手：为什么能写这么好？怎样才能写得这么好？为什么会出现这些问题？如何避免这样的问题？能不能写得更好？如何才能写得更好？知识的讲解，方法的传授，也要突出动态的写作过程，而不是结论的传递，更不是贴标签地下几个结论。

课例5

“一则材料的多种使用”教学实录

师：我们今天学习的内容是记叙文的写作。先问大家一个问题，如果让你写记叙文，你第一个环节要考虑什么？

生：考虑写什么事情。

师：对了，思路都很清晰。写记叙文第一个环节是选择一个事件。下面我给大家讲一个事件。大家注意听，看看能写什么样的记叙文，能写什么样的话题。

在一个学校的高二年级，有一位女生长得很普通，成绩很一般，最大的优点就是同学关系很好。这一学期班主任准备进行班级干部改选，班长是自由竞争。这个同学也萌生了竞选班长的念头，但是又不太自信，于是就找了最要好的几个铁哥们、铁姐们商量这个事情——你们叫死党，对吗？几个死党、最要好的朋友都说：你竞选，我们挺你，我们支持你，我们为你加油。然后，这个女同学就定定心心准备去参加竞选，竞选演讲发挥得非常出色。但结果她没选上，觉得另外几个选上的同学很优秀，还是能接受的。但是后来一个偶然的机会，她知道了同学们投票的结果，她只有一票，那一票就是她自己给自己投的。她无法接受这个事实。

师：故事到此为止，大家想一想，这个故事可以写什么样的话题呢？这个故事能写成什么样的记叙文呢？我们先来讨论一下，这个事件可以写什么样的话题。想好的同学可以发言。你想到的是什么？（问一男生）

生：我觉得没选上应该是她自己的原因吧。

师：你没弄清楚黄老师的问题，我没有问她选不上的原因。

生：做事情要靠自己的能力。

师：同学们，我们是什么课，是班会课吗？不是。是政治课吗？也不是。我们是作文课，我们想一想这个事件你可以用它来写哪些话题。

生：我觉得可以写友谊。

师：写友谊，非常好。第一个话题可以写友谊。友谊到底是什么呢？怎么样才是友谊呢？对，是个好话题。其他同学呢？

生：写人。

师：写人，不错，但所有写作都可以写人。你可以具体说写人的哪些方面？

生：写人与人之间的关系。

师：写人与人的交往，还是写人与人的关系？

生：关系。

师：很深刻。有时候，想一想人与人的关系有点可怕。当然不必害怕。

生：我认为可以写关于鼓励的问题。

师：关于鼓励，对，因为她是在同学们的鼓励下竞选的，非常好。一个好材料总是可以写无数个话题，有无数个立意。

生：我认为从她死党的角度，写一个关于诚信的话题。

师：可以写诚信，几个死党不太诚信。这个同学的习惯很好，边思考边写出关键词，这个对构思写作非常重要。是的，写诚信，写承诺，都不错。这位同学你想到什么了？

生：要相信自己，因为她给自己投了一票。

师：她可以写自信，好的，再想。构思作文的时候想得越多越好。

生：我觉得还可以写一个做人的话题。

师：做人，做人的话题太大了，所有的事情都是做人。

生：如果这件事发生在我身上，我可能就会发愤学习，用这个来——

师：来证明自己。

生：对。

师：你是一个很要强的孩子，但还可以把这个话题再缩小一点具体一点。这位同学——

生：我觉得可以写竞争。

师：关于竞争。

生：或者是关于抉择的，因为她的朋友在给她投票之前是在友谊和自己的理智之间抉择的。

师：很好很好。这位同学——

生：她只得到了一票，可以写一个关于意外或者惊讶的话题。

师：意外。

生：意外的结果。

师：非常好。再想下去，一定还有很多。我们理一理，应该说是两个大的思路，一个是围绕她的几个朋友，围绕她的同学和她的关系，还有一个主要是围绕她自己。现在我们思考一下，一个事件可以写很多话题，写作过程中应该对这个事件怎么进行加工呢？

生：要有侧重点。

师：能再具体些吗？

生：就是有些内容进行特别详尽的叙述，而其余的方面进行略写。

师：非常好，这可是至关重要的一步。我们一定要记住，一个材料可以写很多话题，但是每一个话题对材料的加工应该是不同的。概括一下就是：有的地方详写，有的地方略写；有的地方要写，有的地方不写。另外还要注意，如果需要写但原材料没有这样的内容，怎么办？

生：要用自己的想象。

师：对，想象，补充。好的。那现在我们以两个最常见的话题来考虑写作的详略和思路。一个是写友谊，一个写成长的心路历程。那么，它们应该分别侧重写什么？请同学们各选一个进行思考。请大家认真考虑。

（学生考虑几分钟后，进行交流）

师：你选择的是哪一个话题？

生：成长。

师：成长。好的。你准备重点写什么？

生：主要写她的心理变化和她的情感。

师：非常好，有没有其他同学也选择写成长的？你的想法跟他一致吗？

生：我也是写的成长话题。我主要是把事件当成一个表现的线索，而内心独白穿插了整个写作过程。

师：两个人都淡化事件，主要写心路历程。现在看来有一点是肯定的，如果要反映这个孩子的心路历程，我们一定要突出心理的主线。具体说写什么心理？

生：沮丧。

师：沮丧？

生：因为得知只有自己的一票后，她觉得她的朋友、她的死党背叛了她。

师：你的意思是倒过来叙述？如果顺叙，你认为第一个阶段应该写什么样的心理？

生：得知竞选班长的消息，高兴和兴奋。

师：是兴奋吗？她觉得自己的机会来了，很兴奋，是吗？

生：我认为内心是忐忑。

师：忐忑？

生：对，要不要竞选，拿不定主意。

师：大家一起来讨论一下，得知竞选的消息，是兴奋高兴还是忐忑不安？我们分析一下，首先是她对竞选有没有把握？

生：没有。

师：对。没有把握。因为她不是很优秀，成绩很一般，只有人缘关系好一点，所以她觉得有点希望，但是不太有把握。大家还要注意，记叙文要善于写出矛盾来，忐忑就是矛盾，忐，有希望，头向上，忑，头向下，没希望。找几个死党商量以后呢？什么样的心理？

生：然后就是自信满满。

师：商量了以后肯定是自信满满，即使不是满满，肯定有点自信了。接下去写什么呢？沮丧？这样跳得太快了。大家注意，为了文章有感染力有震撼力，主题更有表现力，要努力写得有变化。准备竞选的过程中什么心理？

生：紧张的心理。

师：非常好。这个时候心里一定会有紧张，似乎很有希望，当然还有些忐忑。这样波澜就出来了。演讲以后呢？什么心理？

生：自信满满。

师：也是自信满满？有没有把握？

生：期待。

师：对，期待好。感觉不错，但也没有把握。这个地方我们可以具体想一下，一个女孩子想象着自己做了班长的情景。后来呢，结果出来了。结果出来了以后什么心理呀？

生：失落。

师：对，失落。知道仅仅得一票之后呢？

生：愤怒。

师：很生气，很激动。是不是就这样结束了呢？最后应该写什么？

生：乐观。

师：是不是一定乐观？

生：不一定。

师：不一定。但肯定对这件事情有一个认识理解的过程，而且这个认识和理解一定体现出她的成长。

好的，我们刚才是讨论写成长的重点。其他同学有没有写友谊的？重点应该写什么？

生：写竞选前她朋友和她的对话。

师：写她的朋友的表态。我也觉得这是一个重点。就写竞选前的对话？其他呢？

生：竞选之后，她和朋友再次对话的对比。

师：要写出对比。其他同学有没有写朋友两者关系的？你也是，你构思是不是一样呀？

生：我觉得应该重点写她知道结果之后，知道她朋友背叛她之后的那些感受。

师：很复杂的感受。这也是形成对比。

生：我觉得还可以再扩展一下，再写她如何解决与朋友之间的矛盾。

师：写矛盾的解决？有意思。

生：写分歧怎么消除。

师：也就是她怎么走出来的。

生：然后再探寻为什么没有选“我”的原因。

师：大家觉得要重点探寻为什么没有选“我”的原因吗？

生：没有必要。应该写在得到这个消息的时候，内心对过去她跟死党之间的回忆，突出关系非常好。

师：我也觉得没有必要重点探寻为什么没有选“我”的原因。在对话中有所交代就行了。看来，大家都强调要前后对比。大家觉得要强调前后的对比吗？同意这样写的请举手。

（大部分学生举手）

黄老师也举一下，我也同意这几位同学的意见。如果要写对朋友的理解，对友谊的理解，前后的对比很重要。那么，前面除了写朋友的鼓励，还要写什么，使前后对比更强烈，表现主题更有力？

生：写她跟死党之间的交往。

师：这位同学说前面还要写她跟死党之间的交往、友谊。大家觉得要不要写？

生：要。

师：对的，我也认为可以这样写。一开始把友谊表现得越强烈，后面投票以后就越震撼，她就越痛苦，最后所要表现的主旨就越深。从我们的讨论中可以看到，同一个材料写不同的话题，材料的处理空间很大，具体安排又和具体的主旨有关。

下面我们请同学们来听我读一篇我们班上一位同学写的习作。请大家认真听，然后来评点一下这篇文章的可取之处和不足之处。

文章题目叫“四叶草”。他给那个女同学起了一个名字叫臻晨，日臻完善的臻，早晨的晨。

臻晨是一个默默无闻的高二女生：身高平平，身材平平，相貌平平，就连学习成绩也是不好不差，中上游。臻晨唯一值得自豪的便是在班上有几个死党，几个人一起上学，一起回家，一起上厕所，从同学聊到老师，从班级聊到国家，可以说是无话不谈。

当那个星期五的午后，臻晨告诉她的死党们她想竞选班长时，三个人几乎不由自主地同时停住了脚步。那一瞬间静得出奇，似乎连空气都凝住了。幸好小A反应比较快，率先开口打破了沉静：“我们一定支持你。”小B

似乎想说些什么，被小A抢先开了口："我把这一株四叶草送给你，祝你竞选顺利！"她一边说一边从书包里取出一株四叶草轻轻地放在臻晨的手心里，还不忘向小B抛了一个眼神，于是小B把刚到嘴边的话咽下了下去。臻晨自然是十分感动，小心翼翼地把四叶草放入笔袋，口中还不忘说道，你们可一定要投我一票哦。

"当然会了。"小B说。

准备竞选的日子是紧张的，臻晨必须在课间拉选票完成竞选演讲稿，还要准备迎接各种刁钻古怪的提问。每一个周日准时出现在公园的那几个人也少了一个，只剩下小A和小B在商量着什么。

臻晨把四叶草固定在卧室的墙上，以此作为自己最大的动力，但竞选的结果还是不理想。尽管臻晨发挥得很出色，但在强手面前仍不能及。班长没选上，只捞到一个课代表，臻晨已经很满意了。在夕阳的余晖下，与死党们走在回家的路上，她感到很舒畅。有四叶草的陪伴，她晚上会睡得很香。

可是第二天早上太阳没有从东方升起，取而代之的是大片的乌云。臻晨把作业放在老师办公桌上时，不经意地瞥到了票数统计，自己的名字下赫然一条横线。那是她自己的一票。顿时，像是一块大铁块重重地砸在了她的心头，她踉跄地跑出教室，去找小A和小B讨一个说法——所有认识她的人都说从来没看到过她这么凶。小A的脸上居然还是一如既往地挂满了笑容，说我看别人都没有选你，我这一票不能浪费呀。她看了一眼臻晨接着说，别急，下一次你多拉两票，那么我一定选你。

臻晨没说什么，她终于明白了，所谓死党也就是置你于死地的同党，她终于明白了所谓保证都不过是一句空话，所谓礼物都不过是一种形式，所谓朋友也只是为了需要互相利用。臻晨悄悄把卧室墙上的四叶草取下来，收藏在抽屉里。尽管她看到这株四叶草心如刀绞，但她要记住它，它刻着她成长的印记。

从此臻晨退出了原先的铁三角，取而代之的是当今的班长大人。臻晨变得比原先更加沉默。一年后的班长竞选臻晨没有再参加。

十年后臻晨坐在办公室里，就如许许多多的人一样，堆着笑脸应付着上司，不时地训斥着自己的下属，带着同一种微笑和所有人交往。那株枯萎的四叶草还静静地躺在她抽屉里。

师：请同学们谈谈总体印象，做一个总体评价。如果你认为这篇作文能打80分以上，请举手。举手的同学不少。哪位同学做一个简略评点？好，这位同学。

生：她以四叶草为线索，构思比较巧妙。并且揭示了一个道理，一件小事情可能会影响人的一生，立意比较深刻。所以给她打80分。

师：他打80分，理由有两个。一个是构思比较好，第二个是主题比较深刻。哪位再说说？

生：我觉得她前面的铺垫比较好。开始时她们两个窃窃私语，把嘴边的话都咽了回去，对后面的结果而言会有铺垫作用。

师：这一点非常重要，后面的情况是出乎意料的，但是前面铺垫充分，就觉得不突然。是吧？

生：而且合理。

师：非常好，而且很合理。这是写记叙文很难处理好的事情。后面要有震撼力就要有突然，但是你要合理，前面就要充分铺垫，所以投票前嘀嘀咕咕已经暗示了不投票。其他有没有好的地方呢？

生：我主要是认为她的想象力丰富，有很多情节的创新都非常合理，给人以震撼。

师：是的，黄老师原来提供的是干巴巴的小材料，写900字的文章，很多内容是自己补充出来的。还有一个小技巧也不错。文章的题目叫什么？“四叶草”。比直接用友谊做话题要好，更含蓄，这四叶草在全文中起了一个很重要的作用，刚才同学讲的，像线索一样，和自己内心感受形成一种虚实之间的互补。应该说这篇文章好的地方还有很多。但这篇文章也有很多不足的地方，有没有发现？

生：如果最后再写小A和小B的事就好了。

师：再写什么？

生：小A和小B的事。

师：这里还要写小A和小B的表现？这是一个观点。其他同学呢？

生：我认为她的结尾比较消极，可以设计一些情节让主人翁走出阴影。

师：比较消极？

生：对。

师：他用了消极这个词，其实读了这篇文章以后，我看还不只是消极，简直是——

生：沉重的心理。

师：对。很沉重。所以我专门找了这位同学，让她把这篇文章主题调整一下再写成另外一篇文章。不就是没有当班长嘛，不就是朋友没有投票嘛。你看看，一辈子活得这么累，这么压抑。好的，道理不多讲了。现在我们先动脑筋，让这个可爱的臻晨快乐起来。大家看怎么写可以让她快乐起来。首先要把问题想通，那几个死党是不是像臻晨想得那么阴险，那么可怕，那么恐怖？

生：不像。

师：我也觉得是。想一想，那几个同党不投票有几种可能？

生：根据实力来说，如果她没有实力也就可以不投她的票。说明她们还是对友谊特别珍惜。

师：那为什么鼓励她参加竞选呢？

生：鼓励她主要是让她充满自信，不希望她做一个——

师：找不到自信的人。

生：对。

师：好的，这可以理解，我们鼓励你去竞选，我们就是让你自信，我们并没有说一定要投你的票。还有没有，大家想一想，如果友谊就是要投票，这是一种什么？

生：是交易。太肤浅了。

师：太肤浅，太庸俗。

生：不真诚。

师：说得多好。这才是真正的不真诚。有的人拉选票，理由就是我们是哥们，我们平时关系那么好，你不投我的票吗？这是对投票的亵渎，这是对权利的亵渎。对不对，票是投给谁的，是投给最适合的人。大家下面想一想，如何让这位受伤的女同学转变呢？

生：让她再重新相信友情。

师：对。但她已经失落到底了，对朋友们很失望了，如何完成这个转变呢？

生：她们是朋友嘛，她们不可能因为她生一次气，就完全放弃她——

师：怎么办呢？

生：我觉得她们还会试着说服她。

师：能具体一点吗？怎么说服让这个同学走出这个阴影？

生：找老师。

师：这是方法，找老师也可以。还有其他方法吗？

生：可以让她看到一个故事，得到一些启发。

师：我觉得这个方法不错。读书是治疗心灵创伤的灵丹妙药。还有没有其他方法？

生：让那些同学们来帮她。

师：我觉得这是最好的方法。作为她的朋友应该这样做。不是四叶草嘛。朋友心灵受伤了，她们不能不管她。你会怎么做呢？

生：去向她解释一下。

师：这些同学聚到一起和她聊聊投票的事。

生：她当时可能太过冲动，想得太偏激。

师：大家把前因后果一讲，她或许就理解了。是的。我甚至想到，可以借鉴刚才那篇习作的方法，让她们十年甚至二十年之后再谈起这件事，让她回头一想，觉得自己当时真的不应该那样。好的，一定还会有很多种方法，我们就不再讨论了。

我相信我们班的同学在作文中一定能找到好方法消除臻晨的误解。

现在我提醒大家注意刚才有两位同学的发言。一位同学强调前后对比，但是她想把前面的内容放在后面写，一开始就写震撼，沮丧，失落；一位同学想把之前的友谊和后来事件的发展穿插起来。这就涉及一个什么问题呢？

生：倒叙。

师：对。同一个事件可以写不同话题，同一个事件也可以有不同的叙述方式。可以倒叙，可以顺叙，还可以复杂一些穿插写。

大家有没有想到除了不同的叙述方式还可以有多种叙述人称？有哪些

人称？

生：第一人称。

师：第一人称，还有呢？第三人称，还有呢？第二人称能不能写？当然能写呀。

生：写一封信。

师：对。其实不用书信，也可以用第二人称。除了多种叙述人称还可以有不同的叙述主体。有哪些主体？

生：这个竞选的女同学。

生：几个朋友。

师：还有呢？

生：老师。

生：家长。

师：非常好。这个素材的主角就是我女儿。我女儿后来也写了一篇文章，她的主题是放在自我认识上，文章的题目叫“成长是一道明媚的忧伤”。在她写这篇文章之前，她没走出来，情绪极度消极。我给她写了一篇文章，我想跟她谈谈，但是当面谈不好谈。知道我用什么方法跟她谈的吗？

生：书信。

师：你们太聪明了。要下课了。大家回头小结一下，写记叙文有哪些基本要求。

——首先要有一个合适的事件，然后要由事件想到适宜的话题或者规定的话题，结合话题提炼适当的主题，根据话题和主题确定材料处理的详略，再根据需要确定适当的叙述方式和叙述主体。

但黄老师今天这节课的重点不是学习这些写作知识，而是要告诉大家：记叙文写作中一个材料的多种运用。

好的，下课，谢谢同学们。

课例6

《风》作文评讲教学实录

（课前发学生习作《一万个人眼中一万种风》的复印件）

师：上课。最近我们连续进行了两次议论文写作的训练。大家对议论文的基本要求已经有了大致的了解。下面请一位同学简述一下议论文的基本特点和基本要求。

生：议论文必须有自己的观点。

师：对，议论文写作的目的是为了说明道理。所以鲜明的观点，是议论文的灵魂。也是写议论文的第一个要求。还有吗？

生：议论文要有理有据。

师："摆事实，讲道理"，是议论文的基本特点。那么，什么是议论文的"理"呢？什么是议论文的"据"呢？（指名一女同学）

生：议论文的"据"就是论据。

师：具体说说哪些东西可以做论据。

生：事例，数据，名言……

师：对。这些都是常用的论据。同学们要注意，议论文的"理"，除了全文的中心观点，还有分论点也是"理"，对论据进行分析，也是讲道理，有时候也可以直接通过说理来证明观点。好的，议论文的知识还有很多。我们今天就立足于议论文的基本要求来讨论江亦舟同学的这篇习作。

现在我们先来了解同学们的基本评价。认为这篇习作已经达到议论文的基本要求，能够得70分以上的同学举手。

（学生表决，大多数同学举手）

师：认为这篇习作没有达到议论文的基本要求，不能得70分以上的同学举手。

（学生表决，少数几个同学举手）

师：认为这篇习作比较优秀或者十分优秀，能得80分以上的同学举手。

（几个同学举手）

师：好的，我们先请这位同学说说这篇文章的优点。（指名认为能得80分以上的一位同学）

生：这篇习作观点很鲜明，内容很丰富，材料论据很多，而且文笔很潇洒。

师：是有道理。

（另一位认为能得80分以上的同学举手）

师：有补充吗？

生：他引用了很多诗句。

师：这也是材料丰富，是论据。对，这篇文章的确论据比较充实，而且运用了很多论证方法，有举例子，有引用，还有对比。我们再来听听否定派的意见。（指名一位同学）请你说说为什么不能得70分以上。

生：我认为这不像议论文。

师：那像什么？

生：像散文。

师：啊？说说理由。

生：感觉像。

师：感觉也有道理。哪位帮他说说清楚。

（一位否定派举手）

生：我认为主要是观点不鲜明。

（有很多人议论，不服气）

师：让人家说说理由。

生：我概括不出全文的观点是什么。

师：这话听起来没有道理，但其实很有道理。如果读者弄不清楚你的观点，很可能是你的观点不鲜明。那么本文的观点是否鲜明呢？再请打高分的同学说说理由。（指名前面已发言过的一位同学）你说说本文的观点是什么。

生：是文章的题目"一万个人眼中一万种风"。

师：是的。题目就表明观点，是提出观点的最基本的方法，而且非常醒目。但仅仅用题目提出观点还不够，还必须全文围绕这个观点去写。那么本文是否围绕这个观点展开的呢？有没有不同意见？（没有人举手）没有反应，那请同学们再认真阅读全文，思考这个问题。

（学生再读习作，5分钟左右）

师：好的。我看同学们已经读完。可以先就近交流一些想法，看意见是否有分歧。

（同学展开议论）

师：好的。看来还是有分歧的。我们可以分为两个阵营交换意见。先请认为文章是围绕“一万个人眼中一万种风”这个观点展开的同学发表意见。

（一位同学举手，老师示意他发言）

生：文章标题提出观点，文章开头又进一步明确自己的观点“我相信一万个人眼中有一万种风”，然后所举的例子都是不同人眼中不同的风，在倒数第二段又强调了这句话。

师：这位同学的发言很有逻辑性。——其实一次短短的发言，也是一篇议论文，要有理有据。赞同派的同学们有没有补充？没有？那听听另一种声音。（指名一位发言）

生：我认为，这篇文章中的例子并不是都证明这句话。

师：具体说——

生：比如第三段中的例子，不是这些人眼中的风，而是这些人身上的风。

师：你眼光厉害，看得深刻。接着说。

生：第四段、第五段，也不是某个人眼中的风，而是社会的风气。

师：观点对否，我们再讨论，但思维很清晰。其他同学还有补充吗？

（一位同学举手）

师：好，请发言。

生：我认为，这篇文章中的“风”前后不一致，不是一个概念，作者在偷换概念。

师：你看过逻辑方面的书，对吗？（学生点头）接着说。

生：开头一、二段，是自然的风；三、四、五是社会的风气，六、七两段是文学的风。

师：很有见地。大家都同意他的意见吗？

（很多同学点头，也有些同学犹豫）

师：这位同学提的问题，非常有质量。一个话题，一个概念，常常会有几个甚至很多不同的理解。一般说，在一篇文章中应该只能是一种理解，否则就是偷换概念或者论题不清楚。如果在一篇文章中有不同意思就必须说明。如果偷换概念或者论题不清楚，那观点就肯定不鲜明了。老师也认为，这篇文章从形式上看，观点是鲜明的，但的确又有含混的地方。但我的理解和刚才发言的同学也有些不同。他提出三个风，自然很有道理，但我觉得第二段和第六段的风，应该是同一个类型，要么都是自然的风，要么都是文学的风。不知同学们怎么理解。当然，这不是关键，甚至无关紧要。我们下面一起来分析作者要表达的思想观点。因为“风”在文章中只是个比喻。要用它来表达什么思想呢？大家先想一想：“一万个人眼中一万种风”这句话是什么意思？

生：是说不同的人对风的态度是不同的。

师：要这样风就不是比喻了，还是自然的风。如果这样写，文章的观点也没有什么价值。就像说风有大风小风有南风北风一样。

生：是说不同的人有不同的追求。

师：似乎更远了。好的。我们请作者自己说说。

生：我的意思是对同一个事物不同的人有不同的态度，对同一个问题不同的人有不同的认识。

师：是仁者见仁，智者见智的意思。很好。这说明他写文章的时候，心中的确还是有一个明确的中心观点的。可惜后来“跟风跑”了。

再看看“人们的思想如同风，可以把人吹向不同的境界”，这个比喻什么意思？

生：人的思想决定了人的境界。

师：非常好。你看问题一向深刻。这是告诫我们要把准人生的风向。对不对？（学生都点头）

那么，第四第五两个段，通过对比要说明什么道理呢？

生：要树立良好的社会风气。

师：说得深一点，就是社会之风靠我们每一个人去树立。文章结尾的

“风情”之“风”又是另外的意思了，我们今天就不去管它。好的，现在看来，这篇文章至少隐含了三个不同的观点。接下来，我想让大家做的事情是，如果从三个观点中选择一个作为本文的观点，哪一个比较适宜。

生：第一个。

师：为什么？

生：因为文章中大多数材料能用。

师：具体说说哪些材料可以用。

生：第一段、第二段和第六段的都可以用。

师：很聪明。但大家要注意两个问题：一个是，写议论文一篇文章都用诗句作为论据不太好。因为诗句是文学的产物，它的理解往往有多向性，尽可能还是用典型的事例和形成共识的名言名句。第二个是，单单把材料堆积起来还不行，要对材料进行分类，然后归纳，这样就有了分论点。

不过我觉得，另外两个论点，尤其是第二个论点“要把准人生的风向”也是很有深度很有新意的。如果以此为观点，你们觉得文章中有没有材料可以用？应该怎么写？不妨再就近讨论讨论。

生：第三、第四、第五的例子都可以用。

师：第五也可以用吗？

生：可以。那些奥运健儿就是把握了人生的风向，而那些不公正的裁判和服用兴奋剂的运动员就是没有把握好人生风向。

师：一开始我以为没有道理，听你一分析，觉得还是有道理的。

生：我觉得刘邦、李白和苏轼的诗句也可以用。

师：你的思维很敏锐。但大家要注意，论据不是万金油，同一个论据到处随便涂就行，特别重要的是论据叙述时要把握好重心。比如以这三个人为例，就不仅仅是引用这些诗句就行的。

其实，就是从“大家一起树立良好的社会风气”这个角度立论，文章中也有不少材料可以用。时间不多，我们就不展开讨论了。

布置一个作业，每人选择一个观点都修改一下这篇文章。好不好？

下课。

附：

一万个人眼中一万种风

苏州中学高二（3）班　江亦舟

微风，是飘然拂过的轻柔；狂风，是黄沙漫地的肆虐；飓风，是拔屋倒树的毁灭。然而风到底是什么样的，我相信一万个人眼中有一万种风。

陶渊明说过“风飘飘而吹衣”，可见在他眼中风是轻柔的，志南和尚吟道“吹面不寒杨柳风”，而一代霸主刘邦则唱道“大风起兮云飞扬”，如此雄浑壮阔。可见不同时代不同身份的人对于风的认识也不尽相同。风在淡泊名利的人眼中是柔柔的，那是他们对于自然的美好向往，而在霸主眼中则截然不同，风显示出的只有刚毅，象征着他们的不屈。

人们的思想如同风，可以把人吹向不同的境界。两袖清风的为官者受到百姓的敬仰，赢得一世清名，就像宋朝的包拯，他可以无愧地说：“我的一生只与清风做伴。”还有清朝的纪晓岚也是如此，而在与其同处一个朝代的和珅身上我们看到的是一股贪污腐败之风，把百姓吹得潦倒，把朝廷吹得腐朽，所以有人说风是清风，有人说风是恶风。

在如今的社会人们看到的更是一股股形态各异的风。有为开发大西部而兴起的“西进风”，有催人上进的竞争之风，但始终免不了那一股股恶风：经常有某某省长、市长或各方官员因贪污受贿、挪用公款而接受审查等。

在不久前还掀起了一股奥运风，大家看到了运动健儿的奋勇拼搏，为荣誉而战，这是一股美好高尚的风。然而总有那么一股不正当之风掺杂着，裁判的不公正判罚，运动员的兴奋剂丑闻，诸如此类的恶风总是存在的。

所以说要说清到底风是什么样，还是那句话：一万个人眼中有一万种风，就像一万个人眼中有一万个哈姆雷特。李白说：“长风破浪会有时，直挂云帆济沧海。”所以风是催人向上的风。苏轼说“我欲乘风归去”如此豪放的风，柳永则低吟“杨柳岸晓风残月”。而我想说：“无论什么样的风都只是我们各自眼中的风。其实它看不见摸不着，所以也就各异了。我们都只是凭着自己的感觉来感受风，就像我们感受断臂的维纳斯的美一样，并没有一个明确的标准。”

于是，就有不解“风”情之人说：“人生自是有情痴，此事无关风与月。”但风毕竟是自然界的尤物，文学家、艺术家的爱物，以及生命中不可缺少的造物。让一万个人保留一万种风吧！

第六章

作文课是座立交桥

上一章，我们介绍了作文课的一些基本课型，在基本课型的基础上还有很多综合性的课型。所谓综合，即既不单单是写作指导，也不单单是写作评讲，既不单单是一个写作理念的学习，也不单单是训练一个能力、学习一个写作知识或方法。

作文升格课

作文升格课主要是立足于习作质量的提升，通过具体写作的修改完善，让学生感受文章修改过程，认识不同写作策略的差异和效果的写作课型。作文升格课也可以说是作文评讲课的一种。

作文升格课有着不同的类型。从大的方面说，一种是个体升格，即教学中把某篇习作作为升格的对象；一种是群体的升格，即教学中着眼于全班所有同学习作的升格。从小的方面说，有审题升格，有主题升格，有选材升格，有结构升格，还有表达的升格。

作文升格课的一般流程是：

1. 样本呈现。

即针对前次写作的具体要求和本次写作的具体目的，选择有典型意义的习作作为升格的对象。样本呈现的方式多种多样，可以打印分发给所有同学阅读，可以通过PPT分段呈现，有时候也可以口头朗读进行呈现。一般来说，在呈现样本之前，先对全班作文的整体情况进行一个评讲，交代样本产生的背景。

2. 问题聚焦。

一般来说，一篇作文的问题都有多重性，而且有问题的习作也有优点。通常先让大家发现优点，然后扫描一般问题，再聚焦核心问题。

3. 寻找路径。

即寻找解决问题的具体方案。从一个具体环节看，针对一个具体问题，可以寻找不同的解决方案，比较优劣，取长补短，相互整合，或者是多种方案并存；从纵向过程看，要寻找不断提升的解决方案。

4. 现场修改。

即让学生根据讨论的方案，也可以从几个方案中选择方案对习作进行修改。可以进行以个体为单位的修改，也可以是以小组为单位的修改。

5. 再度提升。

升格作文，大多不是一步到位的升格。一般都是多次提升，至少是两次提升。当然，两次提升的形式，又有不同情况。有的是同一篇习作，先解决一方面的问题，提升一次；交流后，再针对另一方面的问题再进行一轮修改提升。有的是两次升格都是先针对同一篇习作的同一个问题，先提升一次，交流后，还针对同一问题再进行一轮修改提升，使它达到一个更高的水平。也有的是针对某篇习作，解决某一方面的问题，提升一次；再更换一篇习作，针对同一方面的问题，提升一次。

以上主要是个体升格的作文升格课的基本流程，具体运用时可以有很多灵活的变化，有时后面的几个环节完全可能互相交融。而群体升格的流程会有所不同。一般来说，第一个环节是每一个人展示亮点；第二个环节是自我发现问题；第三个环节是指出别人的问题；第四个环节是每个人自我提升；第五个环节是互相提升；第六个环节是升格展示和交流。

应该说，作文升格课，是学生比较欢迎的。因为它让学生看得到习作在不断完善，也能充分经历和感受写作的过程。但它对教师的要求比较高。我曾说过，语文教师要懂写作才能教写作，作文升格课，教师不仅要懂写作，还要会写作，否则没有办法教。所以，经常运用这种课型的，大多是比较优秀的教师。因为如果自己把握不住或把握不准，课堂就要出问题，效果可能会适得其反。另一方面，个体升格的例文，要遇到适合的样本也不容易。病不典型不行，病太多也不行，病太重太轻也不行，没有升格的可能和空间还不行。更重要的是，作文升格课，毕竟还是着眼于具体习作提升的写作课，尽管我们说一花一世界，但毕竟还是有一定的随意性和随机性。尽管我们并不追求作文教学的系统，但一定的统筹考虑和整体安排还是需要的。所以，作文升格课并不适宜作为主要的作文课型。

作文升格课的操作，要注意这样一些问题：

1. 一篇习作的提升尽可能立足一个点，抓住一个问题。

只有突出一个问题，教学的精力才能更加集中。从一节课的时间看，紧紧抓住一个问题才能比较好地解决问题，升格和迁移才能更加有效。这个问题的确定，既是从这篇习作出发的，也应该是从班级学生整体出发，也就是说，所出现的问题，既是这个学生的问题，也是全体学生的问题。这样的习作提升，就更具有一般意义。

2. 教师一定要带着升格的具体方案进课堂。

尽管我们要尽可能让学生在课堂上提出升格方案，但教师备课时没有形成预案，一切都寄托于课堂的现场生成，教学很可能出现难以达成的局面。而且学生方案的提出，一般也都是在教师引导下形成的。教师如果自己没有预案，就很难成功地引导学生形成方案。教师自己肚子里有了问题解决的途径，才能激发学生更多的途径。

3. 要努力引领学生参与升格方案的形成和升格的过程。

有了学生的真正参与，作文升格课的价值才不会仅仅停留在一篇习作上，才会培养学生的写作能力和写作素养。而我们也看到一些作文升格课，主要是教师在展示自己对习作的修改，材料是自己准备的，思路是自己提出的，甚至语言表达也是教师的。这样的升格严格意义上只是一种展示，而不是真正的升格课。只说明教师会写，而不是教学生会写。

4. 习作升格的目标不是为了写出一篇完美的习作。

在作文升格课中，那篇被升格的习作只是一个载体，真正的价值在升格的过程，甚至可以说这个过程也是一个载体，教学的意义在于说明任何一篇习作都具有不断完善的空间和可能，在于说明一篇习作的完成有很多种策略，在于培养同学们不断完善习作的意识，也在于说明我们每一个同学都具有不断完善习作的能力。

5. 一定要控制升格策略学习和材料阅读的时间。

作文课的重点在写，作文升格课也是如此。在教学时间的安排上，必须保证学生写作升格时间的充分。有些作文升格课，大量时间花在学习升格策略和阅读其他材料上，偏离了教学的重心。范文的阅读，无法代替对文章的修改；有关知识的学习和生硬的方法照搬，也不能从根本上培养写作能力。

读写结合课

读写结合，是我们母语学习的基本特点，也是我们前人学习语文的重要经验。

但这个概念有三个不同层面的理解。

1. 作为语文学习思想的读写结合。

从语文学习的规律看，读和写几乎不可分辨。在读中可以学习写，在写中可以学习读；阅读可以为写作服务，写作也为阅读服务。“熟读唐诗三百首，不会作诗也会吟”，是大家熟悉的说法。很多人并没有专门学习过写作，但成了文章高手和大家。鲁迅如此，莫言也是如此。而且鲁迅根本就不相信“小说作法”之类的“作文教学”。他们都是在阅读中学会了写作。这样的读写结合，就是一种学习思想。

2. 作为作文教学策略的读写结合。

我们知道，作文教学是一个大概念，并不单指课堂的教学。而且一个真正懂得作文教学的老师必须知道，作文仅仅依靠作文课是教不好的。所以西方就有人说，作文是不可教的；我们古人也说，作文有可教者，有不可教学者。所谓不可教学者，一是依靠天赋，一是在阅读中学会，一是在生活中学会。而作文课上可以教的只是其中一部分，甚至是一小部分。所以，懂得作文的语文教师会从更为广泛的范畴进行读写结合的指导。语文课上的阅读，课外自由的阅读，对写作都有着不同寻常的意义。我们提出的作文教学的三个基本策略，其中一个就是建立立体健康的写作环境。

3. 作为作文教学形式的读写结合。

传统的作文课，就是作文指导和作文评讲。经过多年的研究，我们发现作文教学的课型是极其丰富的。就我们总结的共生写作教学，目前已经形成了12种基本课型。而读写结合就是其中很重要的一种。不仅是我，很多老师都在研究读写结合式的作文教学。它不是作文评讲，也不是作文指导，它就是一种通过读引导学生写，在读中学习写作的作文课。

作为传统的语文学习思想，读写结合的历史几乎和我们母语的历史一样长。作为作文教学的一种基本策略，应该主要是语文独立设科以后的事。科举考试时期，也有人编写类似优秀作文之类的复习资料，供考试参考（《红楼梦》中似乎就有这样的内容），但只能算是应试作文的模仿，还算不得读写结合。一般说读写结合，所读的一般都是经典作品，至少是优秀的作品。而作为作文课堂教学的一种基本形式，应该是更迟的事。

因此，当我们讨论读写结合这个话题时，有必要对三个不同范畴中的读写结合做简要的区别。本文主要讨论的是第三个范畴中读写结合的有关问题。而作为语文课堂教学的读写结合，又有着两种基本的类型：一是以读为中心的读写结合，一是以写为中心的读写结合。尽管从语文学习的规律看，读和写几乎不可分辨，难以区别，对学生的语文素养提高都可以发挥积极的作用，但我们以为明确读写结合的两个基本类型，无论是对阅读教学还是对写作教学的研究都更有意义。

应该承认，相对而言，读写结合对于写作教学比之于阅读教学意义更为显著。因为阅读并非要借助于写作才能实现，而写作离开了阅读则无法进行。读写结合对于写作教学的意义主要体现在这样几个方面：

1. 培养写作意识。

对于作文，我们有一个基本的理念：作文不是“写”出来的。拿起笔来写文章的过程，是写文章的最后一个阶段，甚至可以说也是最容易的一个阶段。早就形成的写作冲动不吐不快，早就酝酿构思成功，早就打好了腹稿，拿起笔来奔涌而出，这样的写作是一种幸福，一点也不困难。困难的是肚子里没有文章，却要硬挤，咬烂笔头，也写不出文章来。所以，写文章的功夫在文章之外，在平时的积累和准备。这就要求平时要有写作意识。怎样培养学生非写作状态下的写作意识呢？一个重要的办法就是在阅读中培养。

2. 感悟写作规律。

我一直认为，作文课最主要的不是讲写作知识，不是传授写作技巧，也不是介绍优秀范文，更不是介绍评分标准，而是让学生经历写作过程，丰富写作体验，积累写作经验，感悟写作的规律。写作的规律自然是可以归纳的，了解前人的写作经验，对写作当然也是有帮助的，但作用不大。有很多东西，是必须亲自经历的。前人归纳的写作规律和经验，老师讲的写作技巧和方法，都不能替代写作主体的亲历。因此，作文教学一定要注重写作规律的感悟。读写结合，在读中悟写，把自己的写作和名家的写作相融通，无疑可以帮助学生感悟写作的规律。

3. 激发写作动机。

阅读能够唤起写作共鸣，促进写作的自信，激发人的写作热情，这早就被无数事实所证明。古代文人写下了无数唱和的经典作品，读后感更是最为常见的文体，模仿和借鉴也是基本的写作方法。这些都是阅读引起写作冲动的典型体现。现在很多老师的作文教学，将名家作品和优秀习作引进课堂，以激发学生的写作欲望。尽管其做法未必都很成功，甚至有许多问题需要改进，但从读写结合的角度看无疑是符合写作规律的。我们总结的共生写作教学，其中一个很重要的课型就是读写共生，就是通过阅读和写作的互相激活，促进学生的写作。

4. 学习写作方法。

我们一贯承认了解一定的写作知识，学习一定的写作方法，对于写作能力的提高是有一定作用甚至是必要的。但我们也一贯反对和学生大讲语文知识，尤其反对把写作知识本身的学习作为教学的主要内容。我们主张写作知识的学习、写作方法的学习，应该融合在读写的活动中，融合在读写的过程之中。因此，在阅读中学习写作知识成为写作知识学习最主要的也是最有效的途径。有高三同学问我议论文怎么写，我说：一种是《六国论》式，一种是《师说》式，一种是《拿来主义》式，好好读这三篇文章就行。很多学生说挺管用。这就是现学现卖的读写结合。

5. 确立写作理念。

写文章，需要对写作理念有正确的理解。比如写作和生活的关系，什么是真情实感，虚构和胡编的区别等，这些问题不是具体的写作方法，但对于写作能力的提高，却起着很重要的作用。如何让学生确立正确的写作理念呢？系统地讲述无疑是不行的，通过练习也不能解决问题。最好的，也可以说是唯一的途径，就是让学生在阅读中对这些问题形成正确的认识，逐步确立其正确的写作理念。

以写作为立足点的读写结合，有着丰富的形式。其基本的形式有：

1. 仿写式读写结合。

仿写，是读写结合传统的方式，也是最基本的方式。或者是读一篇文章，或者是读一组具有共同点的文章，也有时候是读一部作品。然后明确模仿的写作点布置作文题目，让学生模仿写作。被模仿的多为名家名篇，也可能是学生的优秀作品。根据不同的模仿内容分为语言模仿、结构模仿、表现手法模仿等不同类型；根据模仿形式可以分为句的模仿、段的模仿、篇的模仿等不同类型。其中语言的模仿多为句的模仿，表现手法的模仿多为篇的模仿，而结构的模仿，既有段的模仿，又有篇的模仿。如学习了《白杨礼赞》，既可以模仿“那就是白杨树，西北极普通的一种树，然而实在不是平凡的一种树！”“这就是白杨树，西北极普通的一种树，然而决不是平凡的树！”“如果美是专指‘婆娑’或‘横斜逸出’之类而言，那么白杨树算不得树中的好女子；但是它却是伟岸，正直，朴质，严肃，也不缺乏温和，更不用提它的坚强不屈与挺拔，它是树中的伟丈夫！”“当你在积雪初融的高原上走过，看见平坦的大地上傲然挺立这么一株或一排白杨树，难道你觉得树只是树，难道你就不想到它的朴质，严肃，坚强不屈，至少也象征了北方的农民；难道你竟一点也不联想到，在敌后的广大土地上，到处有坚强不屈，就像这白杨树一样傲然挺立的守卫他们家乡的哨兵！难道你又不更远一点想到这样枝枝叶叶靠紧团结，力求上进的白杨树，宛然象征了今天在华北平原纵横决荡用血写出新中国历史的那种精神和意志。”“我赞美白杨树，就因为它不但象征了北方的农民，尤其象征了今天我们民族解放斗争中所不可缺的朴质，坚强，以及力求上进的精神”这样的句式，也可以模仿“那是力争上游的一种树，笔直的干，笔直的枝。它的干呢，通常是丈把高，像是加以人工似的，一丈以内，绝无旁枝；它所有的丫枝呢，一律向上，而且紧紧靠拢，也像是加以人工似的，成为一束，绝无横斜逸出；它的宽大的叶子也是片片向上，几乎没有斜生的，更不用说倒垂了；它的皮，光滑而有银色的晕圈，微微泛出淡青色。这是虽在北方的风雪的压迫下却保持着倔强挺立的一种树！哪怕只有碗来粗细罢，它却努力向上发展，高到丈许，二丈，参天耸立，不折不挠，对抗着西北风”这样的段落。既可以模仿文章的结构，也可以借鉴文章象征的表现手法。这些都是模仿式的读写结合。

2. 融合式读写结合。

所谓融合式，就是将写作融合在阅读的过程之中，就是在阅读的过程之中适时进行写的训练。尽管看上去有时候这种写的活动也在为阅读服务，但它又不仅仅是为阅读服务，它本身就是一个相对独立的写作活动，并不完全同于通过语言活动来加强文本理解的语言活动。我在教学《我们家的男子汉》时，有三个写的活动。一是让同学们从文本中选择小男子汉自己的话置换文章原来的小标题，一是写一句话（最好是比喻）来表达自己心中的男子汉精神，一是合作完成《小小男子汉宣言》。应该说，第二个写的活动主要是为阅读文本理解文本服务的，目的在于形成学生和文本之间的思想共生。而第一第三两个活动则是融合式的读写结合，既为阅读服务，又有明确的写作指向。我教学《孔乙己》，写孔乙己的手是一个很重要的活动。一是让同学们自己选一处可以写手的地方用一两句话写孔乙己手的特征，二是全班同学一起合作写孔乙己死的场景，运用细节写他的手。毫无疑问，这两处写手都可以加强对人物的理解，但我们应该看到，这都是借助文本进行的独立的写作活动。如果要说具体形式，这些都是运用补充的方式进行读写结合的训练。议论文中补充事例，补充分析，补充分论点，都是常见的形式。另外，批注和评点也是常见的融合式读写结合。本来，批注和评点是阅读过程中随手写下感受和思考的方法，但现在它们也已经都是一种常用的写作形式，从学生的角度看，学会写批注和评点，也是一种重要的写作能力。

3. 共生式读写结合。

所谓共生式读写结合，就是读中有写，写中有读，读是为了写，写离不开读，边读边写，边写边读，读引发了写，推动了写，写又加深了读。写一篇文章的过程，也就是读一篇文章的过程。既是读和写的共生，也是写作主体和文本作者的共生。近两年，我执教过不止一节这样的作文课。其中一节是阅读散文家鲍吉尔·原野的《雪地贺卡》进行“写出特别之处背后的故事”的写作。教学的过程大概是：（1）出示文章的开头，请一位同学朗读，其他同学思考文中的雪人有什么特别之处。(2) 学生以一个小学生的身份给雪人写贺卡，交流讨论，并和原文中雪人收到的贺卡比较。(3) 同学们以雪人的口吻给李小屹回贺卡，先讨论这个贺卡应该怎么写，写好后和原文中作者以雪人口吻写给李小屹的贺卡进行比较。(4) 讨论推测故事后面会怎么发展：有同学认为还是写贺卡，会不会接着写贺卡？有同学认为会写见面，到底会不会见面？(5) 阅读原文有关文字，明确原文还是接着写贺卡。讨论这张贺卡会怎么写？能不能和前一张相同？应该有哪些新的内容？学生再以李小屹的身份给雪人写贺卡，写好再比较交流讨论。(6) 讨论故事的后续发展：到底写不写见面？是否见面和主题的表现有什么关系？(7) 阅读原文有关内容，理解作者为什么不和李小屹见面。(8) 续写结尾，添加标题，并分别讨论，和原文比较。整个教学过程，阅读和写作紧密融合，在阅读中学习写作，借助阅读进行写作，同时又在写作中进行阅读。这应该是典型的读写共生式的读写结合。我给学生布置的作业是：课后以这个故事为素材，重新写一篇结构方式和作者原文完全不一样的文章，又是另一个类型的共生写作。借助原作的素材、立意等写出完全超脱于原作的文章，也是常用的共生写作形式。常说的故事新编，就是这种类型的读写共生写作。很多名著都是采用这种形式而创作出的经典作品。

4. 延伸式读写结合。

延伸式读写结合，就是阅读之后针对原作进行写作。基本的形式有两种：一是写读后感或评论，表达自己阅读的思考和对原作的评价；一是进行续写，对原作的故事情节、人物命运进行延伸。前一种一般是议论式的，主要是思想的阐述；后一种大多是叙述式的，主要是内容的丰富。高鹗续写《红楼梦》是最典型的也可以说是最成功的延伸式读写结合的案例。

读写结合课的教学，要防止这样一些情况：

1. 简单对应。

有些老师不考虑文本特点和学生实际进行简单对应的读写结合。读了什么课文，就让学生对应写作。比如，教学了茅以升的《中国石拱桥》，就让学生以“故乡的桥”为题写作文。看上去是模仿借鉴，可是学生却没有办法借鉴课文写作。如果写记叙文，和所读的文体完全不一样，读和写没有办法结合；如果写说明文，学生并不了解“故乡的桥”，而写说明文没有观察，没有调查，不了解写作的对象，怎么写呢？教学了《背影》，就要求学生写“背影”。看起来和学生的生活并不远，但学生生活中有没有让他感动让他无法忘记的“背影”呢？那不一定。

2. 要求过高。

有些老师，不考虑文体的特点及其写作规律，也不考虑课程标准对学生写作的要求，随意地进行读写结合。学习了《天上的街市》，就让学生也写一首诗。大家都知道，“诗有别才”，写诗是需要灵感的，更需要生活或特定情境的触发，不是说写就能写出来的，更不是通过模仿就能写出一首诗来的。还有一位老师教学郁达夫的《江南的冬景》，要求学生选择文中的一个片段改写为一首旧体词。或许有的学生的确有这样的兴趣和修养，偶尔填填词，也未尝不可，但作为整体性的学习活动，完全超出了课程标准的要求，也脱离了绝大多数学生的实际。尽管说词是对近体诗的解放，但如果没有一定的修养，填词并不比写诗更容易，尤其是对于我们今天的人来说，填词更是一件很不容易的事，而根据别人已经通过文字表现的内容写词，就更加困难。

3. 目的不明。

也有些读写结合的教学，显得比较杂乱，看不出具体的教学目的。一位老师教学《劝学》，组织学生写比喻句。先要求学生用一个比喻写出一个事物的特点，再要求用不同的比喻写出同一个事物的特点，然后又要求用一个比喻说明一个道理，再用一组比喻说明同一个道理。如果说是通过语言活动深化文本的理解，写的比喻句和文章的主旨并没有关联；如果说是读写结合的写作训练，又看不到作为写作活动的具体目的。在文言文阅读教学中插进这样的活动，更是让人莫名其妙。

活动写作课

"活动写作课"是一种以活动为写作基础的作文课型。简单地说，是活动加写作，或者说是先活动后写作。但我们这里不是指一种综观的写作教学策略，而是指作文课堂教学的一种具体课型。

它和很多人所提倡的"活动型写作"也不是一个概念，后者更多的是一种写作策略，而不是一种写作教学策略，更不是一种课堂教学的行为，是相对于"课堂写作"提出来的一种写作学习的形式。尽管活动写作课的活动可能是课内的现场活动，也可能是课前的活动，但这里主要指的是教师课内作文教学的具体行为及其教学策略、教学方法，而不是指学生的写作行为。

西南大学的魏小娜教授将其称之为"摹写本位的作文教学"，她认为：这类作文教学的价值取向是"为了摹写真实生活"，旨在真实再现发生过的一切客观真实和主观真实，即特别关注学生自己的真情实感；采用"活动教学法"，通过活动创设帮助学生开掘写作内容；教学侧重点是解决"写什么"。这方面的实践非常丰富，可分为两类：第一类是"摹写客观真实"的作文教学，如20世纪80年代初刘朏朏和高原提出的"观察—分析—表达"三级训练体系，吴立刚、贾志敏等提出的"素描作文"训练等。其本质都是通过实物展示或课前活动为学生提供可供观察的写作内容，而后再进行摹写。目前这类作文教学在国内仍很走红，很多名师的作文教学设计多属此类。第二类"摹写主观真实"的作文教学，最为典型的课例当属王崧舟老师的《亲情测试》的作文教学设计，通过煽情的课堂活动设计，帮助学生体验习焉不察的浓厚亲情，在交流和感动中自然成文。

其实，这应该也是一种传统的写作教学形式。我们在读书的时候，清明节到烈士园陵扫墓回来，总要写一次作文。当然绝大多数老师并不再通过课堂教学指导大家怎么写作，但也有老师会启发我们回忆扫墓的过程，让我们交流看到了什么，想到了什么，这也就可以说是活动写作课的基本形态了。

魏教授认为，这类作文教学极大地推进了我国传统真情实感类作文教学，具有很大的进步意义。

首先，这种作文教学可以帮助中小学生进行基于观察的写作训练，促进学生触摸写作的本真，帮助学生养成善于观察生活、勤于独立思考的习惯，不仅培养了学生写作的能力，还培养了学生正确的思维方式和学习态度。

其次，如果说能力训练着力解决用什么写，方法学习课着力解决怎么写，作文升格课着力解决怎么写得更好，而活动作文课主要解决写什么的问题。这类作文教学在解决学生“写什么”方面探索出了比较有效的教学措施：运用实物展示、动作表演、回忆唤醒等写前活动，通过适当的暗示、渲染、凸显，激活关于某个话题的写作储备，并通过镜头定格、聚焦、放大等教学手法，把生活具象化、把情感具体化、把事件细节化，学生很容易形成写作内容和写作冲动。

这类写作课的基本流程是：

1. 活动开展或活动回顾。

如果是现场活动，就由教师或学生按照原定方案组织活动；如果是课前已经完成活动，就由教师组织同学们按照一定要求回忆活动过程。可以是班级形式的个体回顾，也可以是小组形式的集体回忆。一般来说是学生回顾，也可以由教师通过一定的形式回顾。

如王崧舟老师的《亲情测试》教学，第一个部分是“忆，擦亮五个名字的圣洁之光”。老师的要求是：“请同学们把作文的稿纸拿出来，找到最干净的一页。这一页上没写过一个字，干干净净，清清爽爽。然后请你拿起笔，准备好。听清楚要求——请你在这张最干净最纯洁的纸上，写下这个世界上你最爱的五个人。不着急，慢慢地写。这五个人是你最爱最爱的，所以我有理由相信，你在写下他们的名字的时候，一定会写得非常工整，非常端正。（有学生在写的过程中犹豫良久，迟疑下笔）他们是你最爱最爱的五个人，所以你写下的不是几个汉字，也不是几个符号。当你写下他们的名字的时候，也许你会看到他们的眼神，也许你会想起他们的表情，也许他们的音容笑貌、故事、细节都会在一刹那间呈现在你的面前。所以你的内心会有一种感受——一种什么感受会涌上你的心头？”同学们写好后交流自己最爱的五个人和写下这五个名字的感受。

第二个教学部分是“画，体验不能承受的生命之重”。老师说：“是的，这五个人不是五个名字，更不是五个符号。他们就活在你的生活中，就活在你的心中。他们给你温暖，他们给你阳光。是吧？就是这种感受。好的。（稍停）现在请你拿起笔，听清楚要求——在五个最爱的人当中，现在请你画去一个。”接着学生在老师引导下分步画去了所写的五个名字。老师组织学生交流画去这些名字时的感受。

以上两个部分都是活动写作课中的“活动”环节。

2. 写作定向。

即教师提出写作的具体要求。可以是明确写作的内容，也可以是明确写作的任务和要求。

王老师这节课的第三个部分是“写，倾听自己最隐秘的心灵之声”。这个部分可以分为三个阶段。

第一个阶段是写作定向。老师说：“请大家抬起头。但是孩子们，这一切根本就没有发生过呀！他们依然在你的身边，他们依然好好地活着，你为什么要哭？你为什么要那么伤心地哭？为什么？你们想过吗？（有学生举手）不着急，请把手放下。我相信，这一幕，会在你的心中，留下很深很深的印记。那么就请你拿起笔，再换一页稿纸，把刚才发生的那一幕，用你的文字，原原本本地把它记下来。从上课的第一分钟开始，老师说了什么，你做了什么。在你做的过程当中，你感受到了什么，你想到了什么。你的同桌，你的伙伴，你要好的朋友，其他的同学，在这个过程当中，他们在说些什么，他们有一些怎样的表现。当你面对这五个最爱的人的时候，当你一次又一次地将他们画去的时候，你的手，你的笔，仿佛……当最后两位被你画去的一刹那，你脑海里边冒出的又是怎样的画面，一段怎样的故事。孩子们，把所有的这一切都用你的文字记下来。给大家15分钟的时间。好，开始。”

王老师的这段话就是给学生的写作进行定向。“再换一页稿纸，把刚才发生的那一幕，用你的文字，原原本本地把它记下来。”这是提出写作的要求。“从上课的第一分钟开始，老师说了什么，你做了什么。在你做的过程当中，你感受到了什么，你想到了什么。你的同桌，你的伙伴，你要好的朋友，其他的同学，在这个过程当中，他们在说些什么，他们有一些怎样的表现。当你面对这五个最爱的人的时候，当你一次又一次地将他们画去的时候，你的手，你的笔，仿佛……当最后两位被你画去的一刹那，你脑海里边冒出的又是怎样的画面，一段怎样的故事。”这是对写作内容的引导和激发。

3. 现场写作。

可以是完成整体性的写作任务，也可以是完成分解的写作任务；可以完成写作的一个阶段，比如列提纲，比如立意，比如选材，比如场景描写或心理描写。

王老师这节课的第三个部分“写，倾听自己最隐秘的心灵之声”的第二个阶段是写。王老师给了学生18分钟写作时间。

4. 写作交流。

即学生现场展示写作成果，教师组织学生进行评点。可以班级个体交流，也可以小组交流，当然也可以先小组交流，再班级个体交流。王老师这节课的第三个部分“写，倾听自己最隐秘的心灵之声”的第三个阶段就是写作交流。

王老师说：“好，孩子们，时间到了。请把手头的笔都放下，好吗？那一幕已经过去了。20分钟前的那一幕，几乎让我们每一个孩子都掉了眼泪的那一幕已经过去了。但是我说它没有过去，因为它留在了我们另一张洁白的稿纸上面，留在了我们每一个同学用自己的心声、用自己的文字把它记录下来的稿纸上面。尽管不堪回首，但还是让我们再回一次首。”接下去，是指名学生交流。

5. 教学小结。

即学生对写作过程的感悟，教师对学生的写作行为和写作成果做出评价，并提出进一步修改的要求。

王老师这节课的第四部分是“悟，点亮习焉不察的成长之思”。老师说："好的，孩子们，把笔都放下。这就是文字的好处，这就是文章的力量。它那么准确、那么细腻、那么传神地把刚才发生的那一幕，永远地保存下来。孩子们，一年以后，十年以后，当你也做了爸爸妈妈的时候，你回过头来，你再去看——在2006年的10月29日的上午，你曾经上过那么一堂课，你曾经对自己那样说过。是的，刚才发生的这一幕、你所记下的那一段文字，请你为它起一个题目的话，你打算把它叫什么？"王老师的这个环节不只是为文章取题目，也是对这节课内容进行总结提炼，引导学生由这节课去感悟写作。

活动写作课的操作，要注意这样一些问题：

1. 活动的策划和组织要努力贴近学生的本然生活。

这类作文教学，很容易是"为了写作而活动"，而不是"为了生活而写作"。有时候，设计的生活和学生本然的生活距离比较远。而本色的写作，应该立足于本然的生活发现事件，而不是为了写作而刻意设计一个活动。否则，很容易对学生的写作生活观形成误导。

2. 活动的展开和回顾要紧扣写作的指向，防止面面俱到。

因为一个活动，尤其是课前的活动，往往内容都比较丰富或分散，学生因为亲历了活动，感受也比较直观而具体，所以很容易"陷入"事件的叙述。所以教师要精心设计活动回顾的引导，既要能唤起回忆，再现有关情景，又要能方向明确集中。

3. 写作定向不仅要提出要求，更要能把学生引入具体的写作情境。

这个环节从某种意义上说是写作前的一个准备阶段预热阶段，不仅要让学生明白写作的具体要求，还有一个重要目的就是把学生由活动带进写作。因此，有的老师会专门安排一个环节来唤起写作欲望，激发写作兴趣。

4. 交流评点是非常重要的环节，一定要根据具体情况进行针对性引导。

既要注意写作内容的取舍和丰富，又要注意写作形式的运用；既要注意激发具体的活动感受，也要注意写作理性的引导。因为是亲历活动或现场活动，学生的感受会十分丰富，很容易忽视对写作的理性关注。前面所举的王崧舟老师这节课，应该说作为一节活动写作课，是非常典型的，也是非常成功的。之所以对它还有许多不同的看法，可能与对这节课过分强烈的感性色彩和过于强化的生命意识有一定关系。

实用写作课

所谓实用写作课，就是立足于具体的情景需要、交流需要和生活需要而进行的写作教学。目前，这一类作文教学课的案例还不是很多，但是这类写作训练和作文题非常常见。比如妈妈下岗了，要去应聘某一个岗位，请根据妈妈的情况并针对应聘岗位，为妈妈写一封求职信；比如给校长写一封信，对学校图书馆的使用提一个建议；比如你的语文老师要退休了，请你写一篇发言稿，作为学生代表在他的退休送别会上发言。如此等等，都是实用性的写作活动。

西南大学的魏小娜教授称实用写作课为“交际本位的作文教学”。她认为这类作文教学课的价值取向是“为了完成交际任务”，解决生活和工作中的各种事务；采用的教学设计方法是“交际教学法”，通过创设真实的交际语境（目的、对象、任务）来完成写作，写作的语言、体式、内容主要不是由“好文章”的写作技能决定，而是由语境、目的、对象决定；教学的侧重点是“为什么而写”。

魏小娜教授对该类课型的写作教学，有比较深入的研究。她认为：近年来，关于交际本位的作文教学理论研究逐渐增多，代表性的研究成果有香港学者岑绍基的《应用写作理论与教学研究》、李海林的《论真实的作文》和魏小娜的《我国作文教学中“真情实感”的理性反思》等。交际本位的作文教学实践积累，目前在国内虽然不多，但也已开始出现。典型课例如于永正老师的《外貌描写及转述通知》作文教学设计，它和“活动写作课”的区别在于，于老师的教学设计特别重视交际语境的创设，赋予了学生较为真实的交际对象、交际目的和交际任务，充分利用语境因素来规约、引导学生交际对话，进而展开写作，形成书面作品。另外比较典型的课例还有魏小娜设计的“有话好好说：学会提建议”教学、荣维东设计的“由‘睡衣上街’说起”等系列作文教学课例，集中体现了基于交际任务而展开的写作教学形态。

下面我们以于永正老师的“外貌描写及转述通知”和魏小娜教授的“有话好好说：学会提建议”的教学设计为例，对实用写作课做一个简单介绍。

实用写作的教学流程一般为：

1. 情境的设置。

这是实用写作课最基本的环节，是学生写作的基础。如魏小娜教授“有话好好说：学会提建议”这节课首先出示了一则材料：

> 阅读下面材料，讨论后面的问题。
>
> 1939年10月，当时在美国的科学家爱因斯坦、波尔、费米、白拉德等人，为了抢在希特勒前面把原子弹发明出来，写了一封很长的信给美国总统罗斯福。信中陈述了铀裂变有可能制造出威力空前的炸弹的问题，并提到德国人正在进行的这项研究工作，建议美国立即研制原子弹。这封信由爱因斯坦签署，并由罗斯福的朋友、国际金融家萨克斯面呈罗斯福。由于信中的科学论述晦涩难懂，尽管萨克斯口若悬河，罗斯福却十分冷淡。
>
> 萨克斯的第一次努力失败了。他苦苦思索。第二天，萨克斯与罗斯福见面时，总统首先发言：“今天不许再谈爱因斯坦的信，一句也不许谈。”萨克斯胸有成竹，讲了一段历史：“不可一世的拿破仑在英法战争的时候，在海上屡屡失败。当时年轻的发明家富尔顿向他建议，可以把战舰砍断桅杆，撤去风帆，装上蒸汽机，把木板换成钢板。拿破仑想，船没有桅杆能走吗？木板换成钢板还不沉没？于是就把富尔顿赶走了。历史学家在评价这段历史的时候认为，如果当时拿破仑郑重考虑一下富尔顿的建议，19世纪的历史就得重写。”罗斯福听后沉默了几分钟，对萨克斯说：“你胜利了！”当天在罗斯福的支持下，就成立了研制原子弹的专门委

员会，动员了12.5万人参加研制工作，投资20亿美元。

而于永正老师“外貌描写及转述通知”这节课，则是一个现场情景：

上课铃响了，于老师还没有来。一位年轻女老师走进教室，学生都瞪大了惊奇的眼睛。这位女老师自己介绍说，她是鼓楼区文教局的，找于老师有点事。局长要求他带着教学计划参加座谈会，时间是今天下午两点，地点是文教局一楼会议室，请于老师按时到会，不要迟到。她还有别的事，不等于老师了，等于老师来了，请小朋友们转告他。征得小朋友同意后，这位老师又把通知复述了一遍。女老师刚刚一走，于老师走进教室。

2. 策略讨论。

实用写作课，有非常强的交际特点。正因为如此，有人把它看作是口语交际课。既然是交际，就要讲究交际策略，这也是这类写作课的一个重要特点。

魏小娜教授的课是列出一组问题，让学生讨论，并且要求把讨论的有关结果填表呈现出来。

讨论问题：

(1) 为什么爱因斯坦等人选择写信的方式，而萨克斯第二天选择谈话的方式？你认为他们选择的语言表达方式合适吗？

(2) 爱因斯坦等人失败的原因是什么？

(3) 萨克斯成功的原因在哪里？

(4) 在讨论的基础上试着填写下表，总结讨论收获。

爱因斯坦等人与萨克斯在语言表达方面的区别

	爱因斯坦等人	萨克斯
与罗斯福的关系		
采取的语言形式		
表达内容是否充分考虑读者的接受情况？		
你认为两人提建议的方式还有哪些差异？		

而于老师的这节课，这一环节是融合在后一个环节之中的。

3. 写作实践活动。

即提出具体写作要求，让学生写作。魏教授的这节课的写作实践是又设置了一个情境对学生提出写作要求，让学生借鉴前面获得的策略进行写作，同时又为学生的写作提供了一些可以参考的策略。下面先看魏教授的课：

仔细回忆一下，在家庭生活中，你的父母有哪种做法不太恰当，让你平时很反感。尝试写一封信来提出自己的建议，希望他们能够接受你的建议，改正不太恰当的做法。

(1) 在写这封信之前，请认真思考下列问题：你还记得书信的写作格式吗？你认为在跟父母提建议时，采用写信的方式与采用面谈的方式相比，有哪些区别？

你这次写信的确切目标是什么？让父母接纳建议的同时，是否愿意考虑到父母的情绪（比如伤心、生气、难堪、失望等），以便让父母愉快地接受？

你的家庭氛围属于民主型还是专制型？

根据你对父母的了解，你认为怎么做父母最容易接受建议？

你认为作为子女和长辈交流应该采取什么样的态度？

(2) 集体讨论写这样的信件所需要的内容细节有哪些。这些内容细节实质上是你提建议的策略，请列举出来。

下面是两位同学列出的内容细节，可供参考：

同学甲：

先问候父母；指出父母的不恰当做法；谈自己的感受；提出自己的建议；委婉地请求采纳自己的建议。

同学乙：

感谢父母对自己多年的关心；指出父母不恰当的做法；站在父母的立场对这种做法表示一定的理解；指出这种做法的害处；提出建议。

(3) 看看哪位同学考虑得更加周详，结合自己的具体情况，从中选择有效的策略，决定写作的内容细节。

(4) 按照选择的内容细节，安排写作顺序，写出一封信来。注意选择恰当的词语、句式、语气充分表达自己的思想和观点，使父母顺利接受自己的建议，达到预期的写作目的。

同样的内容细节，可以有不同的词语、句式、语气来表达，最终的表达效果也不同。同学们试分析、比较下面一组句子，以便对自己的写作提供借鉴：

听说你是学国际计算机网络的，因此想请你在4月30日下午2点到4点，为我校师生介绍最新的国际计算机网络知识。我们会给你2000元的演讲费。希望你能答应。

素仰您在国际计算机网络方面的造诣，特诚意邀请您在4月30日下午2点到4点，为我校师生介绍最新的国际计算机网络知识。为酬谢您的演讲，我校将奉上2000元的演讲费。我们期待着聆听您的精彩演讲。

而于老师的这节课，则是在和学生的一次次对话中让学生完成写作，并艺术地对学生的写作进行有效的及时性指导。

于老师和学生的对话主要围绕两个层次展开。

一是外貌描写，于老师主要用这样一些问题进行引导：有人找我？哪儿来的？是男的还是女的？她的身材怎么样？她脸上有什么特征？这位阿姨还有什么特点吗？她穿的什么衣服？最后要求学生再连起来说一遍。

一是转述通知，于老师主要用这样一些问题进行引导：方老师找我有什么事？开什么会？是不是现在就去？能把方老师的通知连起来说一说吗？

在和学生对话的过程中，于老师相机对学生进行外貌描写和转述的指导。

镜头一：

生：这位阿姨22岁。

师：看得竟这么准确？（众笑）

生：看样子，这位阿姨二十多岁。

师：我们只能看出大约多少岁，不可能一定看出有多少岁。

总而言之，看起来这位阿姨很年轻。

镜头二：

生：她长得很漂亮。

师：能说具体一点吗？比如说，头发——

生：她的头发是烫成的大波浪形状。（众笑）

生：她的头发很蓬松。

生：好像烫过不久，乌黑发亮。（众笑）

师：哦，这位阿姨真爱美。

镜头三：

生：她让你去开会。

师：开什么会？

生：开座谈会，要带着教学计划。

师：那好，小朋友，我不给你们上课了，我开会去。（拿出书包欲走，学生慌忙举手）

生：是今天下午两点开会。

生：地点在文教局一楼会议室。

师：不是现在就去？小朋友们，通知开会，除了要说开什么会，要带什么东西之外，还要把开会的时间、地点说清楚。能不能把方老师的通知连起来说一说？

4. 评价与反思。

评价反思可以在课内完成，也可以在课外完成；可以是教师引导学生完成，也可以是学生自主完成。

如魏教授的这节课，就是教师提供反思策略，让学生自己完成。

(1) 把你写好的信件交给父母，观察父母的反应，自我评价这封信的写作效果如何，是否达到预期目的。

(2) 在班上和同学交流自己的写作心得，总结写作成功或失败的原因。

①写作时是否充分考虑到父母的性格特点；

②写作时选择的内容细节（即提建议的策略）是否恰当；

③写作的语言表达是否充分展示自己的观点和思想；

④ 本次写作成功或失败的其他原因。

实用写作课，相对来说是一种比较新的作文教学类型，其积极意义在于：一是有助于扭转作文教学长期忽视读者、脱离生活需要的弊病，把作文教学从狭隘的作文训练和应试训练中解放出来。二是这类作文教学可能会催生作文教学新知识的产生。从交际的角度看，传统的记叙文写作知识会有很大的变化，比如推荐下岗的母亲到一个单位去做清洁工的文章，与传统的“我的妈妈”记叙文写作知识有很大差异，需要运用更高级的写作策略，展开复杂的思维活动；再如传统的议论文写作，当转化为有交际目的的“为了劝说”的写作后，部分议论文写作知识也将被替换。另外，当写作为了交流、组织、发表信息，解决工作生活中的交际任务时，会更多地借助文字之外的图表、表格、清单、图形和小标题等写作形式，也会新增报告、电子邮件、论坛等多元的语篇形式。

实用写作课的操作，要注意这样一些问题：

1. 情境的设置要切合学生实际。

中学生的生活视野和知识积淀，都有一定局限性，如果情境设置脱离了学生的实际，尤其是课堂写作和考场写作的实际，就会大大影响教学的效果。比如让学生对城市文化和城市交通提提建议，中学生就比较可行，小学生就不太可行；如果让学生对城市供水和城市照明提提建议，如果没有大量的实地调查，恐怕中学生也不行。另外有些话题，人大太专业或者过于敏感，可能也不适宜中学生或小学生也要避免。

2. 交际策略的形成最好是在教学过程中动态形成。

因为交际策略也是专门性很强的知识，现成的理论比较丰富，如果直接引入或者教师强行灌输，可能效果都不理想；如果在结合具体问题的讨论过程中现成形成，对于后面的写作或许才有实用性。

3. 写作实践的要求必须尽量和起初的情境设置具有高度一致性。

一般情况下，以不转换情境为宜，如果转换情境进行迁移训练，一定要保持一致性，否则就使得学与用脱节。

4. 尽可能在课内进行适量的写作结果呈现，这样可以更好地修正学生的写作，提高写作的质量。

课例7

“材料的理解和叙述”教学实录

师：今天我和同学们来聊一个问题，就是关于材料的理解和叙述。（师边说边板书：材料的理解和叙述）

师：写议论性文章，材料的理解和叙述是一个重要问题。可有的同学不能很好地理解材料，有的同学不知道怎么去叙述要运用的材料。我们现在来看一则材料。（打开PPT）大家能不能看出来，这是一个什么样的场景？

生：地铁站。

师：地铁站，是吧？有没有看到这个地铁站里面有一个特殊的角色？有没有看到？

生：没有。

师：是不大清楚。我起初也没看到，因为这是一个很纷杂的场所。那么下面这行文字呢，补充了我们看不到的信息。（PPT上显示补充内容，教师读文字）“一个音乐演奏者，在华盛顿DC地铁站的入口站了许久。”你们现在看到这个音乐演奏者了没有？

生：还没有。（笑）

师：对，没有看到。因为这个地方空间大，人也多。我们再看后面。（打开第二张PPT，指着演奏者）就是这个人。这个人是什么人呢？（读PPT内容）“那是今年一月份的事，那天温度很低，他连续演奏了45分钟。先拉巴哈的，然后拉舒伯特的《圣母颂》，最后又拉回巴哈的。”我们班有没有同学学过钢琴呢？巴哈和舒伯特知道吧？

生：应该是巴赫，翻译的不同。

师：巴哈和舒伯特都是著名的作曲家。我们接着往下看。（打开第三张PPT）这次我们能看到这个人吗？在哪里呀？

生：看见了，左边。

师：这里吧。（给学生指示）这在巴黎和美国的街头应该是常见的，但是今天这个故事不常见。（出示PPT上的内容）

生：（看PPT内容）

师：（读PPT内容）“那大概是早上8点，成千上万的上班族通过这个地下通道。3分钟后，一个中年男子发现小提琴家在演奏，他放慢脚步，停留了几秒钟，然后继续又加快了脚步往前走。又过了1分钟后，小提琴家得到了他的第一张钞票：一个女人扔下的1美元，但她没有停下来。再过了几分钟，一个过路人靠在对面墙上听他演奏，但看了看表就走掉了。很显然，他要迟到了。”

好，故事到此为止。由此，你会思考到什么？你如何理解这个材料？请各位同学思考。（板书：第一次）到此为止，这是一个故事。想一想，由这个材料，你能理解到什么？或者说你能用它来表达什么？有没有人想到呢？想到的就先说说。

生：我说这么几点，第一点就是生活节奏很快。

师：（板书：生活节奏很快）

生：然后就是人们对艺术的漠视。

师：（板书：人们对艺术的漠视）

生：还有就是演奏者的生活窘迫。

师：（板书：演奏者的生活窘迫）

生：不是窘迫。

师：噢，不是窘迫，那是什么？

生：就是那种艺术家应该得到应有的……

师：尊重？理解？

生：就是收入上得到应有的。

师：噢，就是回报。噢，不错，演奏者应该得到应有的回报（并板书这句话）。这个回报包括了精神上的回报，精神上的认可，尊重，关注等等。

师：（问该生）如果让你写作文，这三个观点你准备选哪一个立意？我们知道，一篇文章只能写一个立意。对不对呀？

生：我觉得我写第一个。

师：写第一个，你准备告诉我们读者一个什么道理呀？

生：生活的脚步放慢一点。

师：对，生活的脚步不要太匆忙，告诉我们要慢慢走（板书：慢慢走）。现在我们活得实在太累了，黄老师的节奏就是太快，你们将来可能比我还快。你们越成功比我越快，这是一个让人纠结的问题，是吧？我们到底是匆匆忙忙向前走，还是晃悠悠地边走边看呢？好，其他同学呢？

生：我这个想法比较特殊，老师，我准备忽略掉部分情节。

师：你准备？

生：我准备忽略掉部分情节，就是只选那个第二个人和第三个人。

师：你光用这个场景中的这两段？很好，有选择地理解和运用。

生：对，光用后面两段。老师，你看里面有一个明显的对比，一个女人扔下了1美元但她没停下来，另一个过路人靠在对面墙上听他演奏，但是他走掉了，要迟到的那个情节我就不写它了。我引申出一个问题，就是说艺术家是想获得物质上的报酬呢，还是想获得精神上的尊重和认可呢？我想讨论一下这个问题。

师：当然可以。你的意思是主要是从这个角度展开？

生：我的意思就是说究竟对于一个艺术家来说这两者哪一个更重要，或者说我们对于别人究竟应该是给予物质上的帮助呢，还是精神上的尊重呢？

师：你倾向于哪一个呢？你估计这个演奏者他更希望得到哪一个？

生：我觉得是后者。

师：是一个角度。其他同学呢？

生：他肯定是想要钱，因为地铁站人流量大。

生：我觉得追求精神共鸣也说得通，但他同时也会渴望经济上的支持。

师：这是一个新的思路，是双向的。我们接下去看故事是怎么发展的。（展示PPT）

对音乐家最感兴趣的是一个3岁的小孩。他妈妈又拉又扯的，但那小孩就是要停下来看音乐家演奏。最后，他妈妈用力拖他才使他继续走。但小孩还是一边走一边回头看音乐家。

师：这是一个让我们震撼的镜头。对音乐家最感兴趣的是一个3岁的小孩，他妈妈又拉又扯的，小男孩就是要听他的演奏，最后他妈妈用力地拖，才使他继续走路，但小男孩还是一边走一边回头。当材料的故事发展到这里的时候，你的理解是不是会有一点变化？现在让我们展开讨论。

生：前面我是从音乐家的角度看这则材料，现在再看材料的时候是用旁观者的角度来看这个事件，所以我觉得这个就是……不好说。

师：你再想想。这的确是个需要深入思考的问题。

生：我觉得讲故事的这个人，就是抓住不同人不同阶层对音乐家不同的反应，来表现不同年龄阶段的人，或者说不同阶层的人对音乐不同的态度，然后再往下看，就会看出他们的生活态度，随着年龄的增长人的好奇心就会发生变化。

师：（边说边板书）成长让我们渐渐地失去了好奇心。

师：是不是这样的？

生：不完全是。包括在内，但不完全是。

师：是的，黄老师没有能完全概括出这个同学的想法。但有一点同学们可以相对确定：这则材料发展到现在，我们能看到更多的东西。它呈现了强烈的对比，就是把一个3岁的孩子，和前面所有的人进行对比。那么，从这个对比中，我们能看到什么呢？应该说，刚才这位同学抓住了材料的要害，成年人和孩子的不同，是由于年龄问题。

生：我补充一下，还有就是对美的感受。

师：他这个补充非常好。这个孩子不停地回头看，这是不是一种好奇呢？什么是好奇？好奇就是这个事物他没见过，是个新事物，是不是？那这个孩子有没有见过拉小提琴？我们完全可以肯定是看到过的。所以，这位同学说得对，孩子不只是因为好奇，他很有可能是对美对音乐的……这里应该用什么词呢？用“热爱”肯定不太好吧？

生：感知。

师：（边读边板书）感知。

师：且用“感知”吧，马马虎虎。也不是最理想的。还有没有想到别的词语？（有人说“理解”，有人说“欣赏”）你说是“理解”，小孩子的理解也不会超过成年人。你说“欣赏”，他也不会超过成年人。看到这里，太有意思了。所以一则材料不只是一个简单结论，有巨大的想象空间和理解空间。

生：要看他妈妈为什么又拉又扯这个小孩。如果他们两个现在有急事去做的话，那么小孩在这边耽误了时间，我觉得这个小孩是不懂事。妈妈带着小孩急急忙忙地去地铁站，一般是急着去做什么事情，就要来不及了，所以他妈妈又拉又扯地让他赶紧走，而这个小孩在这耽误了很多时间。

师：我把你的观点概括一下（边说边板书）：孩子不懂事。这个肯定是对的。但这是一个一般事实。我们要尽量发现一些别人没看到的东西。孩子不如成年人懂事，这个似乎不用我们说。假如你去写一篇论文，这个选题就不要选了。还有，读一个故事，我们要抓住材料的核心点、价值点。

生：我换个角度来谈谈。我想看看这个孩子内心想的是什么，我觉得他不仅仅是对美的感知，很可能有一种同情在里面。

师：（边说边板书）“同情”。对，这也有可能。

生：前面的人为什么快步走过去？他们有可能是乞丐看多了的那种心态。而小孩子内心比较纯洁，看到那些生活贫困的人，可能会产生同情，想多看看。

师：他是把演奏家定位在讨施舍来了。小孩子的这种心理，我女儿小时候就是这样子的，你们小时候也是这样子的。小孩子特别善良，很容易同情别人，慢慢到了我这个年龄，就不会这样了，成长让我们变得麻木起来了。(边说边板书：成长或阅历让我们变得麻木）哪位同学概括一下，把同情、对音乐的感知概括到一点？故事到这里，告诉我们人在成长的过程中，会丢失了一个什么东西呀？

生：感性。

（师板书“感性”）

师：有道理。人如果没有了感性，对美的东西也很淡漠了。而我们变得越来越理性起来。对需要施舍同情的人，也没有什么同情心了。故事还会有怎样的发展呢？

（展示PPT）

在音乐家45分钟的演奏过程中，只有7个人真正停下来听他演奏。他一共赚了32美元。当他演奏完毕，没有一个人理他，没有一个人给他鼓掌，没有一个人发现他。地铁口的这个音乐家原来就是约书亚·贝尔，当今世界上最有名的小提琴手之一。

师：刚才有个同学关注他是来演奏的呢，还是来乞讨的呢，现在故事的叙述者告诉了我们。大家知道贝尔吗？

生：不知道。

师：我也不知道。我可以不知道，你们不可以不知道约书亚·贝尔。黄老师可以，因为黄老师在小村子里长大，知识和素养都是有欠缺的，因为黄老师的舞台就定格在这个讲台上了。你们将来要向更大的舞台走去。所以，对西方的音乐艺术不能没有起码的素养。

师：同学们有没有会拉小提琴的？有没有喜欢音乐的？

生：不会。

师：不会？应该会一点。一个人，应该有一种爱好。好的，知道了这个人以后，故事还没有结束。

（展示PPT内容）

他在这个地铁站演奏了世界上最难演奏的曲目。而他的这把小提琴是意大利斯特拉迪瓦里家族在1713年制作的世界名琴，这把小提琴价值350万美元。

师：到此为止，再回去想这个故事，它告诉我们什么道理？现在大家想一想，故事更有悬念了，也更有意思了。哪个同学说说，故事发展到这里，你有什么新的想法？

生：他在地铁站一天只收入了32美元，我估计他在音乐厅演奏成千上万的人去看，那是花很高价钱的人，我不知道那些地铁站的人是不是都是一些收入比较低的社会群体，接触不到也辨别不出高雅艺术。

师：（边说边板书）底层人。

生：我不知道地铁站的人是不是都这样。

师：我们大概这么说吧，不一定全是底层人，也不一定全是不懂音乐的人，对不对？

生：或许说他们只有在像音乐厅这样的地方，才知道有艺术的存在。

师：这句话有点意思。大家认为只有在音乐厅才有高雅的艺术，是吧？想不到在这个地方也有高雅的艺术。当你读一个材料，如果仅仅知道局部，当然你只能是局部的理解，当你知道全部的时候，你就不能再停留在局部的理解上。我们把材料看到这里的时候，就可以发现材料的核心点已经不在于大家匆忙的态度和漠然的态度，是吧？

师：某某，故事发展到这里，你怎么理解？

生：（沉默）

师：这样的一个演奏家，这样的一把小提琴，这样的环境，人们这样的态度……让我们想到什么呢？

生：那些花钱听他演奏的人，是不是也在地铁站匆匆走过，毫不在意？

师：他的意思是匆匆走过的人有可能听过他的演奏，但现在却毫不在意。是这样的意思吧？有道理，但由此你想说明什么呢？

生：我觉得在艺术家前面走过的人里面，他们肯定有人曾经花过钱听过音乐厅里的演奏。

师：不是肯定，是可能有人。

生：可能有人。那我就想：他们是不是真懂得艺术？到底是他们懂艺术，还是回过头看艺术家的小孩懂艺术？

师：（边说边板书）对艺术真正的理解。

师：但这个只是一种可能。有的人没去过呀，甚至大多数人没有去过吧？其他同学再说说。

生：我在想一个问题，同样是对艺术有追求的人，凭什么他能站在这里，拉一把350万的提琴，只为了追求一种精神上的认同，而其他艺术家为了生计苦苦挣扎生存。他凭什么能这样？

师：是有道理。同样是艺术家，处境大不相同。但跳出材料想到了材料以外的东西。

生：我是说，是什么造就了这种差别？同样是追求艺术的人。

师：但这个答案在材料中找不到依据，也找不到答案。是什么造成它的差异呢？他想的是很有深度，有社会责任感。但这个材料里没有出现其他艺术家艰苦的材料。大家一定要注意，当我们理解一则材料的时候，既可以适当拓展，又不能把材料以外的东西强拉进来。把材料以外的东西强拉进来是非常容易偏离材料的。

生：如果从旁观的角度来看，人们对事物的判断往往会受到事物周围环境的影响，而影响自己的判断。

师：你的意思是环境影响人们对事物包括艺术的价值的判断。是这样的吧？（边说边板书）

生：或者说是人们容易给特别的东西打上标签，认为这些艺术不可能在这里出现。

师：也就是说不能发现它的真正价值。

生：从艺术家的角度看，他为什么会带着他的琴到这里来演奏？我觉得是更高层次的艺术境界的追求，或者说是返璞归真的境界的追求。

师：你的意思是在地铁口演奏是高境界的，或者说小提琴本来就应该在地铁口演奏？

（生笑）

生：我再补充一点。在美国，懂音乐的人是很多的，在地铁口行走的人不可能对音乐一点都没有欣赏，肯定是有人懂这音乐的。但他们不能欣赏这音乐，是因为在这种环境中他们不能欣赏这音乐。

师：还是环境，在这个环境中没办法欣赏音乐。

生：我想到一个问题。就是说，在这样嘈杂的环境中他演奏最难的曲目和最简单的曲目有什么区别？他用最好的小提琴和一般的小提琴有什么区别？让一个最好的演奏家和一个普通的演奏家演奏有什么区别？所以，这种混乱的环境影响人们发现艺术的眼睛。

师：说得好，概括得非常好。但还是强调环境。是不是更应该关注人？

生：有句话说，内行看门道，外行看热闹。我觉得大部分人对于音乐的演奏中等和上等是区别不了的。所以很多人买很贵的门票看演奏会，只是去享受坐在宽大椅子里，知道有一个小提琴拉得很好的人演奏那样一种感受，而并不是去理解真正的音乐。

师：你的意思是花了大价钱去买票的人有很多是南郭先生，是滥竽充数，坐在那里，主要是为了高雅的环境，而不是去欣赏音乐？

生：很多情况下，是自己欺骗自己。

师：很多人都是如此吗？

生：他们在告诉自己，我现在很高雅，我在欣赏音乐，但实际上他并不能理解。

师：当我们展开阐述的时候，可以加以适当发挥，但当我们理解材料的时候，要尽量客观地从原材料出发。要不然材料的理解就会变得一点规则都没有，就变成我想怎么理解就怎么理解。事实上，任何一则材料都有无限的理解空间，而任何一则材料的理解空间又都是有限的。这就是材料理解的多元性和客观性。

现在，我有个要求，不能总是拘泥于环境，不能总是拘泥于匆忙的行人，我们可以从巴赫的曲子的角度去想，可以从演奏家贝尔的角度去想，也可以从小提琴的角度去想，从世界名曲的角度去想……但一定要换一个角度。哪位同学先说说？

生：我必须说一下，我这个角度肯定不是老师刚才说的那个角度。但我这个角度蛮有意思。我直接看那个材料的叙述方式，因为他在前面那张PPT上说这个演奏家多么多么有名，他用了三个感叹号，最难的曲目又用了个感叹号，名气用了一个感叹号，花多少钱用了个感叹号，一共用了六个感叹号。这六个感叹号说明了叙述者的一个倾向性。说明叙述的人肯定是为了符合大众的口味的，但这种叙述就表明大众所关注的还是他多么多么有名，这个曲子有多么多么难，这个琴是多么多么的有名，价值多少钱。其实对这个音乐家来说，我们真正要关注的是这个音乐所要传达出的情感是什么，并不是一些外在的东西。

师：要关注内涵？

生：对，所以从这个材料本身的叙述方式就可以看出现在很多人欣赏音乐并没有真正理解音乐所要传达出的情感是什么，而只是在乎它外在的东西。

师：名人，名琴，名曲，是吧？这位同学的理解很有意思。一个是他很注意细节。阅读材料一定要关注细节。有时候细节更能反映材料的价值，就像一个鉴宝专家，他去看一幅名画，肯定不会像我们一样去看这是一棵松树还是槐树，他可能从一个细节去判断是不是赝品。第二个，他能够立足社会实际。从材料中读出了我们今天社会这种崇名之风。（板书："名"风）这种名风，第一种是追捧名人，第二种是人人成了名人，处处是名牌。现在学校都是名校，学校里都是名师，到处都是名家。一方面是盲目地追捧，一方面是"名"的滥化。这个话题很有意思。

师：大家还有什么见解？

生：我从琴的角度来说说。我觉得通常有名的曲子它蕴藏的内涵普通人难以理解。如果小提琴家演奏的不是这些名曲，而是平常的曲子，说不定就会有更多的人欣赏。

师：这位同学告诉我们曲高必然和寡。（板书：曲高必然和寡）你要到地铁站去拉，你就不要拉巴赫，说不定爱听的人还多一点。换一个角度，高雅的艺术应该进入高雅的环境。（板书：高雅艺术—高雅环境）。找对环境太重要了。有没有不同观点？

生：对于艺术的欣赏来说不能局限于艺术的表现形式。站在教室里能演奏很高雅的曲子。

师：教室里也能演巴赫。我们还可以换一个角度，赵本山的二人转某种意义上很乡土，一点也不"高雅"，他可以到人民大会堂去演出——这是节外生枝的一个插曲呀！好了，下面我们的故事再往前发展。

师：（读PPT文字）"贝尔在地铁演奏的事，其实是《华盛顿邮报》一手策划的，目的就是为了测试人们的知觉、品位和行为形象。最后的结论是：今天人们生活的匆忙影响了人们的品位、感觉、行为。相遇之后如何没有错过？这么优美的东西从我们身边溜走了。"

故事叙述者的倾向性很明显：千万不要轻易错过生活里的美。

可是故事还有尾声。这个事件过后，在网络上引起强烈的反应，在舆论界引起了很多人的关注。贝尔因此爆得大名，他的小提琴专辑碟片发行量暴增，因此赚了一大笔钱。知道了这样一个尾声，你又会有什么新的认识？

生：这个小提琴家有了两种可能：一是真的没有功利性目的，还有一个就是他知道一切。

师：我们现在不是讨论这件事，而是让你分析材料，是对材料的理解、叙述和运用。你由这个结尾又有什么新的观点？

生：看事情不要看表象，要深入思考。

师：看问题要深入思考，不要被表象所蒙蔽。这似乎是一个哲学观点。

生：如果没有《华盛顿邮报》的话，他不会去地铁站演奏。

师：你要说明什么呢？

生：他最终还是为了钱。如果没有这种策划，没有这种合作的话，他是不会去地铁站演奏的。说明他还是为了钱。

师：能把它概括成一个观点吗？再想想。

生：我觉得人们做有些事会产生他们自己没想到的后果。

师：意料之外的结果，或者说结果常常和初衷并不一致。好的，其他的同学呢？

生：就是这个事件本身是一件没有意义的事。

师：就是一件无聊的事。但无聊的事有时候蕴含了深刻的道理。

生：就是说明舆论是强大的。

师：舆论是强大的。

生：就是人们的从众心理。

师：好，好，请坐。对于这样一个事情，对于邮报的这种做法，你们是否定还是肯定的？

生：否定。

师：是都否定还是一半否定？

生：都否定。

师：都否定？但我觉得，邮报是报纸，报纸它要有新闻，没有新闻它要制造新闻。是不是？你认为制造新闻是丑陋的，制造新闻其实是对大众的不尊重。贝尔有没有可否定的地方？

生：贝尔不可能不知道这样一个事件，策划者和当事人必须配合……

师：默契。

生：配合默契才行。

师：他不是完全不知情的。

生：我觉得贝尔有可能不知情。

(另一同学要发言)

师：你是什么观点?

生：我肯定《华盛顿邮报》，也肯定贝尔。我认为《华盛顿邮报》干这件事其实已到了认识自我的境界。尽管大家都知道做出这样的反应是不好的，但是所有人又都是这样表现的。这就迫使人们去认识自我。贝尔为此不惜可能毁掉自己的形象，也是可敬的。他以自己的言行提醒人们，让人们生活节奏慢一点，让人们不要太匆忙，路边的小花小草看一看，可能就是生活本来的面目。

师：有道理。我一开始读这个材料，认为不论是贝尔还是《华盛顿邮报》，他们用今天最恶俗的办法——炒，玷污了最神圣的艺术。我觉得这是不可容忍的。但后来我接受了他们的做法，至少他们的动机有可取之处，对人们的提醒也是很有意义的。

师：刚才主要是对材料的理解，理解了更重要的是运用，这就要叙述材料。现在请同学们从刚才种种观点中选择一个你最认可的，用简要的话叙述这个故事，不得超过100字，50个字更好。

生：算标点吗?

师：算。这是常识。

生：要不要加自己的观点?

师：不要。要让我们一读你叙述的材料，就知道你的观点。

生：能不能补充?

师：当然可以，但必须以原材料为主。而且注意，你只有100字。

(学生5分钟写作)

师：前一阶段没发言的同学先交流。

(一女同学站起来读，声音很低)

师：我来读吧，你的声音太小。

师：(读学生习作)“某日，贝尔在波士顿音乐厅演奏，门票上百元却座无虚席。两天后，他在某地铁口，再次演奏，人流量上百万，停下聆听的寥寥无几。此事披露之后，贝尔的音乐专辑立刻被一抢而空。”

她的叙述字数很节制。大家看看她要表达的是什么观点？

生：就是群众对音乐的欣赏态度有问题。

师：什么问题？这很关键。“群众”还是“大众”？我们建议不要用“群众”这个词，“群众”这个词有政治色彩。大众对音乐的欣赏有什么问题？

生：就是……就是只追求表面。

师：就是只追求表面的东西。好的，请叙述者说说她理解得对不对？

生：我觉得差不多。

师：差不多。你本来是什么意思？

生：我还是想说群众，群众对音乐的理解只是对虚名的追求。

师：是对虚名的追求。很多人对音乐的追捧、理解，更关注的是外在的虚名，而不是追求艺术的真正内涵。大家看她的叙述能不能表达她自己的观点？

生：能。

师：应该说大体上是可以的。但我有个小疑问。（看学生写的内容）你强调大众对音乐的理解追求虚名，那么开始一句话叙说贝尔在音乐厅里演奏门票上百元，座无虚席。那些人也是冲着虚名去的吗？

生：虚名就是……

师：你的材料叙述，现在有两重对比。一是开始演出票价很高，和在地铁口受冷遇对比；一是在地铁口受冷遇，和事件披露后受到追捧、专辑猛销对比。这两者显得杂糅。而且我们不能肯定前面买票听演奏的人是冲着虚名去的。大家注意，材料的叙述一定要集中，要紧扣自己的观点。好的，接下去哪一位交流一下？

生：（读自己的练习）《华盛顿邮报》让著名的小提琴手贝尔在地铁口演出，人们驻足观看的时间总是很短，唯一一个小孩子不顾大人拉扯而停下来欣赏，邮报希望由此引发人们对美的关注，但最终只让人们更加关注贝尔。

（生笑）

师：他写得怎么样？有没有明显的问题？

生：字数不够。

师：字数倒是可以。我们已经反复强调是叙述。他说“邮报希望由此引发人们对美的关注，但是最终只让人们更加关注贝尔”这句话说得很深刻。但是不是叙述呢？

生：不是。

师：哎，不是。大家说说他用这个材料要证明什么观点？

生：我觉得两个观点。

师：嗯？两个观点？

生：其中一个是说那个小孩。说孩子非常有音乐鉴赏能力，其他人失去了鉴赏能力。

师：还有一个呢？

生：还有一个就是最后一句。

师：最后一句我们把它去掉，因为最后一句是议论。

生：人们关注的往往是表面的东西。

师：很好，这里反映材料叙述者有纠结的地方。他这句议论太坏了。他前面叙述说“《华盛顿邮报》让著名的小提琴手贝尔在地铁口演奏，人们驻足观看的时间总是很短，唯有小孩子，唯有一个孩子不顾大人拉扯，停下来欣赏”，从这个对比中能不能得出他后面的议论来呢？

生：不能。

师：是不能的。只能说明阅历、岁月让人们的心灵变得粗糙，让人们对美的关注已经开始迟钝，甚至已经麻木了。你看，这就是自己的叙述与自己的观点相矛盾。写议论文，这是最可怕的。你叙述材料是为了说明你的道理，你的道理是哪来的呢？应该是从你的材料叙述中来。大家都要注意这个问题。再看他的材料叙述，大家注意，可以加工，但是又不能不真实。大家有没有注意，他哪个地方不真实？

生：只有一个小孩。

师：他说唯有一个小孩子，就是这个小孩，不顾妈妈拉扯停下来欣赏。有没有停下来？

生：没有。

师：有没有其他人停下？

生：有的。

师：好。下一位。

生：32美元，这是小提琴家贝尔在地铁站一天的收入，尚不及两天前他在波士顿音乐厅演奏时一张门票的价格。

师：（拿过学生作品）有点意思，请坐。从叙述的感觉来说，我觉得这个叙述聚焦特别清楚，通过数字强烈的对比，而且又有自己的再加工。这位同学，你觉得他这个材料要说明什么观点？

生：我觉得就是环境对人的判断的影响。

师：环境。

生：就是两个地点的——

师：两个地点的对比。好的，环境影响人们的评价和判断。是这个意思吗？请叙述者自己说。你本来要用这个材料说明什么观点？

生：差不多吧。就是环境不同，人们对于价值的判断就——

师：不一样。

生：是。

师：好的。请坐。目前为止，你们这组的理解是最接近的。其他同学有没有主动要交流的？

生：贝尔某日早晨8点，在人流涌动而混乱，噪声嘈杂到自己的声音都听不见的地铁站，用音响演奏自己的音乐，希望用这种听不见的音乐来显示人们自己的艺术素养有多低。

生：哇，好。

师：你刚才惊呼了一下“哇”，是什么意思呢？是对这个材料叙述肯定还是否定？

生：有一半肯定，一半否定。

师：嗯，你继续说。

生：首先说他这个加工，加工得很好。就是突显他自己的意思。其次，他这个加工很过分，就是有点把一些材料里面没有讲到的，以他的想象说出来。但是，我否定——

师：否定什么？

生：我否定的就是他对材料加工有点过。

师：哪里过？好的，你先说他这个材料要说明什么？

生：我觉得他是要说明在这样一个环境中演奏音乐人们是无法欣赏的。

师：说明什么道理呢？什么叫材料的运用呢？不是对材料就事论事，是要用来说明一个道理。材料要运用（指黑板），运用就是要来说明一个道理一个观点。你来说说他这个材料说明了一个什么道理。

（生思考）

师：没听出来？

生：不是，是不知道怎么讲。

师：想一想，没事。下面我们一起来看两个问题。第一，对这样一种精细化加工认可的同学请举手。

(部分同学举手)

师：加工了很多细节，“早晨8点，在人流涌动而混乱，噪声嘈杂到自己的声音都听不到”。加工是必要的，加工可以突出特点，可以突出要表达的意思。否定的同学举手。

(部分同学举手)

师：(指名）你说说想法。

生：他加工得很好，但有失客观。因为他当时站在地铁入口处演奏，而并不是真正在那噪声嘈杂的地方。相对来说，入口并不是那么的吵。

师：嗯。自己也听不到自己的声音，也有点夸张。

生：但是他的概括手法我觉得很好。我是赞同他的。

师：现在大家很认可的是适当地进行加工，强化表达自己的观点是可以的。但是，必须要注意必要和合理。比如，你何必要说“某日早晨8点”呢？

（一位同学站了起来）

生：8点，8点的意思是人流最多，最混乱。

师：你怎么肯定华盛顿地铁8点是人最多最乱的？

生：这是上班时间。

师：你怎么知道上班时间是8点？

生：全世界都是这个上班时间。

师：全世界上班时间是统一的吗？

生：不是，但基本上是。而且华盛顿我去过。

师：你去过。假如你没去过？

生：我，反正我去过。

(生笑，议论)

生：去过没有去过不是关键，只要让读的人觉得这应该是上班时间就可以了。

师：对，这句话说得很关键。所以你不用说“8点”。大家说怎么改？

（生自由议论，有的说“上班时间”，有的说“早高峰”）

师：对，说“早高峰”更好，更客观，更笼统。你何必惹这样一个细节的麻烦呢？假如也有人去过，他说我记得就是八点一刻。

（生笑）

师：一篇好文章，一个小失误，就会影响评价。该精细要精细，该模糊要模糊。还有后面一句也有这个问题。“希望这种听不见的音乐来显示人们艺术修养之低”，我觉得这句话也是凭空而起。贝尔是不是要显示大家艺术素养低呢？

生：写这个大家都有兴趣——

师：叙述材料要为主观观点服务，但不能单纯从主观出发。下结论的时候要慎重。现在还要弄清楚叙述这个材料要说明什么道理。

生：我觉得这个人在玩弄人民。

（生笑）

师：你们政治老师太坏了。一开口你们就说政治概念，刚才是“群众”，现在又说“人民”。什么叫“人民”，你们知道吧？

生：那我换一个吧。是忽悠大众。

师：这个可以。（生笑）有没有哪位同学主动读读自己的叙述？

生：世界顶级小提琴家在地铁站演奏，几千万人从身边漠然走过。这件事流传后，他的专辑大卖，然而漠视的事件仍然每天都在上演。

师：好，请坐。你怎么肯定是几千万人？

生：成千上万。

师：成千上万和几千万一样。

（生笑）

师：这样的细节不要随便加。无数的人，许许多多的人都可以。嗯。大家听清楚了吗？

生："然而"后面不清楚。

生：然而漠视的事件仍然每天都在上演。

师：我再读一下。"世界顶级小提琴家在地铁站演奏，几千万人从他身边漠然走过。这件事流传后，他的专辑大卖，然而漠视的事件仍然每天都在上演。"（指名）你觉得她用这个材料表达什么观点？

生：我觉得她想表达人们对于音乐的漠视。

师：是今天人们对艺术的漠视。好好，请坐。你是表达这个意思吗？

生：我要表达的是最后一句的意思。

师：你要表达的是什么？

生：就是这种调查实际上没有起到作用。

师：嗯。

生：没有表达这个意义。

师：她要表达的和这位同学理解的不一样。这是什么问题呢？是理解的问题呢，还是叙述的问题呢？我们再读一遍材料："世界顶级小提琴在地铁站演奏，几千万人从他身边漠然走过，在这件事流传后，他的专辑大卖。"——现在大家看看，问题是在理解者身上，还是在叙述者身上？认为是前者的请举手。

(部分学生举手)

师：认为是后者的请举手。

(部分学生举手)

师：理解者说是人们对艺术的漠视，叙述者认为这种测试是无聊的。是不是？

(生议论)

师：应该说两者都有。

生：两个人其实都说了一层，但都没往下说。其实大家都掉进你的陷阱里了。

师：那应该怎么说？我有问题吗？

生：没问题。

师：没问题。你们很善良。你们应该两次都不举手，为什么不举手，因为两个人都有问题。首先我觉得叙述有些不清楚。你必须要交代一下，他这样一个行为和《华盛顿邮报》是什么关系，是想通过这个事件达到什么目的，可是后来却是怎样的结果。这样才能表达你的意思。而且我觉得你的叙述离原材料还是有点远，“漠视的事件每天都在上演”，原材料没有，这是你的议论。下面哪一位交流？

(有同学举手)

师：好的。请。

生：近日，《华盛顿邮报》披露贝尔在地铁口用350万美金的小提琴拉最难拉的提琴曲，却几乎无人欣赏一事，贝尔的专辑销量由此暴增，知名度大增。

生：这像一个新闻。

师：我再重读一次。“近日，《华盛顿邮报》披露贝尔在地铁口用350万美金的小提琴拉——‘最难拉的’改为‘难度非常大的’比较好，最好说一下是巴赫、舒伯特的小提琴曲——难度很大的小提琴曲，却几乎无人欣赏一事，贝尔的专辑销量由此暴增，知名度大增。”

倒都是叙述。你们说说他要表达什么观点。

生：我觉得他什么都没表达。

(生笑)

师：哦？什么都没表达？

(生笑，不说话)

生：黄老师，我觉得这是一条新闻。

师：一条新闻。新闻的背后也有要表达的观点。

生：就是一条完全客观叙述的新闻。

师：完全客观的叙述。

(叙述者反问：“你确定？”)

师：我觉得我们不需要纠结于是不是完全客观的叙述，因为完全客观的新闻背后也是有观点的。

生：再客观的也有。

师：对，你说说。

生：我觉得就是慕名之风。

师：嗯。叙述者自己说说表达什么观点。

生：其实我写这个就是骂，骂那个《华盛顿邮报》在利用贝尔。

师：炒作，恶劣的炒作。

生：对。

师：好，请坐。某省某市的考试中曾用这个材料作为作文题。命题组对材料是这样加工的。（PPT呈现文字材料，师读屏幕内容）

“一位著名的小提琴演奏家在当地的音乐厅举办了几次音乐会，场场爆满，一票难求。优雅的环境，精湛的技艺，使一首首世界名曲的内涵得到了成功的演绎和充分的呈现。为了让更多的人能够欣赏世界名曲和自己的演奏，小提琴家连续几天在上下班高峰来到地铁口演奏那些他擅长的世界名曲，可是脚步匆匆的行人却很少有人停下来欣赏。”

想一想，如果你根据这个材料去写一篇文章，你会从哪个角度立意？请你暂且忘记我们刚才叙述的那个长长的故事，现在摆在你面前的只有这一段短短的文字。

（生思考）

生：可以从音乐欣赏价值的角度。

师：你要表达什么观点？

生：艺术的欣赏必须在适宜的环境中进行呈现。

师：反过来，环境是会对人们的艺术欣赏造成影响的。是这个意思吗？不仅仅是艺术要寻找到适当的环境才能有欣赏的价值，人生也是这样。是不是？好的，其他同学呢？

生：我们生活节奏太快了。

师：对，生活不要太匆匆，太匆匆。

现在再换一个角度，如果写生活的脚步不要太匆忙，（用手指屏幕相关处）哪些内容是可以去掉的？

（生议论纷纷，有人说最后一句）

师：写生活不要太匆忙，最后一句要去掉吗？

（生议论纷纷）

生：不能去掉。

师：第二句能去吗？

生：不能。前面的可以。

（生意见不一）

师：你们的意见说得我不明白了。我们现在是两个立意。（边说边板书）一是不要太匆匆。也可以说慢慢欣赏，慢悠悠地活，也可以说留心身边的风景。还有一个观点是，艺术呈现要找到适合的环境，环境对艺术价值的欣赏产生影响，如果从社会的角度讲，还可以引申一下，我们要寻找到自己适合的环境，或者适合的舞台。如果写第一个观点，应该删哪些内容？

（生小声说）

生：第二句。

师：大声说一下。

生：优雅的环境，精湛的技艺。

师：对，我非常认同。删掉“优雅的环境，精湛的技艺，使一首首世界名曲的内涵得到了成功的演绎和充分的呈现”这一句，（用手指屏幕相应位置）这与慢慢欣赏没关系。

师：那第一句还要不要？

（生小声说）

生：也不要。

师：对，也可以不要。那换一个角度，如果我们要表达寻找适合的环境，寻找适合的舞台这个观点，要不要修改？

生：要。

师：怎么改？

生：可删掉“脚步匆匆”。

师：非常好。“脚步匆匆”可以删。大家要知道，删改，不仅仅是为了叙述简洁，更重要的是可以突出我们要表达的观点。

课后同学们自己根据选择的观点修改一下自己的材料叙述，再选择一个不同的观点，进行第二次叙述。

第七章

作文课就是大家一起讲故事

莫言获得诺贝尔奖的时候有一个发言，题目是：我是一个讲故事的人。作文写得好的人都是会讲故事的人。小学如此，初中如此，高中也是如此；记叙文如此，议论文也是如此。通过故事讲道理，是议论文的重要方式；没有故事讲道理的议论文，是空洞的。一个不会讲故事的人是写不好作文的。要讲别人的故事，也要讲自己的故事。要会讲故事，首先要会编故事。要乐于大家一起讲故事，更要乐于大家一起编故事。所以，语文老师在跟学生讲作文的时候，一定要强调故事意识。什么叫“共生写作”呢？简单说，就是大家一起写作文，大家一起讲故事。

共生写作教学的基本认识

为了介绍共生写作，我们还是先讲一个案例。

我的班级，高一到高三都有课前演讲。这对作文就很有好处。高三的课前演讲有一个很重要的内容，就是素材分享。每个同学介绍自己比较得意的材料，讲了一个材料后，大家讨论这个材料有哪些可以开发利用的空间。其实这就是共生作文了，尽管不是作文课。因为一个人积累的材料都很有限，善于利用别人的材料，拥有的材料就会更加丰富。说不定在考场上我用的就是某个同学的材料，而这位同学说不定用的是其他同学的材料。你看，这就是共生写作了。而我们以前的作文教学，大多数都是封闭性的，是一个人"关起门"来写作文。

这次是高一的一次课前演讲，内容是"我的故事"。这一天一位同学讲了这样一个故事：

"我买了一个新手机，去商场贴膜。商场门口，有很多人在贴膜，我看了一个自己感觉比较老实、可靠点的人，问了价，要10块钱。担心贴好后对方加价，我又问了一次，那个人平静地说，就是10元。我又担心会不会质量不好，别的人都很贵的。但已经说了，也不好说什么就让他贴了。那个人贴膜的时候，我就在一边看。我发现这个人贴得特别认真，有一个小小地方不满意就拉掉重新贴，一个地方的膜有一点点皱，他就毫不犹豫扔了，重新换一张新的。我观察了他那双手，冻得红红的，裂开了很多口子，根本不像一个年轻人的手。外面寒风飕飕，他的衣服很是单薄。我心里很忐忑，担心会不会加价。结束后，问他价钱，他说，10元。我有点不敢相信，又问：就10元？他说就是10元。掏钱的时候多带出了4毛钱，我毫不犹豫地说：这4毛钱也给你吧。他说不要，我就要10块钱。我想是不是少了，后来又从口袋里掏出一毛钱，说给你5毛。他竟然生气了，说：就是10元钱！我很尴尬，拿到手机的时候心里觉得我亏欠他。这么认真，还浪费了材料。我想起了口袋里还有一个旧手机，本来想淘汰掉的，不如一起让他贴膜。这个手机很小，屏幕只有这个新手机的四分之一大。于是我把这个手机拿出来，问他价钱，他说两元。就两元钱？我不相信。尽管旧手机的屏幕小，但用的材料应该是一样的。'就两块钱。'他很坚决地回答我。他拿出跟刚才一样大的膜，用四分之一大把手机膜贴好，其余的裁掉了。这次我再也不敢多给他钱了。离开时，我想起商场门口一个老大妈，多少年来一直就卖点梳子一类的日用品。他们应该是一类人。可是看看身边有很多乞丐，有瘦弱的、健壮的，有残疾的、不残疾的。他们看到有人走过就伸手过来要钱，给他一毛钱都很感谢，给5分钱也要，给一块钱就非常感激了。我觉得：我们关心一个人要尊重人的尊严；其次，一个人要真正有尊严，要靠自己的劳动。"

故事讲完了，我让其他同学点评。大家觉得这个故事不错，有波澜，有矛盾，有虚实。但有两个立意：一个是表达同情要维护一个人的尊严；一个是一个人要真正有尊严，要靠自己的劳动。

我说：大家看看这个故事，这样立意好不好？有同学提出异议，认为故事主要都是讲"我"。要写尊严，不妥当。很多同学说如果以"我"为主体写，与其写尊严，不如写尊重。多给钱，是不尊重对方的行为。你尊重人的劳动，更要在精神上尊重他，不要用四毛钱表示尊重，加一毛钱就更不尊重。那么，如果这个材料写尊重，哪些内容不要写呢？

大家展开了讨论。第一，那个卖日用品的老阿姨是不能写的，跟尊重无关。第二，那些荡来荡去的乞丐，也是不用写的。文章要控制在"我"和贴膜人之间。

我又问：如果写尊重，写"我"和贴膜人之间的故事，还要增加哪些内容？有同学说要增加"我"的心理活动，更重要的要增加对对方的描写。写什么呢？同学们觉得应该主要增加对方神情的描写，贴膜时专注的神情，"我"问他价钱时平静的神情；"我"给多钱的时候，不愉快的神情；"我"坚决要多给钱的时候，生气愤怒的神情。这样，就加强了两个人之间的冲突和误解，就写出了矛盾，突出了尊重与理解的主题。

在上海本色语文研讨会上

然后，我们又换一个角度进行讨论。

如果要表现一个人应该如何获得尊严的这个主题，故事的哪些内容要砍掉？大家认为，那个老阿姨的故事要砍掉，几十年都在卖梳子，与尊严无关。其次，“我”的心理活动要砍掉。这个时候“我”必须变成一个次要角色，主要的要写贴膜的人。周围的乞丐要不要写呢？大家讨论了很长时间，最后觉得乞丐必须要写，写他们强壮，年轻，伸手要钱的麻木。可以对比出贴膜人用自己的劳动获得尊严。这个时候，还可以写他生活的清贫，衣服单薄，身体瘦弱，这些内容聚焦到一起，要形成对比，突出贴膜人。

除了写这样两个主题，这个故事还有没有其他可以写的角度呢？

大家再展开讨论。卖梳子的老阿姨也很有可写之处。尽管作者讲故事的时候老大妈讲得很少，就一句话：几十年如一日，卖日用品。写老大妈可以写什么主题呢？有同学说：写坚持。我问：这叫不叫坚持？什么叫坚持呢？遇到困难还做，叫坚持；跑不动了还要跑，叫坚持；学体操很辛苦，不放弃，叫坚持。一个人很多年卖梳子，能叫坚持吗？能不能找到最恰当的提炼？大家换了一个字，叫“坚守”。

如果写这个角度，材料要做很大的取舍，哪些内容不能写了？可以写什么内容呢？大家发现“我”贴膜的过程都不能写了。“我”贴膜不能写了，贴膜人不能写了，乞丐不能写了。但是这个材料写坚守太少太单薄了。如果写坚守，要增加什么内容？这些年间对她有没有其他的干扰和诱惑呢？肯定有。大家想一想，会有哪些干扰。大家想出了各种可能。有的同学想的方案是：20年前卖梳子，收获应该不低的。那个时候大学生的工资就40多元，她一天赚个三四元都很有可能。但现在卖梳子赚头就不大了，可是她还在卖。有的同学想的方案是：开始一起卖的很多人，有卖梳子的，有卖小玩意的，现在都没有了，就剩下她了，其他人去做更容易赚钱的事情了。有的同学想的方案是：开始家里穷，孩子读书，现在孩子工作了，家里经济好了，儿子坚决不让她再卖小百货了，她还要卖，她说不是为了钱。有的同学想的方案是：多少年前，大家都是卖的正宗的手工桃木梳子，现在很多人卖的不再是桃木的，也不是手工的，因为赚钱不多，货也难找，只有她还始终和以前一样。最后，我布置大家用这个材料自己选择角度写一篇文章。

这位同学课前演讲的一个故事，我们从写作角度整整讨论了一节课。这节课就是典型的共生写作的课。通过这节课，我们可以对共生写作教学有一个基本的认识：共生写作就是大家一起写作文，就是老师带着学生一起写作文。

共生写作教学的基本主张

由前面的案例，我们不难发现共生写作教学的操作，有这样一些基本要领。

一、在写作中学写作

有一句话非常有影响："授之以鱼，不如授之以渔。"什么是"渔"呢？大家都说"渔"就是方法。于是我们语文教学就在讲方法，阅读如此，作文更是如此。可是讲方法有用吗？我说用处不大。大家想想：古今中外的渔民，有哪个渔民会说：儿子，明天就要捕鱼了，今天晚上我跟你讲讲撒网的八种方法。那他的儿子怎么学会捕鱼的呢？很简单，就是跟着爸爸上船捕鱼。今天捕鱼，明天捕鱼，不知不觉就学会捕鱼了。我查过很多的工具书，没有发现将"渔"解释为"方法"的，都是一个解释：渔，捕鱼。在捕鱼中学会捕鱼，这是唯一的也是最科学最有效的方法。这对我们的作文教学非常有启发。

我们的学生为什么没有学会写作呢？因为作文课上没有写作，总是老师讲怎么写，总是读别人的文章。在作文课上，学生不写，老师不写，老师也不带着学生写。老师只是说，你应该怎么写，不应该怎么写；老师就是说，谁写得好，谁写得不好；老师就是说，哪篇作文好，哪篇作文不好。而共生写作就是把课堂变成写的过程，老师写，学生写，大家一起写。就是在写作中学会写作。我们在谈作文教学的内容时说：作文课就是要让学生经历写作的过程，丰富写作的感受，感悟写作的规律，获得写作的积累，形成写作的经验，总结写作的方法。共生写作就是在写作的过程中去感受，去积累，去感悟，去学方法。这就是我们母语文化的特点。一个人不管干哪一行，等你有了感觉，你就到了一定的境界了。打球的人讲究手感，写作也是这样。感觉哪儿来，从丰富的感受中来。感受哪儿来，从捕鱼的过程中来，从打球的过程中来，从写作中来。鱼捕多了，就有了感觉；球打多了，就有了打球的感觉；文章写多了，就有了写作的感觉。经验的形成也是如此。经验是什么，首先是动词，然后才是名词。首先要有经历的体验，才能有经验。纸上谈兵的经验，是没有什么用处的，只能培养赵括那样的人。即使学习方法，也是在写的过程中认识写作的方法，掌握写作的方法。

二、用写作教写作

写作怎么教呢？用什么来教写作呢？有的老师用写作知识教写作。或者是教陈述性写作知识，什么是记叙文，什么是议论文，什么是散文；什么是记叙，什么是描写，什么是议论；什么是联想，什么是想象。或者是教程序性知识，审题应该是哪些步骤，选材有哪些要求，怎样安排文章的结构，怎样学会分析。有的老师用写作方法教写作，有的用考试说明教写作，有的用作文评分标准教写作，有的用范文教写作。这些我们在前面都已经说过，不再赘述。

而共生写作是用写作教写作。当然首先是教师用自己的写作教学生写作。用自己的写作感受激活学生的写作感受，用自己的写作体验激活学生的写作体验。即使教给学生写作的方法，也是具有个性色彩的、鲜活的、来自自己写作实践的方法，而不是照搬书本的、抄袭别人的现成的死的方法。其次是用学生的写作教学生写作。我们有些老师是有这样的意识的，但更多的做法是读读写得比较成功的习作，评点几句。仅仅这样做是不够的，还没有形成共生效应。怎样才能让写得好的同学引导和影响其他同学呢？要充分分享他们的写作感受和写作经验，要通过他们来引领和影响其他同学的写作。可以用名家的写作来教学生写作，可以用名家的写作体验来激活同学们的写作，也可以借助名家的作品来设计和组织具体的写作活动，让学生和名家一起写，让名家带着学生一起写。

三、带着种子进课堂

什么叫写作的种子？就是能够激发学生写作欲望，能够激活学生写作体验，能够把学生带进并且能够推进学生写作过程的写作教学原点：可以是一个故事，可以是一个情景，可以是一个素材，可以是一个案例，可以是一种心情，可以是一个矛盾，可以是一句名言。写作种子极其丰富，随处都有，只要我们善于发现，几乎什么都可能成为写作的种子。在开头的案例中，那位同学讲的故事就是种子。这节课本来不是写作课，这位同学只是例行的课前演讲。但我发现他的故事是个很好的写作种子，于是就有了这节作文课。

现在大多数老师都是带着一个题目进课堂。当然，题目不是不可以成为一个种子，关键是要能够让这个题目活起来。把题目带进课堂的目的，不仅仅是提出写作的要求，而是要激活学生的写作过程。能够激活，就是写作的种子。比如你要指导学生写作，你自己对题目毫无感触，这个题目就是死的题目，就不是写作的种子。如果你脑子里有了很鲜活的思路，你就可能激活学生更多的思路。所以说，即使是题目，你也要带着活的思路进课堂；即使是题目，你也要带着活的素材到课堂。倘若能够做到这样，你就是共生写作了。

四、大家一起讲故事

我们传统的写作和写作教学，都是个人化的，都是相对封闭的。而共生教学，开放了个体的写作空间，把个人化的写作行为集体化。它充分发挥了教学现场的作用，利用教学境界激发学生参与写作活动，丰富写作体验，优化学生过程中的同伴关系，让不想写的会被带进写作的境界，让不会写的也能融进写的过程。

美国学者、著名的学习专家爱德加·戴尔提出的金字塔学习理论（见插图），用数字形式形象显示了采用不同的学习方式的学习效果。这个理论认为：在塔尖，第一种学习方式——“听讲”，也就是老师在上面说，学生在下面听，这种我们最熟悉最常用的方式，学习效果却是最低的，两周以后学习的内容只能留下5%。第二种，通过“阅读”方式学到的内容，可以保留10%。第三种，用“声音、图片”的方式学习，可以达到20%。第四种，是“示范”，采用这种学习方式，可以记住30%。第五种，“小组讨论”，可以记住50%的内容。第六种，“做中学”或“实际演练”，可以达到75%。最后一种在金字塔基座位置的学习方式，是“教别人”或者“马上应用”，可以记住90%的学习内容。爱德加·戴尔提出，学习效果在30%以下的几种传统方式，都是个人学习或被动学习；而学习效果在50%以上的，都是团队学习、主动学习和参与式学习。我们的共生教学就是一种以交流、讨论、活动为基本形式的团队学习、主动学习和参与式学习。

大家一起讲故事，人人都能成为讲故事的高手；大家一起写作文，会让人人喜欢写作文。

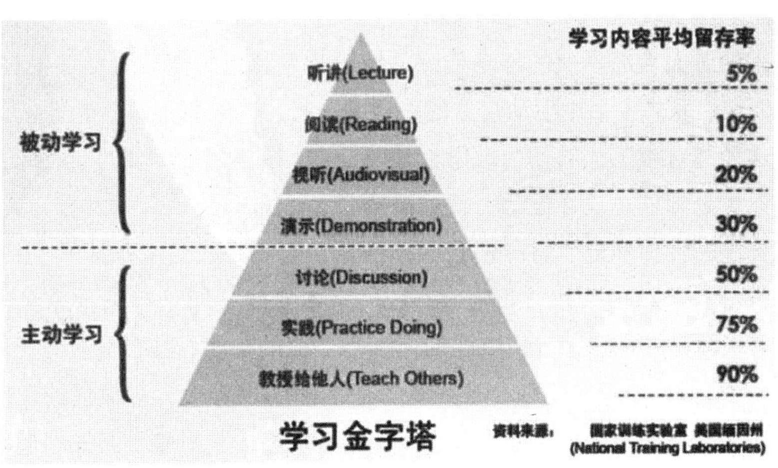

共生写作教学的基本特点

共生写作教学有什么样的基本特点呢？或者说它的独特价值在哪里呢？我们通过几组相近概念的比较来说明这个问题。

一、"共生"和"对接"

有老师认为，所谓师生共生纯为多余的教学形式。若学生一时打不开写作的思维，教师可以采用对接的方法，直接呈现生活中让人感动的画面，让感人的画面唤起学生的感动情感，拨动学生感点，然后引导学生对接生活，回忆、联想生活中感动自己的人、事、物，再现那令人感动的情境。

这种"对接"式的作为教学自然不是我们的师生共生作文教学。我知道有不少老师就是这样做的。他们既为学生准备写作热身的素材，又为学生准备主题性写作的素材。但我必须强调，这不是我们主张的师生共生的作文教学。"对接"和"共生"有着许多本质的不同：1. 某种意义上说，所谓对接就是相似联想，所唤醒的大都是类似的东西，具有很强的相似性。共生写作，被"唤醒"的，则更多的是不同的内容，具有很强的发散性。2. 对接所唤醒的东西，大都是学生心中本来就有的，只是被激发引起回忆，然后再加以呈现，具有较强的客观性；而共生所唤起的大多是现场生成的内容，具有较强的主观性。3. 某种意义上，对接被唤起的东西，常常是表面的，大多是由生活现象到生活现象。而共生却是唤醒学生不同的体验和感受，不同的理解和思考，不同的立意和构思。4. 从思维走向和互相关系看，对接是一种由此及彼的单向关系，主要是由师到生。而共生教学则是一种复杂的多向关系。既有由师到生，也有由生到师，更多的是由生到生。即使对于每一个个体，也是一个不断循环、不断往复、不断丰富、不断深化、不断升华的过程，而不是简单的对接。

二、“共生”和“对话”

所谓对话，主要是一种阅读理论，主张阅读过程中各种不同体验、不同理解、不同认识的相互交流和碰撞。尽管我们这里讨论的是共生写作，但我们并不从这个角度简单化地区别它们，因为对话理论在写作教学中也大有用武之地，而是从这两者的本质特征说明它们的不同。所谓对话，是指交流的各方都有自己的体验、感受、理解和认识，即交流各方的体验、感受、理解和认识，都是已有的；而共生中，则有一方某种意义上说是“未有的”，是在共生中被现场“唤醒”的。而对话交流碰撞的目的，在于加深对某个文本或对某个问题的认识，甚至有时候是为了形成“和而不同”的共识，即对话的目的有比较明确的集中指向和聚焦的意向，可以说是一种辏合式的关系，而共生则是一种几乎没有指向的向外的辐射式的关系，越广越丰富越复杂甚至越“杂乱”越好。

三、“共生”和“生成”

所谓生成，它基本是着眼于教学资源建设和开发的一个课程理论，是指教学过程中教学资源的现场生产和丰富。它既不是着眼于阅读中的师生间的教学关系，也不是着眼于写作教学中的师生关系，而是立足于教学过程中的资源建设；而共生则主要是着眼于教学过程中的师生关系、生生关系的互动，其目的并不是立足于教学资源的建设，而是立足于学生写作体验、写作经验和写作过程的激活和丰富。

四、“共生”和“下水”

下水作文，是很多有志于作文教学改革，尤其是有志于改善学生写作过程的老师们采取的一种做法。这种做法的积极意义是不可否认的，这些老师的敬业精神尤为可佩。它和共生写作教学的主要不同在于它主要着眼于示范，在于给学生做出榜样，而共生写作教学，则主要追求通过教师的写作体验写作经验激活学生的写作兴趣写作欲望，以及学生之间的互相激发，以优化学生的写作过程。当然，我们不能排除教师下水过程中所经历的过程和所积累的体验会给作文教学带来有益的启发和帮助，甚至会改善教师的作文教学和学生的写作行为。但其目的并不在于直接影响和改善学生的写作过程，更不是唤醒学生的体验和经验，使之生发出更为理想的写作体验和经验。

五、“共生”和“升格”

我一直认为，升格训练是作文教学着眼于学生写作过程的一种比较有效的方法。但它和共生教学并非一个概念。因为升格训练主要着眼于一个题目一篇文章的写作，一般都是着眼于一篇习作的修改和写作质量的提升，或者写作方法的指导。而共生写作则更多的是着眼于写作的体验、写作的经验和写作的过程。从写作过程看，升格主要是写作初步完成后的修改和完善，而共生主要是写作前期阶段的激发和唤醒。

要说明的是，无论是“对接”还是“对话”，无论是“生成”还是“下水”，无论是“升格”还是其他的写作教学理论和作文教学方法，和共生写作并不是互相排斥的，甚至也不是可以简单分开的，对接中共生、共生中对接都是正常的，互相排斥、互相否定的思维方法是简单的，也是可怕的。

共生写作教学的基本课型

共生写作课有着非常丰富的课型。目前，我们已经归纳出共生写作的十二种基本课型。这里介绍最常见的也是最基本的四种课型。

一、师生共生写作

所谓师生共生写作，就是老师和学生一起写作文：我和学生一起写学生的作文，学生和我一起写我的作文。

有些家长问我：孩子不会写作怎么办？我说：让他读书。家长问我：孩子不肯读书怎么办？我说：你和他一起读。家长问我：读了书孩子还不会写怎么办？我说：让他读书以后讲给你听。家长问我：孩子不肯讲怎么办？我说：你和他一起讲。家长和孩子一起读书，很少有孩子不喜欢读书；家长和孩子一起讲故事，孩子很少不喜欢讲故事；家长和孩子一起讲故事，很少有孩子不会写作文。师生共生写作，就是老师和学生一起写作文，就是老师和学生一起讲故事。

师生共生写作教学，就是我参与学生的写作过程，学生参与我的写作过程。我经常进行这样的写作活动。我执教的“用‘感激’唤醒‘感动’”就是一节比较典型的师生共生的写作教学。

学生写作“感动”这个题目遇到障碍，问题出在他们没有感动。怎么办？讲讲写作要关注生活的道理，讲讲做人要懂得感激的道理都是容易的，但往往没有什么效果。我的办法是讲自己的故事，讲自己的写作困惑，让学生参与到我的写作中来。先是让学生为我的材料确定主题；在学生思维停步不前时，我再谈自己的想法，使学生有所感悟；最后，顺势利导，归纳经验，讲评作文，引导学生“再度作文”，以强化写作经验的积累。当然还有很多后续的教学活动，比如学生进行自我共生的再写作，进行生生共生的相互交流和修改。遗憾的是这些已经不再是这节课的内容，作为作文教学的课型，我在这里不再具体叙述。

有人认为，师生共生写作教学，教师参与到学生写作的过程中是容易做到的，但要让学生参与到教师的写作过程，不大现实。其理由一是教师的写作话题并不适合学生，二是教师如果为“共生写作”而努力设置一些适合学生写作的话题和素材并把它作为自己写作的素材，而不是自己真正需要写作的东西，是多此一举。我自己的大量实践和许多老师的探索都已证明，让学生参与老师的写作过程，和让老师参与学生的写作过程一样都是可以做到的。不仅师生互相参与写作过程是可能的，师生一起参与第三方的写作活动都是可能的。要知道，学生参与“不是自己真正需要的写作”是一种常态的写作。这样做的成功案例非常多。

二、生生共生写作

所谓生生共生写作，简单说就是学生之间互相激活开展写作活动。

皮亚杰认为最有益的社会互动发生在具有社会性对称（知识、权利）的同伴之间。语言学家早就发现，伙伴的语言对孩子语言学习的影响巨大，远远超过成年人，甚至超过学校的学习。所谓生生共生的写作教学，就是在教学中充分发挥“伙伴效应”的积极作用，充分利用学生自己的写作兴趣和写作欲望激活同伴的写作兴趣和写作欲望，用学生自己的写作感受和体验激活同伴的写作感受和体验，生生之间互相交流，互相激活，互相碰撞，互相丰富，在这样的活的写作过程中培养写作能力，学会写作。

我上过一节作文《风》的评讲课，就是一节生生共生写作课。这节课，我不是自己说说这篇文章好在哪里，不好在哪里，也不是让学生讨论，这篇文章有什么优点，有什么缺点，而是努力让学生活动，让学生评，让学生讲，让学生说，让学生写。在多个层次上，让学生之间形成共生。一是对习作的总体评价。这是有些老师不够重视的环节。其实充分展开习作评价的讨论，对提高写作能力是很有意义的。二是对习作问题的发现。这个活动的过程是先发散后聚焦。学生习作的问题常常不是单一的，即使同一个问题也会表现在多方面。这就要聚焦。所谓聚焦，就是看到问题的关键，看到最主要的问题，明确现场要集中解决的问题。三是修改方向的确定。这是课堂的重心所在。找出问题总是容易，如何解决问题才是关键。特别要注意的是这样的修改，不是立足于把这篇文章改得怎么样，而是要借助这篇文章能够写出更好的文章，目的不是让这位同学知道文章怎么改，而是让大家知道文章应该怎么写。这个方向不是唯一的，必须是多向的，但又必须是有规定性的，既要由讨论的文章出发，又要紧扣这节课的教学内容。

这样的作文评讲课，目的不在于说明某篇习作好还是不好，而是借助于典型的习作来讨论写作，思考写作，在这个过程中体验写作，经历写作，学会写作，获得写作的知识，积累写作的经验。

三、自我共生写作

从写作的角度讲，这是最有用的也是最主要的共生写作课型。因为从某种意义上说，写作主要还是一种个人化的行为。一个人要写好文章，就要善于把自己的各种素材、好的作文、不好的作文，进行不断的优化和使用。很多老师和学生都没有这种意识。文章不管好不好，一写就扔掉了；素材不管好不好，写一次就扔掉了。要培养学生有意识地把写好的、没写好的文章和素材进行再生利用，好的可以写出更好的文章，可以写出不同的好文章，不好的可以把它写好。这对学生的写作是非常有用的。你看莫言的创作，写来写去，就是他们山东高密东北乡的故事。先写短篇，再写长篇，又改剧本，又拍电影，然后还写散文，一点材料都不浪费。我们很多老师让学生对付中考高考要准备很多材料，一个题目就要有一个材料，这个可能吗？题目是无限的，好的材料总是有限的。我们要强调强化学生把自己的素材用好，盘活，尤其是难得一遇的、非常个性化的材料，要充分利用。

所谓自我共生，就是借助自己的习作——成功的不成功的，完整的不完整的——写出新的习作。在这种发散式、连锁式、裂变式的写作活动和写作过程中感受写作，认识写作，提高写作能力和写作素养。它和所谓升格作文不同的是，并不追求后一次写出来的习作一定要比前一次好，它的价值在于经历写作过程，丰富写作体验，锻炼写作思维，感悟写作规律，不在写作结果，而在写作的过程。

我执教的“自我提升和再度作文”这节课，就是一节比较典型的自我共生的写作教学。

所谓再度作文，是我基于共生教学从学生写作的角度归纳出的一种写作方法，基本的形式是同一个素材、同一个题目、同一个立意、同一个话题多次写作。它和自我共生的作文教学方法是紧密联系的。所谓自我共生的作文教学，就是教会学生要形成再度作文的基本理念，掌握再度写作的基本方法。

这节课一开始，我通过检查学生课前学习准备的情况，针对学生普遍的问题，明确告诉同学们：有空，常看看自己过去的作文，是写好作文很重要的一个途径。很多学生文章写好之后从不再看，这对写作能力的提高非常有影响。有些老师只要求学生看老师的评语，很少有老师要求学生常常看看自己的习作。现在要求学生写随笔的很多，写日记的很多。写就写了，一写就扔，从不再看，有什么意思呢？

教学过程的第一个活动是学生自我展示和介绍自己的习作。我本来的想法是先展示习作，然后谈谈感受，说说写作过程，说说得意之处，说说写作困惑。可是没有同学愿意。本来这样的写作反思，也是自我共生的写作素养。一位同学主动介绍了自己的习作之后，我让她谈谈体会，她说是拼拼凑凑写出来的，但也不甘心这样贬义的表达。我充分肯定了这种把各种素材拼拼凑凑，或者说整合到一起的写作方法。其实，这种“拼拼凑凑”，就是一种自我共生的写作。很多好文章就是这样写出来的。

第二个主要活动是让同学们用3分钟时间，再读自己认为成功的习作，找一个点进行修改。进行交流后，我和同学们强调，自己的练笔，自己的文章，别轻易扔了，要养成经常看自己的文章的好习惯。经常看看，就能发现不足，也能发现得意之处，更能产生新的写作冲动。这些对写作兴趣和写作意识的培养，对写作能力和写作素养的培养都很有意义。

第三个活动，也是重点活动，就是尝试“再度写作”。某种意义上，前面的活动都在为这个重点活动铺垫和做准备。可是由于同学们平时可能还没有这样的意识，有些同学做得还不够好，基本还是原来习作的修改，但也有同学做得很不错。如写《独自面对》的那位女同学，同样一个题目，她的主题调整了，文体也改变了，选材也更换了。上次是议论文，这次是写记叙文了。前面是发议论多，这次是写一次独自骑自行车的经历，有点象征隐喻的意味，将独自骑车的经历和人的生活旅程联系在一起，无疑对题目的理解，对材料的处理，都要比以前好。其实，即使这一次写得没有前一次好，在这样的再度作文的写作过程中，她也会收获很多很多。

四、他者共生写作

所谓他者共生，就是借助别人的文章（可以是好的，也可以是并不精彩、并不优秀的，可以是名家的，也可以是普通人的），写出自己的文章。这和借鉴模仿有一定的联系，但又有本质的不同。借鉴模仿，都是围绕某一个点、某一个方面进行学习。学习《白杨礼赞》，可以借鉴它的结构；学习《师说》，可以借鉴它的对比论证。被模仿、借鉴的都是成功（至少被模仿的某一方面是成功的）的习作或作品。而共生写作，则不一定立足于一个点，而是发散式的，甚至是模糊的，有时候就是受它的启发，而且不一定是学习模仿，可以是对别人的写作予以否定和推翻，被借助的习作或作品也不一定是优秀成功的，甚至是不成功的，只是由它生发出自己的写作欲望。

我执教的“在别人的树上开自己的花”这节课就是比较典型的他者共生的写作教学。

这节课，主要是借一位同学的习作进行共生写作的教学，而对于其他同学来说，就是一种他者共生的写作活动。

首先是让大家熟悉习作，了解习作。因为这篇习作，总体来讲比较成功，主要是让大家发现它的可取之处，同时老师结合习作强调作文的一些要求，指出同学们容易出现的一些问题。然后是借助黄津汝同学关注和思考的问题，或者说是借助黄津汝的这篇习作，激发大家对这个问题的关注和思考。大家的写作欲望被激发之后，便引导同学们进入写作状态进行思考。先从写议论文的角度思考立意的选择，再从也写记叙文的角度思考和黄津汝不同的立意选择和不同的叙述视角。从不同文体的选择，到不同立意的选择，再到同样文体不同角度的选择，同学们的思维得到了有效的激活。而更有意义的，是这个写作过程的体验和经历。这比之于我们仅仅介绍评点优秀习作的长处，要有意义得多。

遗憾的是，受时间和现场情景的制约，很多有教学价值的环节没有能够充分展开。比如黄津汝在反思写作过程中说自己是“想到哪儿写到哪儿”，没有能引发她和大家交流一下“想到哪儿写到哪儿”的具体情形，以及为什么能够做到如此。再比如其他同学进入写作状态后的交流也还不够充分，显得比较简单匆忙。这些都影响了教学效果的达成。

在昆明做讲座

课例8

“在别人的树上开自己的花”教学实录

师：现在我要问你们，黄老师读你们的习作，会最喜欢哪一位同学的作文呢？（课前，借班上课班级的同学，每人给执教老师提供了一篇自己比较喜欢的文章）

生：1号。

师：为什么呢？

生：嗯。1号同学平时写作文最好。她是我们班的标志。

师：1号同学是哪一位？是这位女同学吗？你太荣幸了！我太佩服你了！你看，全班这么多人都没有异议地赞同你的文章。人气这么旺！不过，很遗憾，我这次最喜欢的不是你的作品，而是6号同学黄津汝的习作。请黄津汝同学读一下她的习作。大家看看，是不是也像黄老师一样喜欢？

（黄津汝诵读《我因应试狂》，投影显示）

我因应试狂

在这宽敞明亮的大厅中，一片寂静，大家都在沉思着。现在是向美国总统提问的时间。虽然因为见到了这位美国历史上最受欢迎的总统之一，并且还是第一任黑人总统，有些按捺不住的兴奋、激动，仿佛是在经历着人生中一次重大的考试，但我还是以一个久经沙场的应试者最佳的心态使自己平静下来，搜罗着最近社会各界都关注的有关中美的，并且还得是一般人都想不到的问题，使自己的分数尽可能地高。毕竟我是一个优秀的应试者，从小到大，在无数场考试中，我战无不胜。就算是在被俗称为“一生中最重要的考试”——高考中，我也取得了非常满意的成绩，进入了理想的名牌大学，见到了奥巴马其人……我觉得，经历这么多考试，并且取得了这么多优秀的成绩，我便可不必再怀疑自己。我完全可以自信地说：“我很棒！”于是当我的大脑终于搜索到一个问题时，我立刻勇敢地举起了手，首先为自己获取“印象分”。

奥巴马的目光很快被我高举的手吸引了过来。接着，他便以一个国家领导人的风度，十分礼貌地请我提问。我心中甚是紧张，却又不乏沉着冷静，我要求自己发挥得最好。我用自信的声音、流利的英语描述了我的问题。他思考了一会儿后，立刻对我所提出的问题进行了回答。这时，我的心里如同奔腾中的流水不断地撞击着岩石，久久不能平静，因为这番回答将是对我提问的最终考评结果。

待台上的演讲者十分认真详尽地回答完我的问题后，我才渐渐感到考试已经完毕。我感到十分荣耀。习惯于试后总结经验，我觉得这次成功主要都归功于应试教育。

如果没有应试教育，我将无法通过公平的竞争，进入重点大学学习，更无法站在这里与美国总统面对面交流，作为代表之一展现中国青年的才智、风姿。我为此感到自豪，我十分适应应试教育，没有被应试教育淘汰，我获得了人生中重要的学分和机遇。

如果没有应试教育，将不能历练出如此良好的心态，以如此良好的状态来面对这场“考试”。我能够想到去问很少人能想到的热点问题，也还是要感谢应试教育带给我的知识和考试技巧——创新、独特，这也是拿高分的技巧。相比之下，那些失败于应试教育的人便不会知道怎样很好地应试，也便不懂得如何在这类考试中出彩。

很快所有提问者的问题都被一一答完了，奥巴马的回答确实很有见解。最后当他谈到对所有提问的感受时，我感到异常激动，这可是对我们中国青年的综合评价啊！我仔细地听着从奥巴马嘴里吐出的每一个单词“中——国——青——年——对——英——语——很——好——学”，那一刹那，我愣住了，我感到全身的血液都凝固了一般。这怎这么可能?! 我可全是按照应试教育的要求做的啊！没想到它给我们的试卷画上了无数的100

分，却又给我们留下一个硕大无比的、鲜红的、凄凉的“0”。

“这怎么可能？……”我的心在颤抖！

师：好，请坐，我想听听同学们的评价和感想。如果你也喜欢，请举手。好，很多同学举手了，也有很多同学没举手。我们请你们心中的班级代表蔡诗瑶同学说说为什么喜欢这篇作文。

生：我觉得——首先她能想到这样一个话题，我觉得……

师：话题好材料好，是吧？

生：嗯，材料很特别。然后，她写得也非常……就是……最后的时候，突然……一下子就……

师：她被奥巴马震撼了，你也被她的文章结尾震撼了。是这样的，对吧？（生：嗯！）好，其他同学有补充吗？

生：我觉得表现手法很独特。

师：什么表现手法呢？

生：她的主题应该是批判应试教育的，然而她不是直接以自己的身份、口吻写，而是幻想自己是复旦大学的学生。

师：把自己当作是复旦大学提问者中的一个，是吧？

生：嗯。然后，通过奥巴马对她的评价，从侧面反映现在应试教育的一些弊端。

师：嗯，好的，请坐。两位同学提到的三点想法，我都非常赞同。

第一，是这种直面现实的精神，或者说是责任。我们很多同学写作文，写来写去就是写自己的成绩，隔壁家的小狗。可不可以写呢？当然也可以写。但我们已经是高中生了，明年我们大多数就是成年人了，我们不仅是爸爸妈妈的乖孩子，我们还是中国未来的一代，对不对？你们这么优秀，你们没有这样一种承担责任的意识，那还有谁来承担呢？我们刚才说：好文章是从自己心里流出来的，这是对的。但关注现实，才会让自己的文章更有分量、更厚实！

第二，就是蔡诗瑶同学讲的第二点。就是结尾很震撼。这是什么手法呢？是欲扬先抑。一开始写得很平常，很琐碎。到最后，异峰突起。第三，刚才这位同学讲的，她的手法，这是什么手法呢？正面去批判应试教育太多了，说不出新道道来；而且大道理，我们中学生也很难说得好，也不够艺术。对不对？你看她，以一个应试教育的成功者的角度来写，这就是反讽。其中隐含着对比，这就很有张力。

从记叙文的角度看，也写得非常好。记叙文普遍的毛病，就是泛泛而谈。都是叙述，那不是好的记叙文。记叙文的灵魂，是描写。描写什么？集中描写这个同学的心理感受。细腻，集中，又清晰，不枝不蔓。高考作文怎么评价我们暂且不去说它，但是一定要学会这种写法。800多字，不能枝蔓。你们的随笔很多是2000字，在考场怎么写得出来啊？所以，要精致一点，集中一点，枝蔓少一点。有好的素材，会加工就更好。黄津汝这一篇文章应该说加工得非常好。

那么，黄津汝同学的文章有没有缺点呢？有没有同学发现？津汝，你刚才进行写作反思的时候，有没有觉得自己的文章有什么缺点啊？

生：我觉得思路有点乱。

师：哪儿有点乱？

生：就是有点想到哪里写到哪里的感觉。

师：哦，想到哪儿写到哪儿，那不一定乱，有时候还非常好，可能是写作的高境界。好的。其他有没有？没有？下一次再读，或许就会有发现。我倒觉得中间“如果没有应试教育……如果没有应试教育……”这两段议论不够好，可以更含蓄一点，简洁一点。因为毕竟是记叙文，议论太多了，会破坏它整体结构的协调，会破坏它的美感。

好的，这篇文章，总体上是非常成功的。那么别人写得成功，我们该怎么办呢？羡慕？嫉妒？嫉妒，是小人；羡慕，太平庸。我们怎么办？我们要善于据为己有，对不对？怎么据为己有呢？有同学说，下次考试，我就写“我因考试狂”，那叫抄袭。“据为己有”应该理解为“化为己有”。有个成语大家应该知道，叫作“他山之石，可以——”

生：可以“攻玉”。

师：但这样说不够恰当。好文章本来就是“玉”。他山之石，可以攻玉；他山之玉，可以攻器。现在，我们来看看黄津汝同学的这篇文章，如果我们不套用不抄袭，你怎样化为己有啊？

首先，这样一个话题，这样一个材料，我们可以写不同的文体，表达不同的主题。大家想想，看到这个材料，你最容易写什么文体？

生：议论文。

师：对。写议论文。黄津汝的文章后面还有一个“写作缘由”。我觉得很有启发。她的写作缘由是什么呢？

（PPT出示“写作缘由”：奥巴马来华访问，是件不容忽视的大事儿。可就在奥巴马在上海科技馆演讲，并接受青年学生提问后，网上便起了轩然大波。因为在谈到事后的感想如何时，他只说了一句，中国青年对英语很好学。并且就网民们来看，被提出的六个问题中也只有一两个是有价值的。）

大家再看看这几个学生提的是什么问题。（PPT出示有关资料，此处略）看好了吗？觉得这几位同学提的问题质量很高的，请举手。（一位同学举手）哦，这位同学觉得很满意，你说说，你感觉最精彩的是哪一条？

生：关于“和而不同”的那一条。

师：“和而不同”这条，你比较喜欢？为什么？

生：中国和美国有不同的文化，而在“文化交流”的时候，应该遵守“和而不同”这条原则。

师：好的，你主要是喜欢这一条。请坐。同样的话题，这位学生的立意和黄津汝就不同了，是吧？大家觉得提得最差的是哪一条？

生：最后一条。第六条。

师：哦，第六条是最后一条。你认为第六条最差。我也觉得这个提问比较差。黄津汝当时比较关注的，是那位获奖的学生。当然，各人有各人的看法，我们今天不去深入谈这个问题。黄津汝根据这个话题这个材料写出了这样的优秀作文。她可以写出一篇记叙文，我们可以写议论文，对吧？她否定，我们可以肯定。同是否定，立意也可以不同。黄津汝批判的矛头指向应试教育，我们如果不指向应试教育，还可以指向什么呢？

生：我觉得可以批判奥巴马的形式主义。他来中国，只是为了敷衍一下我们。

师：哦，这位同学的眼光很独特。也可以啊！你的意思，问题不在我们的大学生提问比较差，而是奥巴马这家伙太坏，是吧？可以可以，也是一个角度。

生：我觉得可以批判这几个同学在这种国际性的场合上面为什么不用中文？

师：首先我想纠正一下，我们刚才一个词用得不好——“批判”这个词用得重了，是吧？我们是借六位同学的提问这个话题来思考问题。不是“批判”他们，更不应该批判他们。几位同学是无辜的，像你们一样的无辜。这位同学说的问题是：几个大学生提问为什么不用中文呢？这个问题我深有同感。我们现在到处是英语的世界，比方说打个电话查询机票，一接通话筒里跳出来的不是中文，是什么呢？是英文。学英语是好事，但是这样一种畸形的“英语热”就很可怕。这个同学的话题，很值得一说。母语的冷落，英语的狂热，从表象上讲这没有问题，但这背后隐藏的，是一个民族自尊民族自信的问题。我觉得这位同学可能也是这样想的。这样的外交场合，你奥巴马到我们中国来，我们中国学生提问，为什么要用英语呢？所以奥巴马的话刺伤了这么多国人的心，恐怕也与此有关。这是一个话题，还有什么可说可写的吗？（指名一位同学）

生：没想好。

师：哦，没想好，没关系，接着想。其他同学有没有想好的？你们有没有想过，那些同学为什么不能提出更大气、更有深度、更有高度的问题呢？你看：“你来这里，带了什么呢？”“你又从我们这里，带走什么呢？”多么幼稚！幼稚的背后是什么呢？记得王国维的墓碑上有陈寅恪写过的两句话——“独立之思想，自由之精神。”缺少的就是这些。缺少的是一种独立的思考，是一种自由之精神！好，我说多了，其他同学有没有话说？请举手。

生：我觉得他们提的问题都无关痛痒，就是不够尖锐，我觉得是一种精神的丧失。在我们前面的时代，有五四运动啊，这些青年的精神都是非常尖锐的。到我们现在这个年代，把“中庸之道”贯彻得太彻底了！就是，就是完全是那种畸形的感觉。

师：我知道你有很多想法没表达清楚，但我能理解你的心，理解你的想法。刚才你说那些学生说出来的话都无关痛痒。为什么无关痛痒呢？因为他缺少一种承担，缺少一种担当。所以他们说的话就无关痛痒。对不对？好，你们看，津汝同学这一篇文章，唤起我们这么多想法。文体可以换一换，立意可以有更多不同。这就叫作“借他人之玉，琢我的宝器”。我们今天主要不是谈论奥巴马的问题，我们是讨论写作的问题。

现在请同学们思考一个最难的问题，黄津汝写的是记叙文，如果我们也写记叙文，而且和黄津汝的写法还不重复，大家想一想，可以从什么样的角度写呢？这个问题有意思也有挑战。

生：我觉得可以从奥巴马的角度出发，假设我是奥巴马——

师：假设你是奥巴马来写记叙文，有意思，继续说。

生：假设我来中国接受提问，然后我看到这样一群学生，我有什么反应。

师：你主要写什么？

生：就写这些中国学生非常追求英语，但对于中文却这样冷漠啊，然后，对这种东西有一种想不通的感觉，然后就是自己没有办法理解中国的学生。

师：很好很好。请坐。这位同学，你看，她很敏感，或者说很敏捷。黄津汝写的是六位提问者中的其中一位，她可以用奥巴马的口吻来写记叙文。大家一起动脑筋来想一下，如果写奥巴马的心理，你们觉得应该侧重写什么内容？

生：黄津汝写六个学生，就是写他们的心情。其实也可以描写奥巴马的心情。可以写他一开始，是满怀期待的心情。

师：他在想中国学生会说些什么。

生：后来感到特别失望。

师：她写一个学生的心理过程，我们可以写奥巴马的心理过程，从期待到失望，他肯定预想会遇到挑战甚至会遇到难堪。当问题一个接一个提出来，他心里就越来越放松，最后心里在暗暗快活，在高兴，在得意。你看中国挑出来最优秀的学生，不过如此，太好对付了。如果想得远一点，他估计再过十年二十年三十年……我可以把他的那种得意的心理写出来。对吗？对，完全可以写得更细一点，说不定他原来想过结束一句话说什么，说不定他在家里还学了一句中文之类的准备秀一秀，可是，最后放弃了。他认为，对这样的人，不要用这样的方式，还是用英语说你们的英语学得很用功。我们一起继续想下去，一定很有意思。可是我们要下课了，大家回家再想吧。你看，我们由黄津汝的一篇作文，生发出这么多好的想法。这种写作文的方法，叫作“在别人的树上开出自己的花”。

好的，我们今天的这节写作课就结束了。

第八章

站在门里教作文

说作文教学是语文教学的难题，恐怕持否定意见的人不多。而讨论作文教学的出路何在，什么样的语文教师才能教得好写作是一个绕不开的问题。现实的情形是：会写的，未必会教；会教的，未必会写；自以为会教的，效果未必就好；根本不会教的，似乎效果也不差。教师写作素养和作文教学之间到底是什么样的关系，是一个很值得我们一探究竟的话题。本章我们就这个复杂话题说说我们的认识。

懂得写作才能教作文

10年前我在某省做一个作文教学的讲座，讲座结束后一位大学教授问我："你觉得你的讲座有用吗？"我听出他的话暗藏玄机，于是也和他绕起弯子："说有用，也没有多大用；说没有，也有点用。"没想到他直截了当地说："不会写文章的老师教不会写文章的学生，不管什么新课改新理念新教材新教法，统统没用！"话很尖刻很刺耳，甚至有些偏激，但的确不无道理。

后来在一所师范大学和未来的语文教师们讲座，当我说到上面这位教授的话，一位同学站起来就问："难道教师一定要会写作才能教作文吗？那么请问什么叫会写作呢？只有像作家一样才叫会写作吗？难道作家就一定能进行作文教学吗？难道每一位教师的写作都必须超过他的学生吗？"接着他引述某游泳世界冠军的教练并不会游泳的例子进行反驳。年轻人气盛，说话咄咄逼人，逻辑上很多漏洞，我暂不讨论，但他的话也不无道理。

由此不难看出：教师的写作素养和作文教学之间的关系，是一个很复杂的问题，并不能简单化地得出一个结论。

他们的话使我想到现实中的种种现象：有些老师真的不会写作，但他的学生作文未必就差，甚至他的作文教学也很受学生欢迎，或许也很有效；有些老师很有写作才华，但他的作文教学未必就好，学生的作文也未必就写得比其他班级好；有些老师的作文教学基本无所作为，学生的写作也没有明显逊色；有些老师的作文教学颇为用心，学生的写作也没有明显优势。这里面的原因非常复杂，但如果单从教师写作素养和作文教学的关系这个角度思考，我的基本想法是：不会写作未必不能教写作，会写作未必就能教好写作。这么说，是不是认为教师写作素养和作文教学没有关联呢？是不是否定教师写作素养对作文教学的影响呢？当然也不是。我的基本观点是：会写作才能教好写作。语文教师不一定要有不同寻常的写作才华，也未必要写出多少好的文章作品，但必须懂写作。只有懂写作，才可能有效地进行作文教学；只有懂写作，才能教得好学生的写作。

那么，什么是懂写作呢？懂写作和会写作有什么不同呢？

懂写作首先要能够认识到不同写作类型的不同特点，对中学作文教学有准确的定位。不了解写作的复杂性，不了解写作的不同类型的不同特点，把中学生写作和作家的自由写作混为一谈，把中学生写作看成是单纯的应试技巧训练，对中学生写作提出不切实际的要求，脱离实际地拔高标准，是当前作文教学的主要问题。而这些问题的根源就是不知道中学生的写作是什么样的写作。一个懂得写作的人，对此应该有清醒的认识，应该知道中学生的写作本质上是非自由的指令写作，绝大多数学生只能写出文从字顺、言之有物、切题得体的一般文章。文学式的作品，竞赛中出奇制胜的获奖文章，乃至中高考中凤毛麟角的高分满分作文，都不是中学作文教学的任务，或者也不是我们通常的作文教学能够教出来的。明白了这些，就不会为难自己，也不会为难学生，就知道力气应该花在哪里，就知道应该怎样花力气。

懂写作首先是能够把握写作的基本规律，了解中学生写作能力提高的基本路径。一个懂得写作的语文教师，应该知道不同类型的文章的写作能力是通过什么途径提高的。比如文学创作的能力，恐怕依靠训练几乎是没有用处的。几乎没有作家是大学中文系培养的，更不是中学的作文训练所能培养的，甚至恰恰相反，中学的作文训练只能戕害作家而不可能培养作家，韩寒、郭敬明都是典型案例。一个懂得写作的语文教师，应该知道学生应对考试的写作能力，不能没有一定的应考训练，但仅仅靠应考训练，或者说只是搞应考训练也是没有用处的。现在的问题就是两个极端：一种人一味强调所谓的自由作文，最后似乎学生的作文也没有写好，不仅应对考试不行，自由创作也没有多大成就，有一点成就的就是那几个有天赋的人；还有一种人，就是拼命搞应对考试的训练，从初一到初三，从高一到高三，按照类型训练，按照话题训练，按照能力点训练，按照写作方法训练，能想到的都搞了，一切照搬考场的机制，包括打分都是和考试一样，最后似乎也没有什么成效。因为这些都是违背写作基本规律的做法。自由式写作，激发了学生的兴趣，让学生享受了写作的幸福，积累写作的体验，但因应对考试的游戏规则和这全然不一样，甚至相反，就像不知道比赛规则的教练训练运动员，结果可想而知。单纯的应考式作文教学，有的只是技巧，只是所谓的方法，丢弃的是最主要的最根本的素养训练能力训练，就像一个教练，即使让所有运动员把比赛规则倒背如流，比赛也终究不能获胜。遵循规律的做法是两者的互补和共生。

懂写作首先要理解中学生作文的特殊处境，能够站在学生的立场指导学生的写作。一个懂得写作的人，一定会知道不同的生存环境和写作环境决定了不同的写作方式，而不同的写作方式又制约写作的质量和作品的质量；一个懂得写作的语文教师必须对中学生的写作处境有全面深入的了解，否则他的教学就难免隔靴搔痒。他的话学生不要听，他的要求学生做不到，学生需要的他不教，他教的学生没有用。教学下水作文，曾经有过争论，最近几年似乎又时兴起来了。作文课上，老师几乎总要秀一段，甚至是一篇。但效果怎么样呢？就我听的课来看，有的的确有效，有的几乎没效，甚至是反面的效果。是什么原因呢？一个重要的原因，就是教师并不真的了解学生的写作处境，说到底就是没有真的“下水”。有位高三老师下水作文给同学提供示范，话题是某省关于时尚的话题，教师的作文搜集的时尚素材的确非常丰富，从语言到服饰，从生活方式到爱情态度，剖析也的确很深刻，对照高考要求或许真的能得高分乃至满分。可这样的下水对学生有用吗？我说没有。首先我们的学生是在考场写的，不可能像老师一样到网络上去搜索。有的人会说，要写好文章就要关心生活啊。道理当然是对的，可是现在有多少中学生有时间像这位下水老师一样关心生活呢？就是现在的老师，又有几个能像这位老师一样关心生活搜集了这么多时尚呢？我就不行。一个老师不了解学生的写作处境和写作方式，他的作文教学效果肯定是不理想的。

懂写作首先是自己具有较为丰富的写作体验和经验，能够将自己的写作经验和体验转化为作文教学的资源。我对下水作文提出一些讨论问题，这并不意味着我否定下水作文。但我并不主张简单化的和学生同题同时一起下水，而是主张中学语文教师是应该坚持写作的。一个从不写作的人，就不可能真正了解写作规律，也不可能真正了解写作教学的规律，他的作文课只能是讲写作知识，讲写作方法，或者出个题目让学生写，然后根据自己的好恶打个分了结。其实写作知识、写作方法，书本上多得是，并不需要老师们讲。即使要讲，也是老师用自己的话语讲，结合自己的写作体验讲，这才是学生所需要的。某种意义上说，教师自己的写作体验是作文教学最重要的教学资源。一个懂得写作的老师，应该是从自己的写作中获得对于写作和作文教学的理解，而不是从书本上获得，至少应该是把书本的写作知识和自己的写作体验融合在一起，形成关于写作的教学内容。

多年来，我们一直致力于共生写作的探索实践。而共生写作的一个重要的类型就是教师写作和学生写作的共生。在作文教学中，教师靠什么去调动、激发和指导学生的写作呢？我以为主要不是靠知识讲解，也不是靠方法传授，更不是依靠简单反复的写作训练，最有效的是靠教师鲜活的写作体验和丰富的写作经验去激活学生的写作，是依靠多种形式的师生共生写作活动实现写作教学的目的，让学生喜欢写作，感受写作，认识写作，学会写作。

由以上的内容不难看出，“懂写作”和“会写作”不是一个概念，对于中学语文教师来说，“懂写作”比“会写作”更为重要。有人说：要求中学教师会写作要求太高了。其实并不是这么回事。会写作，不一定懂写作，会写作很可能是擅长某一方面的写作，会写作很可能会写而说不清楚，更不一定会教别人写作。懂得写作的人，或许写作方面并没有很高的成就，但对写作有比较全面的了解，懂得写作的人，更懂得如何去指导别人的写作。这就是我们强调中学语文教师应该懂得写作的原因。

因此说，中学语文教师不一定会写作，但是必须懂写作。

语文教师懂写作，才能有比较正确的写作教学理念。现在有些老师或者简单化地提倡自由作文，或者一味进行应试作文的训练，或者用文学创作的方法指导学生写作，或者致力于指导学生写作的方法和技巧，这都是由于不懂写作而造成的。懂得写作的老师必然知道，中学生的作文不能等同于文学写作，也不同于作文竞赛，它有着自身的写作规律。简单化地表现生活，表现自我，表现真情实感，都不能解决问题。

懂写作的语文教师才能对学生写作提出合理要求。脱离学生实际提出过高的要求，也是目前作文教学的一个很严重的问题。就高考作文评价标准来看，提出了“新颖”、“深刻”、“有文采”等发展等级的要求。我以为，这是不懂得中学生作文的特点造成的。我在多篇文章和多次讲座中指出，按照目前的高考作文评分标准，语文教师有多少能达到要求呢？阅卷老师有多少人达到要求呢？命题人又有几个能达到要求呢？大家都做不到，却要求学生做到，这就是不懂得写作的规律。

懂得写作的规律，就能合理安排中学的作文教学。很多人发现，目前的作文教学杂乱无序。但有没有一个序呢？又应该是一个什么样的序呢？如果以为应该有一个序，安排好初中三年的写作，先写什么文体，后写什么文体，一共有多少次写作，分别写什么内容，各达到什么目的。这就是不懂得中学作文教学的规律。但如果以为中学作文教学就是杂乱无序的，则又是走到另一个极端，也是不懂得中学作文教学。即使应对高考，其实也是有规律可循的。三年怎么安排，两年怎么安排，一年怎么安排，三个月怎么安排，一个月怎么安排，三天怎么安排，在考场怎么安排，都是有规律可循的。而只有真正懂得写作的老师才会掌握其中的规律。

只有懂写作的语文教师，才能采取科学的方法指导学生的写作。现在很多老师都注重方法的教学，什么取材的方法，什么审题的方法，什么构思的方法，什么安排结构的方法，什么种种表现手法。其实这都不能从根本上解决问题，作文的问题主要不是方法的问题，不管你教给他多少方法，没有必要的积累，没有一定写作经验，方法根本不起作用，甚至适得其反。只有懂得写作，掌握了写作方法的语文教师才能找到有用的可行的方法。

教师的写作素养和作文教学是什么关系，什么是懂写作，懂写作和会写作有什么不同，都是很难说清楚的问题，本文也只是表达我们一些粗浅的想法，若能引起大家的关注和思考，也就大喜过望了。

教师写作素养的内涵

语文教师的写作素养，既指教师自身的写作能力，也指组织作文教学活动指导学生写作的能力。那么，语文教师应有的写作素养主要包含哪些内涵呢？

一、有思考的习惯

“我思故我在。”帕斯卡尔如是说。文章更是思想的产物。“文章，经国之大业，不朽之盛事”（曹丕《典论·论文》），古人把文章提到这样的高度来论述，不是注重文章的文字技巧，而是强调文章的思想光辉。文字是要有思想含量的，文章中的景、物、事都含有思想的盐分。这些看来既抽象又具体的思想品格及其修养，对写作活动具有决定性作用。这方面的素养一旦失却，文章纵有锦绣词句，也只能是风花雪月无病呻吟，文学史上赋与骈文的雕虫小技和宫体诗的沉沦，就是例证。中学生的作文固然不能同于作家的创作和思想者的表达，但无病呻吟、认识幼稚绝不可能写出好的习作。就这个意义而言，语文教师必须能够引领学生的思想成长。因此，优秀的语文教师就是一个思想者，至少具有思考的习惯，对生活，对人生，对世事，对时事，对文学，都应该有自己的思考和见解。

二、有文化的积淀

文章往往体现一定的文化意识，或与传统文化有关，或与外来文化有关。所以，“课标”要求我们“拓宽文化视野和思维空间……以发展的眼光和开放的心态看待传统文化和外来文化”。无论是生活类作文，还是文化类作文，我们都应该站在人类文化的制高点上看问题，努力把问题看得更清、更深、更远、更全面。而文化类作文，更在高考中以古典的韵味、隽永的诗句、熟悉的名人、精致的文言吸引阅卷人的眼球，获得高分，这也是不争的事实。在这种情况下，语文教师应该拥有强烈的文化精神、厚重的文化底蕴和广阔的文化视野。唯其如此，才能具备与学生作文进行对话的思想高度，才能以自己的文化视野影响学生的文化视野，使学生的作文变得深广而不短视，厚重而不肤浅，大气而不狭隘。

三、有生活的基础

杜威提出过“教育即生活”的著名命题，其实对于作文来说，更是“作文即生活”。美国教育家华特也说过：“语文学习的外延与生活的外延相等。”尤其是在作文教学时，如果教师“生活的外延”相当狭窄，对生活的认识和感悟肤浅，就很难将“关注生活，汲取源头活水”的写作理念有效地传达给学生，光靠空喊口号怎么能给学生很好的启发，怎么能有效地引导学生写作呢？这就需要语文教师热爱生活，关注生活，创造生活，在生活中收获素材，收获细节，收获语言，收获哲理。在写作指导中，没有生活基础的教师，特别喜欢在学生中间宣传文化散文的写作，片面地强调所谓“书卷气”、“书香气”，因为这样做可以遮掩生活基础的贫乏。文化散文作为一种体式，自有其存在的价值，但在常态写作中，“写生活”仍然应该是主流，而即使是文化散文，也仍然是需要拿现实生活做基础的，因为“一切历史都是当代史”（意大利哲学家克罗齐）。生活基础厚实的教师，他往往具有容纳文化散文的胸襟，也不缺乏指导好文化散文的眼光，但更善于引领学生观察生活、体验生活、思考生活和表现生活。

四、有科学的理念

一个语文教师，必须对写作和作文教学有科学的认识和理解。理念决定行为，认识的偏颇，必然导致写作教学的低效或无效，甚至用力越多效果越差。更重要的是，必须能够与时俱进不断提高自己的认识，丰富自己的认识，吸收正确的先进的理念。企业界有句话叫“视今天为落后”，说的是要面向未来。就写作的观念来说，不用说“面向未来”，如果能够做到“面向今天”，就已算是很先进的了。语文教师要做到“与时俱进”，就不应该停留在从教之前的观念上。知识日新月异，文学不断涌动新的思潮，文学理论研究常有新的发现，写作学也在不断发展，写作知识也在不断丰富。如果我们还总是抱持从前的写作理念，在写作和写作指导上就显得底气匮乏，捉襟见肘，更遑论游刃有余，纵横捭阖。

五、有“下水”的能力

三“字”一“话”，曾被认为是语文教师的面子，想必所有的语文教师都很在乎。其实，语文教师的面子还应该包含一“文”，即一篇文章。一个经常写文章的语文教师或许并不一定能教学生写好文章，他的作文教学未必就很理想，但从不写文章的老师要教学生写好文章就绝不可能，要有理想的作文教学更是痴人说梦。叶老曾经十分强调“下水作文”。有很多优秀的老师始终坚持和学生一同下水。对一般教师而言，始终和学生一起下水，可能有些苛求，但从不下水，恐怕问题就很严重。我们必须具有“下水”的能力，必须坚持常常下水或者偶尔下水。至于具体写什么，则不必强求统一。能写“下水文”，很好；能写文学作品，也不错；哪怕写一点片段文字，写一点随感文字，或者能够站在学生的立场思考具体题目的写作，也很有意思。

六、有命题的水平

一般来说，学生作文的题目都是教师给的，而且常常是已经在作文稿纸上或者试卷上印好的，即使是所谓“题目自拟”也受所供材料和所提要求的制约。所以，学生所写的文章大体都属于讲究规矩方圆的“状元文章”，而不是作家自由写作的“才子文章”。可以说，作文命题不仅影响着学生的写作水平，也影响着写作训练的效果和作文教学的整体质量。白居易说过：“人间要好诗。”我们也可以说：“写作教学要好题。”善于命题，应该是语文教师的看家本领之一，是语文教师写作素养不可或缺的方面。因此，语文教师就要认真而严肃地对待作文命题，要深入研究命题的规律和特点，要把命题作为一门学问来做，努力提高自己作文命题的水平。

七、有鉴赏的眼光

只是一味地让学生去写，是事倍功半的做法；而在短暂的学习年段里，要使学生作文取得事半功倍的效果，就需要教师对学生作文进行精心指导。作文指导的得法与得力，无疑是与教师鉴赏作文的眼光分不开的。如果教师发现不了文章构思的独特之处、技法的成功之处、语言的精微之处，发现不了思维的特点、主旨的意义、文化的底蕴，发现不了思想的深刻、意境的深邃、哲理的丰富，那么指导学生作文就会平庸乃至拙劣，作文教学就会低效乃至无效。教师有鉴赏的眼光，稍加点拨，便能使学生茅塞顿开，提升到一个新的境界；教师缺乏鉴赏的眼光，即使大讲特讲，也只会使学生感到平平淡淡，了无新意。

八、有评改的能力

改作文是语文教师的一项重要的工作。但这项工作不能仅仅作为教学任务来完成，而要考虑怎样批改才能真的有效果。语文教师不一定经常写文章，但一定会经常评改文章。所以，在作文教学中，教师的评改能力就显得非常重要。这种能力既体现在说——课堂的讲评上，也体现在写——作文稿纸的评语上。比较起来，课堂上的讲评容易一点，因为语文教师的口才都很不错，但是在稿纸上写出言之有物、容易为学生接受的评语，特别是个性化的、针对性的评语，却很不容易。

以上几个方面，大体可以涵盖语文教师应有的写作素养。但参照这些要素，我们不难发现，现实中语文教师的写作素养是有缺失的，甚至有严重缺失。

表现之一是写作知识陈旧，对写作的认识偏颇。

很多语文教师在进入教师角色之后，因为工作负荷和职业倦怠等诸多因素的影响，往往满足于已有的知识，不知道也不想知道写作学和作文教学的发展，固守着自己读书时获得的写作知识。

由于对写作教学缺少研究，很多老师对写作的理解肤浅乃至偏颇。有的认为，只要多写，就能提高写作能力；有的认为，只有多背好文章，作文才能写好；有的认为，作文课就要多讲写作知识；有的老师则认为，写作技巧和方法才是最有用的。

表现之二是写作意识淡薄，“下水”能力疲弱。

有人说，现在很多语文教师的文章都没有学生写得好。这话有些极端，但不无道理。如果真的让语文教师上考场和学生一起写作文，写得没有学生好的一定大有人在。能把文章写得像文章，各种常见文体都能写得像样的语文教师，可能为数真的不多。

笔者曾经对4所学校200多位语文教师搞过一次问卷调查。调查发现，平时喜欢动笔，经常写文章的有21位，不到9%；平时喜欢动笔并且经常有文章发表的有18位，不到8%；建有自己的博客，能保持更新且注重原创的有27位，约为11.4%；建有自己的博客，偶尔更新的有67位，约为28.3%；而在“近三年来写过多少散文随笔或专业类文章”一项中，有179位（约为75.8%）老师的回答是没有；“迫于学校奖惩制度的压力，每学期写上一两篇”的则多达106人，约为44.9%；更有甚者，有约为10%的每学期工作总结“同去年”或是在网上下载了事。

表现之三是写作能力“偏科”，作文评价失准。

有些语文教师具有良好的文学素养，自己的文学创作搞得的确很不错，能诗能文甚至小有成就，但常见的一般文体的写作却捉襟见肘，指导学生写作的却没有有效的办法，自身的写作素养不能为写作教学服务。这并不是我们提倡的“教师写作素养”。如果纯粹为了自身的爱好或者追求，不顾甚至影响了学生写作能力的提高，这样的写作素养于写作教学就无多大益处。而且教师应具有的写作素养，应该是全面的、基础的，而不是在哪方面具有特长。

也有些老师缺少起码的写作评价能力，不要说在平时的作文评价中常常对学生的习作错加评判，优点说成不足，缺点当作特点，对作文的修改提不出具体的建议，对作文的提升更是缺少好的办法，只能说些空洞无用的套话。即使在中考作文批阅和高考作文批阅中，误判错判的情况也不鲜见。

总之，对照作文教学的要求，目前语文教师的写作素养是不尽如人意的，这应该引起我们的高度重视。

语文教师要写点文章

我一直鼓吹一个观点，语文教师不能不写文章。

说这句话，我的底气是不足的，因为我的文章写得实在一般。虽然我曾经大言不惭地在课堂上和一些公开场合说自己几乎写过各种体类的文章：从散文到诗歌，从小说到杂文，从文学创作到领导讲话，从正经论文到随笔小品，从贺信到唁电，从悼词到碑文。当然，都是些拿不出手的东西。或许，这正是语文教师写作的特点，不求专业，不求有特别高的质量，甚至不求具有很高的文学性，但应该各种基本的文体都能写。

但我还是坚持自己的这一观点，因为这对做一个语文教师实在太重要了。虽不能说不写文章的教师就不是好的语文教师，但可以肯定地说是一个素质不全面的语文教师。

写文章是语文教师必须具备的基本素养。听说读写，是语文的四种基本能力。四者缺其一，基本素养就有了问题。更重要的是，不敢想象自己不会写文章不肯写文章的语文教师，可以教好学生的作文。一次在某高校和未来的语文教师们表达这样的观点，一位同学认为我的观点过于绝对，并举出一位游泳冠军的教练并不会游泳的例子加以反驳。我相信他的例子是有根据的，但我并不因此改变自己的想法。个别特殊的例子，并不影响一般结论的正确。新课程标准强调语文学习的体验和语文实践，我想不仅对于学生来说是如此，对于老师也是如此。应该说，教师没有直接的写作体验，缺少必要的写作实践，是目前作文教学效率低下的原因之一。

写文章，能提升我们本来属于经验型的感受，能澄清我们本来比较模糊的认识，能深化我们关于语文的思考。曾有位非常优秀的语文前辈对我说："我的课学生很喜欢，学生考试成绩也很好。我为什么要写文章?"他说的是事实，可我告诉他，如果他多写一点关于语文教学的文章，他的课会更好，而且更多的老师会得益于他的教学。现在评职称是需要论文的，于是很多老师为了职称而不得不写文章。参加职称评审，读了一些老师的论文，常常感到心疼。那些文章不是写出来的，而是拼凑出来的，是挤出来的。读着文章，我都能感受到这些老师在拼凑这些文章时的痛苦。我常喜欢用一个比喻来说明写论文和教学以及教学研究之间的关系。我们和语文，就像一对相爱的恋人，爱情成熟到一定时候，自然会有爱情的结晶——论文的诞生。如果抱着生孩子的目的去恋爱、去结婚，实在是无趣而可悲，那滋味一点不浪漫也一点不美丽。简单地说，写论文，应该是我们和语文相爱的自然结果。它升华了我们对语文的爱，也深化了我们对语文的理解。

当然，我说语文教师要写文章，主要的并不是指写论文，而是指写一点文学类的文章和“下水”作文。文学不是语文的全部，却是语文很重要的一部分。一个语文教师不能没有一点文学素养，尤其不能没有一点诗意。我和我们班的女同学说，将来嫁人，宁可嫁一个钱不多但有一点诗意的人，千万不可嫁一个钱不少但没有一点诗意的人。俗不可耐，钱再多也没有品位；没有品位，钱越多越没有意思。一个语文教师，没有一点诗意，肯定不是一个优秀的语文教师。我还带点偏激地和班上同学说：一个人一辈子没有写过一首诗，精神世界是残缺的。如果对所有人都这样要求，有点苛求；而对一个语文教师来说，这恐怕是最基本的要求。对于语文教学，我不是一个追求浪漫和浮华的人，近年来我竭力鼓吹的是“本色语文”，但我依然认为一个语文教师是不可缺少诗意的，因为没有诗意的眼光和境界，是无法走进语文的世界的。

对于“下水”作文，一直是见仁见智。我不是简单化地主张教师要和学生同步地“下水”写作，因为教师在许多方面和学生有着很大的不同。但我提倡教师能够经常写一点文章，尤其是以学生的立场去写作，去体验，去思考。知道其中的甘苦，对于我们探索作文教学的规律，改进作文教学的方法，提高教学的效率，都是非常有意义的。

“教学性写作”的特点及意义

“教学性写作”，是指教师能对作文教学产生积极意义的写作，包括教师的“下水作文”、教学论文写作以及文学创作等多种方式。

“下水作文”，是“教学性写作”的重要内容。叶圣陶先生说：“语文老师教学生作文，要是老师自己经常动动笔，或者作跟学生相同的题目，或者另外写些什么，就能更有效地帮助学生，加快学生的进步。经常动动笔，用比喻的说法说，就是‘下水’。”可见，“下水”写作不单单指与学生同题写作，还指其他“能更有效地帮助学生”写作的写作。

苏立康教授曾指出教师写“下水文”具有三方面价值：“1. 展现教师本人写作时的甘苦、得失，传送给学生写作的‘金针’。2. 教师‘下水文’作为特殊的习作样例，成为不可取代的教学资源。3. 教师主动写作，平等地参与，与学生一起构建起和谐的写作共同体。”这与叶圣陶先生对“下水文”的理解基本一致，但也有不同。叶老更侧重于教师经常写文章可达到“熟练”、“具有敏感”的境界，可以更有效地帮助学生改作文和提供帮助；而苏教授更侧重于“下水文”的独特的资源性价值和对构建和谐的写作共同体的意义。苏教授的观点，凸显出“下水文”的课程价值，对我们的教学实践产生了积极的指导意义。

特级教师李卫东，则以他的一则写作案例生动地演绎了“教学性写作”丰富的内涵和课程价值。李老师有次出差途中，坐在火车上，看到落日，听到《橄榄树》的音乐，莫名地感动，不禁忆起童年生活，他随即在笔记本电脑上写起来。列车到站时，他的《开往远方的列车》也基本完成。第二天，他将这篇文章署上笔名“鲁中”，发给学生讨论。并且要求学生给鲁中先生写封信，可以探讨文章写作方面的问题，也可以与鲁中分享自己的童年。收上信以后，李老师发现不少学生写得非常棒，就挑了两位学生的信打印出来，连同《开往远方的列车》（这次署了真名）一并发给学生。学生发现“真相”后，叹佩不已，有学生写：“不知为何，当我重拾起《开往远方的列车》这篇文章时，我感动了。这份感情绝对比我初读它时来得真挚、来得深刻。老师，其实您当初没有必要隐去真名而化用笔名。正是由于了解到这份经历是属于您的童年，才更增添了一份真切的感觉，因为它让我发现了平日课堂里无法发现的您的内心世界。……”李老师也深有感触：“老师要乐于和学生分享、交流。老师的文章会起到其他名家名作无法起到的效果。”

李老师的这则案例可谓“教学性写作”的经典案例，我们由此可以发现“教学性写作”的基本特点。

第一，老师要有勇气且乐于将自己的作品与学生分享、交流。

20世纪70年代美国在写作教学上颇有建树的大学教授叶格雷夫斯说：“写作即自身的暴露——我们英语教师都不得不成为专业上的裸体主义者。”在“教学性写作”中，暴露自己的勇气必不可少。我们要如李老师一样，勇于亮出自己的作品。学生阅读老师的作品总是较阅读名家名作来得亲切，正如李老师的学生所说：“了解到这份经历是属于您的童年，才更增添了一份真切的感觉，因为它让我发现了平日课堂里无法发现的您的内心世界。”因此，我们老师也不必惶恐于作品的青涩。

席慕蓉说：“一个人有热情才会有才情。”我说：“有了老师的写作热情，才会有学生的写作才情。”从这个意义上说，老师写作的重要意义在于鼓舞、激励。同甘共苦，总比遥控指挥更有感染力。王栋生老师有次和学生同写作文，当堂完成两篇，贴于教室。学生围观、评论，很受触动。当然，我们未必有王老师的浩浩才气，但我们也要勇于亮出自己的作品，比如晒晒自己的微博，而这就是对学生写作热情最有力的唤醒。

第二，老师出示自己作品的动机要单纯，要为写作教学服务。

我们发现，非常出色的语文教师，几乎没有一位不与学生分享自己的作品的。但是，出示作品的动机一定要单纯。如果是为着炫耀而出示，却不能指向学生写作素养的提高，这样的写作不能算是“教学性写作”。有这样一类教师，素喜文学，笔力雄健，偶尔也有文章见诸报刊，但多属自娱，虽然也频频出示给学生，但并不能转化为“教学生产力”，学生习作水平并不见提升。

而李老师作品的出示就具有明确的教学意义：1. 他将自己的文章放在学生写作之前展示，发挥了这篇文章作为诱发学生写作动机的文本价值。2. 学生写作完成后，他还原“真相”，是为了激发学生的趣味，且与学生佳作放在一起以供写作讲评之用，并通过教师写作过程的还原，巧将“金针”相度。因此，老师应有意识地将自身作品纳入教学情境中考虑。

第三，老师应与学生平等交流，成为“写作共同体”。

李老师的难能可贵之处在于，第一次出示文章时化用笔名，而要求学生给远方作者写信分享自己的童年，这样就消除了学生因知道作者而有可能产生的敬仰心理。如此设计，体现出李老师对学生写作主体的尊重。师生同写童年经历，真正成为“写作共同体”。李老师不仅是此次写作活动的策划者，更是平等参与者。

而我们部分语文教师依凭自己的写作优势，俯瞰学生的写作。因为俯瞰只会带来高度上的差异，所以老师的写作与学生的写作之间，总迸不出平等对接的美丽火花。为此，老师应主动参与到学生的写作中去，以平等写作者的角度，体验写作过程，并给出切实有效的指导。手牵着手，一起走向远方，才是“写作共同体”的魅力所在。

关于“教学性写作”，我想起柏拉图著名的“洞穴喻”：一群囚徒住在洞穴里，他们身体受到束缚，不能走动也不能转头，只能看着穴壁上投射的各种影像。其中有些人能解除桎梏，走出洞穴，看到太阳本身。但这些人不应留恋高处的幸福生活，必须返回洞穴，和囚徒们同吃同住，慢慢说服囚徒，带领他们一同走出洞穴。其实，“教学性写作”正是要求我们的老师，既要能“走出洞穴，看到太阳本身”——拥有深厚的写作素养，并且能经常性写作，又必须“返回洞穴，和囚徒们同吃同住”——教师应蹲下身来，和学生平等交流，赋予自身写作以教学意义。

那么，教师的写作对学生的作文有什么样的意义呢?

我们首先应该理性认识教师写作和学生写作的关系。

1. 写作即系统，教师写作和学生写作是两个不同的系统。

结构主义认为，世界不是由物组成的，而是由物与物之间的关系组成的。写作即系统，系统就是一种关系。一个系统之内，具有共同的心灵密码，畅行无阻；一旦超出系统之外，就会鸡同鸭讲，处处掣肘。教师写作和学生写作就是两套不同的系统，很难兼容。

教师写作属于私人写作，学生写作属于考场作文，两者的关注点和指向性大相径庭，写作目的和阅读受众也截然不同。有一年报刊邀请一线老师参加高考作文写作，绝大多数老师得分一般，一类卷基本上没有。岂止是老师，很多作家一听说要写高考作文，也是头皮发麻，浑身发冷。《北京青年报》曾邀请五位作家在考试当天撰写同题作文，尽管没有限时，较为宽容。经高考资深阅卷专家认真批阅后，竟然有4篇文章不合格。

其实，作家得不了高分，并不难理解。专业写作和考场作文，是两个不同的系统。比如文贵含蓄，考场作文你岂敢含蓄？非但不能含蓄，还要小心点题的。高考作文命题有一定的限制性和目的性，不可能不设定范围，让考生随意乱写。除了文字表述，还有考察判断力、价值观的内涵在内，每一道高考作文题，都有自己的价值追求，而且越来越“专业化”，没有经过专门训练的人，根本无从下笔。更要命的是，高考作文命题的价值追求，重感性、重审美、重抒情，常常陷入一元的、片面的抒情惯性之中，感性抒情式命题长期占据统治地位，一味强调真情实感，忽视了真知灼见，理性命题则被打入冷宫；因而难脱“小我”范畴。而作家写作则是以哲学和人生思辨为主，追求分析、批判、理性和反思，关注社会和人生等重大命题。两种不同的思维方式，两种不同的价值追求，两套不同的系统，很难兼容。

2. 写作即生活，教师生活和学生生活截然不同，两者的写作很难真正关联。

很多时候，我们误以为写作是技术问题，以为解决了写作方法，学到了写作技能，学生就能下笔千言，倚马可待。但事实上，写作技巧只是一个指头的问题，甚至连一个指头都算不上。这些年，我们教授的写作技巧还少吗？为什么一到正式写作之中，独抒性灵的文字，发人深省的言论，启迪智慧的篇章，却累届而不见，学生就只能干巴巴地说一些地球人都知道的废话、套话、假话、空话呢？

道理很简单。作文即生活，素材的累积，是生命记忆的衍生。不管是真实的来自实践的记忆，还是从阅读中，从那些一代代物化的经典中得出的间接生活，都是我们生命中不可或缺的素材和营养。材料的分析，则是对生活与生命的阐释；用我们自己的生活和生命去解读材料中的生活和生命，这是生活的交叠，也是生命的交融。每一次材料的分析，都是生活的一次丰富，生命的一次重生。人不可能两次踏进同一条河流。不仅是客观的河流在变，更重要的是主观的人随时在更新。所以，重要的不是材料，不是事实，而是阐释。笔墨的流淌，则是情感与思想的激荡。处于真正的情感之中，应该达到无我的境界。这个时候没有观察者，只有观察。摒弃了一切前见，只有当下，只有存在，如海德格尔所言，存在不断涌现。

一个严肃生活的人，一个理解生命的人，他何须积累材料，何须分析材料，他的生活就是材料，他对生命的理解就是分析。所以，他提笔就写，他的喜怒哀乐，思考忧虑，性情气质……尽在笔端流淌。这样的文字，一定是性情文字；这样的文字，一定色香味俱全，烟火气息浓厚；这样的文字，也必定是有温度有热度有灵魂的文字。因为生命在场，灵魂在场。他写的就是生活，就是生命，他为生命和灵魂而写作。这样的写作，哪里是雕虫小技的技术写作可以比拟的呢？失去了生命的支点和价值底座，学生怎么可能写出真正的生命文字呢？

站在这样的角度之上，思考教师写作和学生写作之间的关系，就会发现，教师的生活和学生生活尽管很多时候重叠在一起，但是，教师生活就是教师生活，学生生活就是学生生活。两者根本不可相提并论，也不大可能产生多么大的共振和共鸣。

3. 写作是关于理解生活、体悟生命的常识，这是难以口传和示范的。

什么是常识呢？常识就是关于生活和生命最基本的认识。人首先要满足生理的需要，衣食住行、吃喝拉撒，其次是安全的需要，不仅是身体的安全，还有心理的安全，心灵自由发展的安全；再次是归属和爱的需要，人是群体动物，必须生活在一定的类别之中，互相辨认，彼此皈依，才会有归属感，才会有爱与被爱的温暖；最后还有尊重和自我实现的需要，人在自我肯定中获得生命的价值。

这些需要都必须实现，这是我们生而为人的权利。每个人都一样。“你站在桥上看风景，看风景的人在楼上看你，明月装饰了你的窗子，你装饰了别人的梦。”这就是生活的辩证法。个体需要层次的提升，就是自我的不断完善。生命无非就是一个认识自我、发展自我的过程；而一个人活着，其实就是一种自我成全，并在此基础上成全他人与社会。

当这些生命常识，转化为我们的生命伦理，深入我们的骨髓，成为我们生命中的必需，我们就能趋向于严肃合理的生活。而当我们以当事者的身份参与这个世界，我们必将发现，他人的存在，正是对我们生命伦理合理性的最好检验。我们自身的生命伦理与他人的生命伦理互相验证，互为镜像，并最终互相编织。这时候，我们恍然明白，我不只是代表了人类，我还是这个物种的全部，我代表着整个人类的心智。原来我们每次相遇他人，相遇自然，相遇写作，只是相遇我们自己，是对内在自我的辨认，是对自我生命的一种照亮。这种照亮，因为具备了共同的伦理，必然掺杂着我们的生命经验与他人的生命经验，融合着不同的生命伦理，我们将因此获得对生命的深入体悟。

这就是写作的常识。但这些常识没有必需的生命历程，是很难认识到位的。这也是老师写作无法真正影响学生写作的一个重要原因。

那么，是不是说教师写作对学生作文没有意义呢？不是。其意义主要体现在以下几个方面：

1.教师写作可以有效地激发学生的写作兴趣。

教师写作的标杆作用，在于教师写作揭开了文字的奥妙，撕开了写作的神秘面纱，给了学生无穷想象。现实中，很多热爱写作的老师，成为学生崇拜的偶像。这种榜样的力量会给学生极大的激励，并逐渐产生浓厚的写作兴趣。教师带领学生，重新经历自己具体文章整个的写作过程，重新经历自己创作中立意的挣扎，构思的彷徨，选材的纠结，灵感骤然获得的狂喜，还有“两句三年得，一吟双泪流”修改的执着，学生或许就会因此敬畏写作，钟爱写作，用全部的生活和生命的积累去写作。教师如果能够和学生一起真正经历一次写作的全过程，哪怕只有一次，根据全息理论，学生或许就会学会写作了。真正的写作，只需要一次，就相对完整了。教师和学生一起写作，互相评点，或许比所谓示范更有意思。学生在批评老师的过程中，会获得很多启迪，下一次他就有了蠢蠢欲动的超过老师的愿望。这个持久的强烈的愿望，就是写作的兴趣和动力。我有一次和全班同学一起写江苏高考作文题“绿色生活”，一口气写了五种构思，被学生作为靶子批驳得一塌糊涂。但是，后来很多学生说，那一次收获最丰。

2. 教师写作可以帮助学生对写作形成正确的理解。

学生写作有时候不是写作的能力问题，而是对写作的理解问题。如何帮助学生界定什么是好的文章，什么是优质的写法，特别是辨析当前泥沙俱下的混乱的写作认识，是教师的责任。

比如我们总是告诉学生要贴近生活，关注生活，但关注生活什么，如何贴近生活，又语焉不详。生活是什么？对学生而言，上课、下课，上学、放学，吃喝拉撒，和同学和老师交往，和家人和朋友交流。这些叫不叫生活？应该说这些都是生活，但学生切近生活，关注生活了，却写出很多千人一面无比乏味的流水账，像懒婆娘的裹脚布，又臭又长。因为这里的生活，并不是你所见所闻的一切生活，而应该是被你的心灵所光照的，被你的心灵所同化的，被你的心灵所提纯的，成为你心灵一部分的独特的人生体验和生活体验，只有这样的生活，才是个性的，水灵的，有生命力的，有价值的。我还告诫学生写作不要丢掉自我，应该说这个要求也是有意义的。但并不是一切自我的东西，就是独特的，个性的。因此，必须摒除自我中的共性面，在贴近生活和贴近自我中，找到两者的契合点，精神升华，题材升级，让生命焕发出个性光彩。这样的文章才是好的。而对诸如此类作文理念的理解，如果自己没有写作体验，仅仅根据课程标准根据教材根据教参书，要和学生“讲”清楚是很困难的。我常常利用自己的写作体验让学生认识这些写作理念的内涵，取得了比较理想的效果。

3. 教师写作还能使教师更清楚地知道学生的写作困惑和学习需求。

作文教学的问题，一是很多教师不知道该教什么，一是一部分教师教了不该教的东西。这两者又都与不了解学生的写作困惑和学习需求有关。写作是一项复杂的学习活动和心理活动，没有直接体验和丰富写作经历的人，很难理解这其中的甘苦。我们当然可以通过观察，通过学生的习作了解学生的写作困惑和学习需求，但一个自己没有写作体验和经验的人，这种观察是肤浅的，甚至得出的结论也是偏颇的，而那些具有直接体验和丰富经历的老师则可以和学生心心相印，很容易产生共鸣。

总之，教师写作和学生写作，既无必然关联，又意义重大，运用之妙，存乎一心。

课例9

“议论性材料的分析与立意的选择”教学实录

师：写作文会遇到一个无法回避的问题，就是审题。材料作文的题型很多，其中有一种是议论性材料，我们今天这节课就来学习议论性材料的理解和分析。

先来看一句话，这句话是苏州某年高三模拟考试的作文题，我将它写在黑板上。

（板书：一个人可以走得很快，但不可能走得很远；只有一群人才能走得更远。）

师：这句话看上去很好懂，但要想写好其实不容易。我们现在面临一个选择，你愿意选择一个人走呢，还是一群人走呢？

选择一个人走的请举手。

（有几位学生举手）

师：毛泽东说过一句话，真理往往掌握在少数人手里。所以，一个人走其实不可怕，说说你想一个人走的原因。

生：如果去死的话，就一个人走。

师：的确是这样，但我们还是更多地考虑生的问题吧。孔子说：不知生，焉知死。在这个年龄考虑死的问题，稍微有点早。（学生笑）

生：一个人走，可以想快就快，想慢就慢。

师：我们要学会概括，你的意思是一人走，可以更自由。（板书：更自由）

师：请赞同一群人走的同学举手。（大部分同学举手）请你们说说，一群人走有哪些好处？

生：我选择一群人走，是因为无法忍受一个人的孤独。

师：是的，一群人走的好处之一，是不孤独。（板书：不孤独）

生：一群人走，可以互相勉励。（板书：互相勉励）

生：一群人走，可以互相帮助。

师：是的，人总有不够高大、不够顽强的时候，这个时候，有一个同伴拉你一把，多好。接着说。

生：一群人走，可以相互启发。

师：是的，一个人的思维总是有局限的，一群人走，可以形成思维互补。（板书：思维互补）

生：跟着别人走，很容易丢失自己。

师：你是从否定一群人走的角度来说的。换句话说，就是一个人走，可以保持自我。（板书：保持自我）

这位同学有着非常好的思维品质，就是当我们在想方设法证明自己观点正确的时候，我们还可以去想想别人会不会是不对的。

我们现在来回顾一下，刚才有几位同学赞同“一个人走”，理由有更自由、保持自我等。更多的同学说要“一群人走”，主要理由有：1. 不孤独；2. 互相鼓励，获得精神慰藉；3. 可以互相帮助；4. 形成思维互补。说到这里，同学们至少可以写两篇文章。

师：说理的最基本要求是要有理有据，这一点我们班同学做得不错。让我们的认识更加深刻，更加全面，我们还可以否定相反的观点，当然也可以否定自己的观点。请同学们尝试否定相反的观点或者否定自己的观点。

生：我否定自己的观点，我刚开始赞同“一群人走”，但现在看来，还得看是一群什么样的人。

师：同学们，你们看，这就叫思想。如果不是志同道合，一群人走就不孤独吗？我上了一辆大巴车，车上有五十多人，但我仍然是精神孤独的，因为车上我一个人也不认识。因此，一群人走未必不孤独。

生：我反对“一群人走可以相互勉励”这个观点。比如我好朋友考差了，我心里难过；他考好了，我心里更难过。

师：哦，你是说要看心胸。一群人在一起并不一定是相互鼓励的，也可能是相互拆台的。是不是？

生：是的。

师：你说得很深刻。同学关系的确是很复杂的关系，有些同学是相互鼓励，有些人却是死在同学手里。

生：我否定一个人走的观点，因为这群人也可以是志同道合的一群人，那么相互之间就不会是负面的干扰。

生：我不同意。即使是一群志同道合的人也会有不同的想法。

师：是的。毛泽东、陈独秀都要建立新中国，算是志同道合的，但他们选择的方法、道路并不一样。

生：我也反对一个人走。因为一个人走，缺失方向感，很容易一意孤行。

师：是这个道理，一个人走很容易走进沙漠，你就潇洒吧。(学生笑)

一个人的思想不仅体现在辩论的时候，还体现在与自己思想的交锋上。议论文写作是一个不断否定自我的过程。

到目前为止，同学们大多没有进入我的圈套。我们始终在“一个人走”与“一群人走”之间进行二元对立的选择。人生是不是只有“一个人走”和“一群人走”两种情况？我希望两次都没有举手的同学发表你的意见。

生：我的观点是，肉体上可以一群人走，精神上必然一个人走。

师：你的意思是表面上一群人走，实际上一个人走。能举个例子吗？

生：写诗的人和学数学的人虽然在一起，但灵魂并没有在一起。

生：我认为，在生活态度上，我们可以选择一群人走。但是，当我们与别人意见不同的时候，要保持自己的见解，一个人走。

师：你说的是某一方面需要一个人走，某一方面又需要一群人走。能不能用“有时候，有时候”来说说你的观点呢？

生：人生可以分为两个阶段，一是知识积累的阶段，一是创造发展的阶段。前一个阶段需要一个人走，后一个阶段需要一群人走。

生：我跟他相反。前一阶段需要一群人走，后一阶段需要一个人走。

师：同学们，你们赞同哪一种？赞同前一种还是后一种？

生：我赞同前一种。积累是一个人的事情，一群人更利于创造。

生：我赞同后者之说，因为创造属于自己的发现，创造需要自由。

师：能不能跳出两种说法？

生：这样的分法是不科学的。其实这两者是交错的。在学习积累的时候，有时候需要一个人走，有时候也需要一群人走。

师：你说得很好，我们讨论这个问题时其实可以不要限定在这两个阶段。还有没有其他观点？

生：同一个阶段，既要一个人走，又要一起走。

师：请你阐述一下。

生：我来建个模。一个人走是纵向的，一群人走是横向的。

师：能不能说个具体情境，不要建模，建模是理科思维，写作文需要用“比如”这类术语，举个例子或者假设一个情境。

生：好的，比如，我要写一篇论文，我是一个人写，同时又要借鉴其他人的成果。

生：我不同意，写论文也可以先一群人讨论，然后各写各的，干完后汇总。

师：你的观点是，一群人走的时候，也可以各走各的？

生：是的。

师：还有其他观点吗？

生：一个人要在一群人中走，一群人像一个人走。

师：你先说说第一句。

生：一个人要在一群人中走，是说一个人要在一群人中汲取智慧。

师：同学们说得都不错，但是你们的思维还有陷阱。你们总是在比较一个人与一群人的关系。能不能着眼于一个人本身，谈谈一个人与一群人的关系？好的思维，总是跳出别人与自己设计的陷阱。

生：一个人在社会生活中总是无法一个人真正独立地生活，他需要依靠别人而生活，但同时他又可以保持自己精神上的独立性。

师：你说得很好。一个人在很多层面具有两面性，比如精神追求与物质追求。一个人在精神上可能总是一个人走，一个人的外在生活可能总是一群人走。是不是可以得出这个结论——人，总是一个人走与一群人走的统一交融？

生：是。

师：有没有谁能证明，即使在精神上，我们也不一定是一个人走？

生：我们的精神成长总离不开与名人在精神层面的沟通。

师：说得很好，一个思想健全的人总是与许多伟大的人在一起。

师：刚才，我们跳出了二元对立的思维怪圈，但对这句话的理解还没有达到深刻、透彻、独到的程度。我们现在回到这句非洲谚语本身，看看这句话除了“一个人走”与“一群人走”的矛盾外，还有什么矛盾？

生：快与慢。

师：你读到了题目中隐含的一组矛盾，很好。这句话里还隐含着其他矛盾吗？

生：远和近。

师：准确地说，应该是“远”与“更远”。非洲谚语这句话里“只有”这个词暗含着命题人的情感倾向。如果你们来选择，会选择“远”还是“更远”呢？

生：选择“更远”，着眼未来。

师：哦，你是选择“更远”，提前做好规划。

生：我也会选择“更远”，因为命题人的意图就是“更远”。

师：但你也要注意，命题人对一味地献媚迎合也是不欢迎的。作文问题也是人生问题，不能为作文而作文。如果为了迎合命题人而故意编造假话、谎话，除非遇到智商比傻瓜还要低的阅卷老师，才会给你高分。在考场里拿起笔写下你的选择时，就是你目前人生的选择。

生：千里之行，始于足下。“远”是“更远”的前提。

师：你的观点是，有近才有远，有远才有更远。

生：对的，这样可以使目标更清晰。

师：明确眼前需要做什么。

生：我反驳他的观点。如果我们在雪地里走路总是看着脚下的路，走出来的路线是弯的；如果盯着远方，走出来的路线是直的。

师：你是说，有一个更远的目标定位，方向才能更明确。

生：我不同意。我们讨论远与更远，不是在雪地里走这个特殊的情境。

师：有道理，我们写议论文举例时应举常态的例子。个别、特殊的例子不具有说服力。

写好议论文，不仅要有敏锐的感觉，还要有理性的论证。审题，不仅是要得出观点，还要有一个论证框架建构的意识。

师：这句话还有另一组矛盾是“快”与“慢”，你会选择快还是慢？

生：慢，因为慢可以看得多。

生：不但看得多，而且看得更加深入。

生：快太累。

师：快太累，慢可以享受些。那有没有同学证明快更好？

生：我认同快，因为超越一步，价值无限，比如科学发现就需要快。

师：科学发明的确需要快人一步。还有其他观点吗？

生：该快的时候快，该慢的时候慢。

师：看来大家已经不被我引进陷阱了。当快则快，当慢则慢。举个例子。

生：有风景的时候走慢点，穷山恶水可以走快点。累的时候也可以走慢点。

生：我认为，写作文平常写慢点，高考写作文快点。

师：你们同意吗？

（学生迟疑）

生：我补充一下，我是说，平时写作文可以多去想想，写得尽可能慢些，只有这样，到了考试时候才能写快、写好。

师：能不能提炼出观点来？

生：慢是为了打基础，为了快。

师：有了前面的慢，才有了后面的快。生活大概也是这样。

其实，这句话本身是有逻辑漏洞的。因为快和远并不是绝对对立的，走得快未必就走不远。关于“快”与“远”，还有其他观点吗？

生：我选择既快且远，因为快和远之间并没有必然的矛盾。一件事可能某一阶段就需要快。

生：我选择以远为目的的快。

生：既不要快也不要远。

师：老师觉得很欣慰。大家对话题的认识越来越深刻，也越来越辩证。是的，人生一定要既快又远吗？

我们思考问题时，经常会掉到别人的陷阱里。人生的精彩或许恰恰在于也不快也不远，有时一个人走，有时一群人走。

我们刚刚进行的是议论性材料的分析，请同学们归纳一下透彻、深刻地理解材料的方法。

生：要从原文出发。

师：对。这是第一条。

生：要跳出二元对立的思维。

生：要跳出作者为我们设立的思维陷阱。

生：我觉得不仅如此，还要跳出老师最后的观点。

师：我觉得最重要的是善于跳出自己的陷阱。

刚才我们是讨论材料的分析和理解。现在我们再来聊聊观点的选择。大家先说说这句话我们可以有多少个观点。

生：人生必须一群人走。

生：人生只能一个人走。

生：人生可以一个人走，同时也可以一群人走。

生：人生有时候一个人走，有时候必须一群人走。

师：还有吗？

生：人在某些方面可以一群人走，人在某些方面一个人走。

师：仅仅是着眼于一个人和一群人吗？

生：人生应该追求快。

生：人生应该慢慢走。

生：人生不必追求远。

生：如果可能，人生应该追求远，让生命更有长度。

师：还有吗？

生：远和不远是相对的。

生：远和不远是统一的。

师：很好。非洲人这句谚语，可以让不同的人获得不同的人生启发。如果同学们根据这材料确定观点，你们如何选择呢？

生：我写人生要慢慢走。

师：为什么这样确定呢？

生：因为我就是这样想的。

师：非常好。很多同学将作文和实际生活对立起来，是不可取的。言不由衷，就难免牵强附会，很容易有漏洞，明眼人一眼可见。

生：如果我的观点很消极，怎么办呢？

师：首先是要让你的观点不消极。我们为什么要消极地看问题呢？其次是，你的所谓消极，如果从积极的角度去写，很可能就是有深度。你是什么消极观点呢？

生：一味求远，容易翻车。

师：这个观点并不消极啊。只要是本着负责的态度，对自己负责，对生活负责，只要能够进行充分的论证，就没有所谓的消极的观点。

好，时间不多了。我提醒同学们：当我们对材料有了深入的分析之后，选择观点时，既要言发于衷，又要切合题目；既要吃准命题意图，又要有自己的思考；不仅要力求新颖，更要能够自圆其说。当然，要真正做好，还要我们多练习，多思考，思考题目，更要思考生活。

好，下课。

附录一

共生教学的基本认识及实践操作

共生教学的基本认识

一、基本定义

语文共生教学，是立足母语教学的基本规律和根本特点，依据本色语文教学的基本主张，运用共生理论协调语文教学种种关系和矛盾，实施语文课程的教学，实现学生语文素养提高的教学方法。

二、提出的背景

如果说，本色语文是针对语文教学中种种偏颇的认识和异化行为，在对语文教学的课程理解、阅读教学、写作教学、课堂教学和教学评价等诸多方面进行深入研究的基础上提出的系统的教学主张，那么，语文共生教学就是针对语文教学的结论化和过程缺失，在丰富的课堂实践和大量案例研究的基础上，运用共生理论总结提出的教学方法。前者是主张，是继承，后者是在守正继承的基础上追求创新。前者主要是理性思考，后者主要是操作方法。

我们以为，语文教学的诸多问题之中，最突出的问题就是“结论教学”，也就是学习过程的缺失，这是语文教学低效率的主要原因。我们以为，新课程标准提出了知识和能力、过程和方法、情感态度和价值观三维教学目标这样一个新的理念。其最关键、最核心的就是强调了学习的“过程观”。

所谓结论教学，其教学目的就在于让学生接受一个结论，是把让学生获得已有的结论作为教学的任务，其教学过程或者是直接将现成的结论传递给学生，学生的学习过程就是被动接受现成的结论，或者整个教学过程就是为了推导、印证一个既定的结论。阅读教学往往就是把参考书和各种资料甚至是各种试卷中关于文章理解分析的结论告诉学生，课堂上基本的活动就是老师讲答案，学生记笔记，教师提问题，学生找答案，课后就是做练习巩固已经知道的答案，甚至有些老师就直接让学生背答案。写作教学，就是老师出题目，学生写作文的反复循环。学生就是反复写，老师就是打分数，写评语。所谓写评语，就是给学生的作文贴一个结论性的标签，评价学生作文好还是不好，好在哪里，不好在哪里。作文课，就是讲写作知识，讲写作技巧，讲高考中考的评分标准。从某种意义上说，这种“结论教学”其实既没有“教”也没有“学”；即使有“教”有“学”，“教”和“学”也是脱节的。

而共生教学就是着眼于学生学习过程的体现和改善，着眼于教和学的融合，着眼于阅读和写作等素养提高的教学方法。

结论教学的特征就是：死。死的知识，死的方法，死的训练，死的过程，死的目标。教师死教，学生死学，上课死记，课后死练。

共生教学的特征就是：活。活的内容，活的过程，活的教，活的学，活的课堂；我让你活，你使我活，师生共生充满活力的语文教学。

三、理论依据

共生教学方法的提出有着充分的理论依据：

依据之一：母语文化的基本特征

和西方语言文化相比，我们的母语更加注重体验、注重感悟、注重积累，其模糊性、整体性更强。而这里的重体验、重感悟、重积累，也必须是整体性地体现在整个学习过程之中的，更不是相互割裂的。其积累不是一般意义上的语言材料的积累、学习知识的积累，而最主要的是指体验、感悟的积累，是指学习感受、学习经验、学习过程的积累，还包含了精神积累和感情积累的思想积累。强调体验、感悟和积累，当然不是不要清晰的分析，也不是不要分解的系列训练，也不是不讲逻辑，不讲科学，而是不能以清晰的分析为主，不能依靠系列的训练解决根本问题，其本身的逻辑和科学，也不是通常意义上的先分解再合成，先概念再判断，而有其自身的内在规律。

依据之二：本色语文的教学主张

语文共生教学，是立足本色的教学主张形成的教学方法。

本色语文从课程理解到课堂教学，从阅读教学到写作教学，从教学评价到教师素养提出系统的教学主张。而其核心的主张是，把语文课上成语文课，用语文的方法教语文。

所谓把语文课上成语文课，就是要以语言为核心，以语文学习活动为主体，以学生语文综合素养提高为目的。语文课就是要在感悟语言、解读语言、品味语言、积累语言、运用语言的过程中，培养学生积极乐观的生活态度，培养学生健康丰富的情感，培养学生的人文素养和审美情趣，培养学生独立的人格和伟大的情怀。“五个语言”是木，“四个培养”是花。

用语文的方法教语文，就是让学生按照母语学习的规律学语文，教师按照母语的规律教学，按照母语的规律考语文，也按照母语的规律应对语文的考试。阅读教学要按照阅读教学的规律教学，写作教学也要按照写作的规律教学。

基于这样的主张，共生教学的基本特征是在阅读中教阅读，在写作中教写作，用阅读教阅读，用写作教写作。

依据之三：共生理论的基本原理

“共生”概念由德国生物学家德贝里于1879年提出。原本是生物学概念，指不同种属的生物（动植物）互相利用对方的特性和自己的特性互相依存一同生活的现象；各种各类生物之间以及与外界环境之间，通过能量转换和物质循环建立密切而和谐的联系。

共生理论，是生物学科的重要理论，是对达尔文进化论的发展。进化论看到的是生物之间的竞争和对立，共生理论看到的是生物之间的依存和促进。作为一种描述生物种间关系的方法论，共生理论在其他领域很快得到借用。社会学者认为：共生不仅是一种生物现象，也是一种社会现象；共生不仅是一种自然状态，也是一种可塑形态。共生理论不是某一种具体的生存状态，而是一种体现人类本真价值的生存样式，是一种合乎完善理性的生活情景。它反映了一个基本的事实，即要求社会的人合理地发挥本身具有的能动性，不仅在意识之中，而且在行动上体现共生的理念，处理人和社会以及人和人之间的关系，使这种种关系朝着有序有效和谐的方向发展。

共生理论认为，共生是自然界、人类社会的普遍现象；共生的本质是协商与合作，协同共生是自然与人类社会发展的基本动力之一，互惠共生是自然与人类社会共生现象的必然趋势。随着共生概念的不断发展，学者们不断将共生理念应用到人类学、社会学、经济学、管理学、建筑学甚至政治学等领域来解决实际社会问题，于是形成了内涵丰富的共生理论。

将共生理论引入语文教学，用来解释语文教学中的种种关系，协调种种矛盾，指导我们的教学行为，改善课堂教学的状态，具有非同寻常的意义。在语文教学中，尤其是在语文课堂教学中，教师与学生，学生与学生，主体与内容，内容与形式，文意与语言，阅读与写作，乃至素质与应试，创新与继承等矛盾之间，也都是一种共生关系。语文共生教学，就是运用共生理论促进语文教学中各种矛盾之间的协调和共生，从而实现学生语文素养提高。

依据之四：叶圣陶先生在具体实践情景中发挥学生学习主体性作用和伙伴影响的思想

叶圣陶先生非常注重教育实践，尤其注重在具体实践情景中发挥学生的学习主体性作用和伙伴影响在学习中的意义。他说“儿童的天性是注重事实、喜欢自己去做，凡是合乎他天性的，他们愿意知道它，学会它”。早在20世纪10至20年代，他排除种种阻碍，怀着崇高的使命感和责任感，进行教育改革的实践与探索，创办“生生农场”，建造礼堂、戏台、篆刻室等，带领学生走出课堂，走进生活，走进社会，躬行实践。给我们留下很多可供借鉴的理论和经验。叶老还说过一句意味深长的话：“教育是农业，不是工业。”如果说，教育是农业，那么语文教学首先是农业。他这开创“生生农场”的实践探索和他“教育是农业”的思想是我们共生教学重要的实践基础和思想基础。

依据之五：新课程改革的基本理念

学生是学习的主体，课堂教学要体现学习的过程，教师本身就是课程资源等，都是新课程的基本理念。而语文共生教学对这些理念都有非常充分的体现。

共生教学真正体现了学生主体。学生主体不是学生上课发言的次数多，不是课堂的气氛活跃，更不是“学生想做什么就做什么，想说什么就说什么，学生做什么都是合理的，学生说什么都是对的”，而是教师站在学生的立场组织教学内容和教学过程，而是教学过程和教学方法符合学生的认知规律，而是教师尊重学生的学习需要和学习成果，而是让学生自己亲历学习的过程，在学习过程中获得学习的快乐和成长。

共生教学充分体现了教学的过程观。充分认识学习场景对于学习的意义，高度关注学习过程中的交互性及其价值，尤其注重学习过程中学生主体之间的相互作用，实现学习的深度合作，从更高层次上实现合作对于学习者的意义，真正把课堂变成学习的场所，把教学的过程变成学习成长的过程。

共生教学还体现了正确的教师观。既承认教师是学生学习的组织者、引导者，又承认教师是课堂学习的参与者和受益者，而特别强调教师是学习的先行者，注重发挥教师的课程资源价值。

四、核心纲领

语文共生教学的核心纲领是：

1. 用阅读教阅读，用写作教写作。

不是用阅读的结论教阅读，不是用阅读知识教阅读，不是用阅读技巧教阅读，不是依靠做练习教阅读；不是用写作知识教写作，不是用写作技巧教写作，不是用作文的标准教写作，不是用优秀作文教写作。

用阅读教阅读，教师必须先阅读，要读出自己的感受，读出自己的体验，读出自己的思考，读出自己的发现。用自己的阅读引领学生的阅读，用自己的阅读感受引发学生的阅读兴趣，用自己的阅读体验激活学生的体验，用自己的阅读思考激发学生的思考，用自己的发现引导学生的发现。

用写作教写作，教师必须懂写作，必须亲历写作过程，必须有自己的写作体验，必须站在学生写的角度组织作文教学。用自己的写作引领学生的写作，用自己的感受引发学生的写作兴趣，用自己的写作体验激活学生的写作体验，用自己的写作经验引导学生的写作过程。

2. 在阅读中教阅读，在写作中教写作。

重视教学过程的教学价值，让学生在阅读中形成阅读体验，在阅读中掌握阅读方法，在阅读中形成阅读经验，在阅读中培养阅读能力；让学生在写作中获得写作体验，在写作中掌握写作方法，在写作中形成写作经验，在阅读中培养写作能力。

重视教学现场的教学价值和学习价值，让学生互相激发阅读的感受，互相激发阅读的思考，互相激活写作的体验，互相激活写作的思路。

在办公室

共生教学的课堂结构

课堂结构，是和教学效率紧密相关的一个因素。传统的课堂结构，是指教学的流程安排和时间分配。新的课堂结构观，更多的是指课堂教学内容组成和生成的机制。语文共生教学法的课堂结构可描述为“树式共生课堂结构”，简单说就是树式结构。

什么是“树式共生课堂结构”呢？我们概括为：“一个点，一条线，分层推进，多点共生。”如果用一个比喻说明，就是精选一粒种子，长成一根主干，伸开根根青枝，萌发片片绿叶。

一粒种子，我们称之为共生原点。

所谓共生原点，既是共生教学展开的出发点，又是教学过程展开的支点，它还应该是教学活动的激发点。它和教学内容等都有紧密的联系，但又都不是一回事。打个比方，共生原点就像种子，又像火种，它应该能长成一棵大树，应该能燃烧成一片大火。而一般意义上的教学内容不具备这样的功能。也可以说，只要赋予了教学内容生长性，它就具有了共生原点的特征。所谓生长性，就是它能够激发学生的学习兴趣，引发学生的语文学习活动，激活学生的思维。所以说，共生原点，并不是一个客观的存在形式，而是教者赋予了它共生原点的特性和意义。

阅读教学的共生原点非常丰富，可以是课文里的一个具体的内容，比如我教《孔乙己》，就是以小说对孔乙己手的描写为共生原点；可以是和文章紧密联系的一个知识点，我教《阿房宫赋》，就是以“赋”为共生原点，抓住“铺采摛文”、“体物写志”展开教学；可以是文章的写作特点，教学《葡萄月令》，我就是以说明文的内容、诗的语言、散文的意境作为教学的共生原点；也可以是和文章相关的一些资源，我教学《谏太宗十思疏》就是以不同教材的不同版本作为共生原点。

作文教学的共生原点，同样也很丰富。它可以是一则材料，我教学“一则材料的多种运用”，共生原点就是一个高二女生竞选班长的故事；可以是一篇比较成熟的习作，我教“记叙文故事的展开”，共生原点就是一篇《满分》作文；可以是一篇并不成熟的习作半成品，我教学“用‘感激’唤醒‘感动’”，共生原点就是一个初步的写作构思；可以是一篇有问题的习作，我教学“一篇作文的评讲课”，共生原点就是一位同学的习作《风》；可以是名家有影响的作品，我教学“抓住特别之处写背后的故事”，共生原点就是鲍吉尔·原野的《雪地贺卡》。一个作文题目可以作为共生原点，一个话题也可以作为共生原点，一滴雨、一片树叶都可以作为作文教学的共生原点。

一节课的教学可以是一个共生原点，也可以是两个共生原点，甚至多个共生原点，我教学《我们家的男子汉》就是以文章的小标题和作者要赞美的男子汉精神为两个共生原点。一节课的教学，除了要确定一节课的共生原点，还要善于确定每个主要教学活动的共生原点，比如我教学《阿房宫赋》，压缩课文填空，重写结尾和原文比较等，都是建立在课文教学共生原点基础上的活动原点。

共生原点的选择，具有很强的丰富性和开放性。无论是阅读还是写作，每个教学内容都会具有许多不同的共生原点，这为不同的教学形态和不同的教学风格提供了极大的选择空间。同一个教学内容，不同的教师会发现不同的共生原点；同一个老师教学同一个教学内容，也能发现不同的共生原点。

一根主干，首先就是教学的主体过程，就是由共生原点生长出去、生发出去的一条教学主线，就是围绕具体教学内容的教学活动的科学组合。所谓科学组合，就是强调每一个教学活动的教学价值和学习价值，每个教学活动之间应该具有内在的关联性和生长性。所谓关联性，或者是条件关系，前一个教学活动是后一个教学活动的基础；或者是层进关系，后一个教学活动是前一个活动的发展和深入。所谓生长性，体现在教学过程和内容上，或者是学习内容的不断深入，或者是学习要求的不断提高，或者是学习方式的不断改进；体现在学生身上，或者是对问题的不断发现，或者是对问题认识的不断深化，或者是思维质量的不断提高。

教学主线的展开，并不是一步到位的，必须分步推进；主要教学活动的组织，也不是一蹴而就的，必须分解实施。这个分步推进的过程，这个活动分解的过程，就是教学层次的体现。打个比方，就像树的年轮，就像竹竿的竹节，就像一年的四季。我们在谈到教学活动的设计策略时经常说：次要活动要整合，重点活动要分解。后者也是强调了教学层次的重要。所以一根主干这个比喻，也包含了教学的分层推进。

树式共生教学结构，有的是一堂课一个主干，即一课堂一个点一条线，我们称之为单株结构；也有的一堂课有两个主干，即一课堂两个点两条线的结构，我们称之为双株结构；还有的一堂课可能是三个主干，即一课堂多个点多条线的结构形式，我们称之为多株结构。这样的结构，除了要必须处理好双线之间乃至多线之间的关系，务求主次分明，互相补充，互相照应，而不能主次不明、互相干扰之外，其他和一课堂一个点一条线的单株结构没有什么不同。

“根根青枝”，是指在围绕主线、突出教学主线的同时，根据具体教学情景和教学需要“旁逸斜出”的“节外生枝”。“片片绿叶”，是指无论是主干还是分枝，都必须追求鲜活的教学细节。在树式共生教学结构中，“种子”和“主干”更多的是教师教学设计时的预设，“分枝”和“绿叶”，则更多是教学过程中的生成，而两者都不可缺少教师的引领。对教学过程中生长出来的“枝叶”，教师必须及时进行“人工选择”和“修剪”，以使课堂教学既枝繁叶茂，又主干强壮，内容集中、主线突出，又充满活力和张力。

共生教学的基本课型

共生教学有共生阅读教学和共生写作教学两大板块。共生阅读教学和共生写作教学分别有12个基本课型。

共生阅读教学的基本课型有：

1. 师生共生；2. 生生共生；3. 言意共生；4. 学生和文本共生；5. 学生和作者共生；6. 文体特征和文本内容共生；7. 文本形式和文本内容共生；8. 相关资源和教学文本共生；9. 教学过程和教学内容共生；10. 教学形式和文本内容共生；11. 文本与作者共生；12. 文本和知识共生等。

共生写作教学的基本课型有：

1. 师生共生；2. 生生共生；3. 他者共生；4. 自我共生；5. 材料共生；6. 思想共生；7. 立意共生；8. 结构共生；9. 知识和能力共生；10. 过程与方法共生；11. 生活和写作共生；12. 读写共生等。

当然，所谓的课型也并不是一个绝对的说法，每个课型的案例中都可能包含了不止一种共生方法。

语文共生教学操作要领

一、选好共生原点

共生原点的选择，是共生教学成功的基础。我们要深入研究教学内容，发现教学内容中蕴含的共生原点，或赋予教学内容共生原点的特征，充分开发每个共生原点的教学价值和学习价值。

共生原点应该是生长性和操作性的统一。

共生原点不仅要具体实在、集中明确，而且必须具有鲜活的生长性。这是共生教学的根本特征。但这种生长性必须和操作性形成统一。在介绍树式共生教学结构的“一个点”、“一个主干”时，我们分别说明了生长性的一些具体内涵，简单说，所谓生长性，就是具备组织连续性的、鲜活的听说读写等学习活动的能力。但这些连续性的鲜活的学习活动，必须是可操作的，否则就失去了它们的意义。所谓可操作，就是学生具备必要的生活准备、知识准备、能力准备、材料准备、信息准备和心理准备，教师具备设计能力、组织能力、引导能力、协调能力、变通能力、评价能力和修正能力，课堂具备时间条件、空间条件、情景条件和物质条件。具备了这三个方面的条件，就具备了可操作性。否则，再好的共生原点也是没有价值的。

共生原点应该是教什么和怎么教的统一。

无论是写作课还是阅读课，无论是一篇课文的教学还是一节课的教学，确定共生原点，首先要研究和明确教学内容。这个教学内容，不是笼而统之的阅读或者写作，也不是大而化之的教什么课文或者写什么作文题目，而应该是一个个具体的内容和具体的活动。比如教学《孔乙己》，理解人物特征和形象意义无疑是必须教学的内容，但仅仅关注这一点很容易成为结论教学，明确这一点的同时必须明确用什么教学活动和教学安排来体现这样的教学和完成这样的教学内容。作文教学也是如此，我们不仅仅是要求学生写出什么样的作文，同时还要考虑如何让学生写出这样的作文；我们不是布置一个作文题目，而是要考虑如何让学生写好这个题目；不是要求学生应该具备什么样的写作能力，而是要想好如何让学生具备这样的能力。

共生原点应该是人文性和工具性的统一。

很多人把语文上成了非语文课，就是只顾及了所谓“人文性”，而忽视了语文的所谓“工具性”。简单地说，只看到思想内容看不到语言形式。现在这样的阅读课并不少见。只有实现了人文性和工具性的统一，着眼于形式和内容的结合确定共生原点，这个“点”才能体现语文学科的课程特点，教学才会有充满活力的共生共长的教学情景。教学《我们家的男子汉》，我们把理解“男子汉精神”和这篇文章小标题的结构特点结合为教学的“共生原点”；教学《孔乙己》，我们把对人物主题的理解和小说对手的描写结合为教学的“共生原点”；教学《阿房宫赋》，我们把理解文本内容、思想主题和欣赏“赋”体文章的表现手法结合为教学的“共生原点”；教学《谏太宗十思疏》，我们把理解文章的内容主旨和学会通过不同注释、版本的比较阅读文言文的方法结合为教学的“共生原点”。如果说这些案例的教学比较成功，明确、具体、集中而又把内容和形式紧密结合在一起的教学内容，是一个很重要的因素。

共生原点应该是学生学习需要和教师教学需要的统一。

共生原点满足了教师的教学需要，才有教师的活教；满足了学生的学习需要，才会有学生的活学。两个需要的满足，才能互相激活，教师和学生互相激活，就是共生共长的教学境界。

共生原点作为共生教学的主要元素，当然由教师发现，由教师选择，由教师确定。教师选择什么样的共生原点，必然会从自己的教学需要出发。但教师确定共生原点，必须要立足于学生的学习需要。他们会有什么困难，他们会出现什么问题，他们需要我们做什么，我们的问题他们会怎么回答，我们的活动安排对他们是否有意义，这些都是我们选择共生原点必须认真思考的问题。因此，共生原点不能来自教学参考书，不能来自教学指导用书，不能来自复习资料和试卷练习，也不是来自教师的主观想象，当然也不是为了标新立异，不是为了教师自己作秀。我教学《阿房宫赋》有一个教学活动的共生原点是将课文压缩为一段话，并留下关键词让学生填空，共生的效果比较理想。但我起初的设计是让学生压缩为一段短文。试教之后，效果很不理想。因为这个共生原点的选择，脱离了学生实际，学生没有这个能力，也没有这个必要。有老师教现代散文，要学生将散文的内容改写为旧体诗词，也是类似的问题。

二、激活共生现场

吕叔湘先生说："如果说教学法是一把钥匙的话，那么在所有的教学法之中还有一把总的钥匙，它的名字叫作'活'。"共生教学法的基本特征是"以活激活"。这个"活"有着丰富的内涵：活的内容，活的方法，活的过程，活的结果。

"活"，既指教师的教，也指学生的学。有教师的"活"教，才有学生的"活"学。学生的"活"学，又生成了教师的"活"教。所以，"活"，是指师生之间高度融合、互相"激活"的教学情景。"活"既指多样的形式，又指丰富的内容。只有活学，才能学活。所以，"活"是指内容和形式互相统一、互相作用的有效学习。"活"既指灵动的过程，又指呈现的效果。所以，"活"是行为和结果双向互动和促进的教学境界。

共生教学法的基础，是教师的先"生"和先"活"。先"生"，即教师的学习体验，学习发现；先"活"，即教师的教学智慧和教学创造。所以，共生教学法特别强调教师的文本阅读和阅读中的发现，特别强调教师的写作体验和写作发现；特别强调教师对语文学习规律、学生认知规律和课堂基本规律的直接体验和准确把握。

因此，共生教学的成功与否，首先是看能否激活共生现场。

"活"的标志，首先是教师的"活"教，是针对具体教学情境的教，而不是拘泥于既定方案的教；是针对具体学生的教，而不是不顾对象的教；是针对具体问题的教，而不是从经验出发的教。其次是学生的"活"学。所谓"活"学的特征就是"动"。首先看学生有没有真正地"动"。真正地动，不是表面的气氛热烈，不是举手积极，不是形式上花样很多，而是看眼睛有没有动（有没有有质量地读），嘴巴有没有动（有没有有质量地说），手有没有动（有没有有质量地写），思维有没有动（有没有有质量地思考），看语言有没有动（有没有有质量的语言活动和语言训练）。激活共生的现场，还要使课堂能够呈现有质量的交互活动。师生之间，学生之间，要能互相分享学习的感受、体验和成果，要能互相参与阅读的过程，互相参与写作的过程，要能形成有质量的互相交流，互相启发，互相补充，互相碰撞，互相促进，互相引领。

这就要求我们必须尊重所有学生的学习表现。

在教学现场，我们很容易对学生的学习表现感到失望，这是由于我们对学生的期望太高，这是由于原定的教学方案脱离了学生的实际，而最主要的是我们对学生的学习缺少应有的尊重。其实，几乎没有学生的课堂学习不会尽力，也几乎没有学生想表现得让老师失望。因此我们必须尊重所有学生的学习表现。所谓尊重学生的学习表现，就是要理解学生的任何表现都是合理的，任何反应都是有道理的，学生的表现有差异是正常的。我们一旦对学生的学习表现失望，就会影响师生关系，就会破坏教学情境，就会使教学共生成为泡影。

我们还要善于及时发现教学现场的共生原点。

这不是教学技巧，不是教学的技术，而是教学的经验、教学的艺术和教学理念的一种综合的表现。我在许多地方介绍过于漪老师的一个教学镜头。于老师教学《宇宙里有些什么》，一个学生问："'一千万万颗星星'是多少颗星星？"有个同学很不屑地说："'一千万万颗星星'不就是一千亿颗星星吗？"说得提出问题的同学十分自卑。可是于老师却发现了这样看似简单甚至幼稚的问题背后的教学价值。她问："既然'一千万万颗星星'就是一千亿颗星星，为什么课文不写成'一千亿颗星星'呢？"于是同学们围绕这个问题展开了讨论，最后明确：一千亿颗星星说成"一千万万颗星星"一是说明这是概数而不是确数，更重要的是这样的表达更能表现星星的多。最后于老师还不忘让大家想一想这个问题是谁提出来的。这样的经典案例道出了共生教学形成现场共生的奥妙所在。我教学《黔之驴》，在讨论既然课文写虎的内容更多，文章题目能不能改为"黔之虎"时，一个学生说"柳宗元会生气的"。我便问他柳宗元为什么会生气呢？这个学生便说不出来。我对大家说："这个同学说题目改了，柳宗元就会生气。这说明柳宗元用这个题目有他的用意。那么是什么用意呢?"联系背景，大家很快就明白了作者写作的主旨是讽刺朝廷那些占据要位而又昏庸无能的人。这也是及时抓住了教学现场的共生原点形成的共生情景。

当然，我们还要善于激活学生现场的学习热情。

我们要对教学气氛有理性的理解。不能以为气氛热烈、发言踊跃就是共生的最佳情境，不能以为一呼百应、一问就答、一答就对的课是好课，不要期望学生就应该像我们想象的那样去表现。我们要承认孩子和成人之间的差异，承认学生和我们之间的差异，承认不同学生、不同班级课堂学习态度和表现上的差异。我们要能放低教学姿态，要真正将自己和学生融为一体，用自己的情绪影响学生，用自己的感情打动学生，用自己的体验激活学生，用自己的思考启发学生，用自己的问题唤醒学生，用自己的点拨启发学生。我们还要能及时发现和调动领军学生的学习引领作用，通过他们来带领、影响整个班级的学生。

要能够对学生的学习进行及时的深度引领。

共生教学不是原地踏步和原点的循环，共生的情景还指学习过程的深入发展。所以教师要对学生的学习进行及时的深度引领。学生的共生没有明确方向时，要为他们明确方向；学生的思维遇到阻塞时，引领他们冲破阻塞；学生的认识比较肤浅时，引领它们深化自己的思考；学生的思路狭窄时打开他们的思路，这样才能促使课堂的共生情景高质量地展开。

三、促进共生过程

和谐共生教学法的核心是共生共长。"生"即"生成"，即体验，即感受，即发现，即创造。有教师之"生"和学生之"生"，而教师之"生"是基础，学生之"生"是目的；"长"，即成长，即提高，即发展，即丰富，即实现，有教师之"长"和学生之"长"，而学生之"长"是根本。

在"生"和"长"之间，"生"是手段，"长"是目的。"生"是"长"的基础，"长"是"生"的目的。"共生共长"有着丰富的内涵：既有资源共生，也有情景共生；既有言语共生，也有情感共生；既有思想共生，也有精神共生；既有阅读共生，也有写作共生。

共生教学的过程，应该是不断推进的过程，或者说是共生原点不断生长的过程，而不是原地踏步，不断循环的过程。打个比方，如果说课堂是一棵树，这棵树应该不断长大；如果说课堂是一棵竹子，这棵竹子就应该不断抽节长高。这不仅体现在教学内容的不断推进上，更体现在学习内涵的深化、学生学习的成长上。

因此，我们要采用多层次、多角度、多形式的教学活动，促进共生过程，使教学主干充实而丰满，使优良的种子在课堂教学中长成一棵粗壮的大树。

首先是要围绕共生原点开展多层次的教学活动。

比如我教学《蜀道难》，课文的朗读，我安排了这样几个层次：先是集体读指名读，了解课前读背情况，正字正音；然后是指名五位同学比较读“噫吁嚱”三个字，并且进行比较评点，感受全诗的感情基调和豪迈之气；第三个层次是指名三位同学分别比较“蜀道之难，难于上青天”一句在全诗中三次反复出现的不同朗读，通过比较评点，理解这句诗在全诗结构、感情等方面的作用；第四层次是师生配合朗读全诗，我读开头的三次反复“蜀道之难，难于上青天”，同学们读其他诗句，然后讨论理解其他诗句和这三句诗的关系，以及运用的表现手法；第五层次是学生根据自己对诗歌排行的处理朗读全诗，我边读边在黑板上画出“图谱”，然后根据我的图谱曲线理解诗歌感情和语言形式之间的内在统一。这样多层次的读，就成了一个共生原点。教学过程紧紧扣住一个点，层层深入地展开，一条教学的主线清晰而鲜明。

其次是围绕共生原点开展多角度的教学活动。

教学《黔之驴》这篇课文，抓住“寓言用故事讲道理”这个共生原点，我先让学生从不同角度读课文，理解课文：找出课文写驴的内容，讨论驴悲剧下场的原因；找出写老虎的内容，讨论老虎胜利的原因。然后，让学生以不同口吻讲故事，理解故事：以第三人称讲这个故事，以驴的口吻讲这个故事，以老虎的口吻讲这个故事。我还让学生从驴的角度讨论寓意，用古人的成语概括寓意，从老虎的角度讨论寓意，用自己的“成语”概括寓意，再从好事者的角度讨论寓意，用自己的“成语”归纳寓意。这些在分层基础上的多角度的学习活动，无疑使教学活动变得十分丰满，使教学主线和共生过程非常充实。

再次是围绕共生原点开展多种方法的教学活动。

教学《我们家的男子汉》，理解“男子汉精神”，我采用了这样一些方法：第一是归纳“我们家的男子汉”身上的主要品质，第二是加工文中的话或用自己的话，描述心目中的男子汉，第三是全班合作完成小诗《小小男子汉宣言》。对小标题在文章中的作用的理解，分别运用了这样一些方法：一是学生先说说小标题的一般作用，二是归纳本文小标题的主要作用，三是引导学生用人物语言改换小标题，四是比较两种小标题的不同效果。教学中努力把理解“男子汉精神”和理解小标题在文章中的作用两者紧密地整合在一起。教学《孔乙己》，我紧紧围绕手这个共生原点，先让学生抓住这双手初步解读孔乙己这个人物，再根据具体情节让学生展开合理的阅读想象，补充关于手的描写，然后再展开想象突出手的细节，描写孔乙己死的场景，深入人物内心世界。丰富的教学活动形式使共生过程不断推进。

共生教学特别关注教学现场的教学价值，特别追求教学过程的开放性、生成性和多元性，但共生教学的教学过程，必须保证课堂的成长沿着健康的方向，必须是积极向上的生长。这个积极向上的生长，首先体现在有明确的方向。我们看到一些课堂，气氛是热烈的，学生参与的热情是高的，交互性活动是充分的，但这样的活动的目的到底是什么呢？谁也不清楚。这就是没有方向的乱生乱长。因此，共生教学的过程，必须体现教师对整个教学过程的引领，对学生学习行为的引领，而不是任其学生自然地学习。再优秀的学生，再理想的课堂，教师都必须履行自己的责任。而越是共生的课堂，教师的引领责任就越重要，引领的意义和难度也就越大。如果教师没有体现引领作用，正说明这不是共生的教学。

附录二

优秀学生作文选

车窗上的微笑

苏州中学一学生

公交车沿着那条一成不变的路线前进。乡镇上的小路崎岖不平，颠得人快散架了。我皱了皱眉，默默地塞上耳机，瞬间就隔断了与别人的联系。公交车上的人，大抵都没有好心情。

车窗外，雨一直在下，水泥路被水润洗过后，显出一种浑浊的灰来。路两旁都是泥浆，有些甚至漫上了公路，在急速旋转的车轮下四处飞溅。几棵不知品种的树僵立在路边，竭力为这灰蒙蒙的天空添上一点绿意。但它们的力量终是太微薄，撑不起头顶绵延无际的铅灰的云。

车内不知什么时候开了暖气，温度渐渐升高的同时，车窗渐渐变得模糊，蒙上了一层淡淡的水汽，窗外的树影只剩下一个轮廓。我收回投向窗外的目光，转而看向了车窗。

或许是心血来潮，或许是童心未泯，总之，望向车窗的那一刻，被掩埋在心底已久的玩心破土而出，迅速生长成想要在车窗上画点什么的愿望。但理智更为迅速地遏制了我刚刚抬起的手。“不，你早已不是小孩了，这种行为多么幼稚，如果画上去，别人一定会带着嘲笑的眼光看你。”心底有一个声音响起，一时间，仿佛真的有几道目光如芒刺般刮过后背。我努力抑制想要回头验证的冲动，原先的愿望不知何时渐渐消失殆尽。

但心中却有什么不甘在蠢蠢欲动。我不该是这样的——曾经那个肆无忌惮的孩子到哪里去了？曾经那个天真可爱的孩子到哪里去了？我在怕什么？心里还在斗争着，手却仿佛受什么驱使一般，已先一步触到了车窗。尚带有些冰凉的触感让我猛一激灵——瞧我在干什么，别人一定会认为我很傻很天真吧。怎能让别人这么看我？都怪这只手，怎么能自己伸出去呢！但突然缩回来会显得很奇怪吧，不如索性画点什么好了，画什么呢？——

就画个微笑好了，反正别的也没什么会画的。

这样想着，手指慢慢在车窗上滑过。只是三条简单的弧线，几乎两秒钟就画好了。把手收回来的那一刻，不知为什么，我竟然松了口气。

只是当我抬头看向那个笑脸的时候，却不禁怔住了。那副眉眼弯弯的模样，已经有多久没有出现在自己的脸上了？如今细细想来，自己似乎总是在为一堆无聊的小事烦恼。本是不值一提的小事，却在心里把它放大成无数倍，固执地认定它的坏处，也在同时狠狠折磨自己。最终不仅什么都不曾得到，反而浪费了自己的生命。自始至终，我所需要的，不过是一个微笑而已吧。

有人说过："在别人的世界里，你永远不是主角。"其实，在每个人的生活中，主角永远都只是自己。每一步，每句话，每个表情，构成了一出独一无二的戏。而内心深处的感受，更是完全由自己来支配。既然如此，不如选择微笑，遵从内心深处的愿望——对自己微笑。

点评：好素材，好立意，好文章！

牵动内心的声音

苏州中学一学生

近来，“你先挂电话吧。”几乎成了母亲给我打电话时的口头禅。

11岁那年，我随学校的交流团飞往新加坡参加活动。热带浓烈鲜艳的色彩，迥然不同的异国风情，深深地吸引着我，也成了我们这帮小交流生尽情欢笑喧闹的乐园。等夜幕缓缓降落了，轮到了我们给家里打电话报平安。白天的新鲜事儿一股脑儿地在年幼的我的心中乱窜，想到晚上能和小伙伴们一起去夜市逛逛，握着听筒的我便不自主地连连应付着妈妈的唠叨。她似乎也听出了我的不耐烦，话语轻柔下来：“那……你先挂电话吧。”她无奈而尴尬地笑笑，我也顾不得多讲连忙挂了电话，向朝我挥着手的伙伴们兴冲冲地跑去了。

上初中时，我第一次向母亲撒了谎，说是去图书馆学习，却和同学们一起到歌城去唱歌了。正当我兴致勃勃地沉浸在歌声之中时，一摸振动的手机——竟是我那唠叨的老妈的电话！不由分说，我操起手机就往安静的前台奔去。

“在哪儿呢?”耳边传来母亲愉悦的声音。

“嗯……图书馆自习室。”我皱了皱眉头，尽力清了清酸痛的喉咙。

“书看得怎么样了?”

“差不多了，”心扑通扑通地在嗓子眼上跳着，我的脸也烧成了红色的太阳，“我，我，我……待会儿就回家……”声音越来越轻却掩盖不住沙哑与心虚。

“抓紧时间看书啊！我就不打扰你了……你先挂电话吧。”我分明看见了她严厉而惋惜的目光正上下如同一把利剑刺射着她愧疚不已的女儿。

十五年过去，我进入了紧张而充实的高中学习生活，随着学校与家距离的越来越远，在校住宿的我每周只能以电话与另一头的母亲相见。拨下那串熟悉的号码，莫名的一种叫作“想念”的酸楚涌上眼眶：“妈……”

然而，她已经长大的女儿也已经懂得，不再是可以面对自己苍老劳累的母亲哭泣的岁数了。

“我一切都好……您不用操心，有这么多衣服在这儿呢，我冻不着……最近，你和爸都好吗?”

听着母亲在那头轻快地讲着她一个月来遇见的新鲜事，我握住话筒轻轻地应着她的话。身旁仿佛隐约是她，正拿着手机，拨弄着红色的围裙，脸上荡起岁月的涟漪。

突然，我的心微微一颤，在许久的无言后，我轻声说道：“妈，你先挂电话吧。”没想到手机里也传来她同样的那句话。她仿佛欣慰地笑着，我也笑了，听着耳畔悠长悠长的“嘟嘟嘟……”，竟觉得格外悦耳。

十五年了，母亲似近又远，似尽还续的那句“你先挂电话吧”依旧萦绕着我的心头，这牵动内心的天籁伴随着我不断茁壮成长，以最真挚朴实的嘱咐关心呵护着她的女儿，在风雨连绵的岔路口化作指路的明灯照亮女儿的前程，如同阳光般无处不在的爱，静默着等待一声“嘟”，也望向渐渐远去的我。

十五年了，这欠了十五个年头的呼唤，我也该还了。

点评：一句话为主线，写出了“成长”，写出了亲情，很好。重心可以向后移一移。

心灵的花园

苏州中学一学生

那株荒原上的蒲公英像梦一样被吹散在暗淡的背景中，我定睛一看，发现风的方向通往尘世。

我笑了笑，尘世早去晚去一点没什么要紧，还是再看护一会儿心灵的花园吧，趁现在还是它比较多姿的季节。

证件上说这座花园建于1989年，然而我却固执地认定它已打通了贯穿千年的隧道，通畅地交流着各个时代的空气，生动地变幻着各个时代的美丽。这种梦幻的色彩不仅笼罩着花儿，更笼罩着我。

我确信在圣人还没有诞生的时候，我曾在这里。那时华夏的土地上人丁尚稀少，我敢在游手好闲的时候大唱“关关雎鸠，在河之洲”，我敢在干活干累的时候大骂“不稼不穑，胡取禾三百廛兮？”我会在心动时低声地说：“死生契阔，与子成说。”我思念时会抱怨：“曰归曰归，岁亦莫止？”哪怕将军的车从身边经过。后来圣人来到，不但没批评我的无礼，反倒惊叹我的无邪。呵呵，不知他有没有考虑过，有些问题可以被这样解决，假设所有人都如这般透明，所有情感都如这般表达，所有人都来心灵的花园撒一把无邪的种子……

我确信，《圣经》开始变质的时候，我曾与尼采在这里思索，更多人听的是他的喊叫，我听得见他一边徘徊一边发出的叹息，别人只看到他疯狂冲锋的身影，我看得见他脚下被血染红的玫瑰。实际上他早就平静地规划好了他的花园，只是世人的糊涂与麻木让他不得不矫枉过正，以风暴般的姿势去冲击陈腐的思维定式，他期待的不是崇拜和认同，他想要的只是一次完全由自己掌握的反省，一次对自己灵魂声音的倾听。如果说上古有人在这里撒下了人性的种子，那他就是在用自觉自省的清泉浇灌，用意志的镰刀除去外界横加给心灵的杂草。

我确信，你也看得见，此刻我站在这里，拿着剪刀修剪。横跨着时空的花园却一致地保有儿童的天真笑容，让我如沐春风。花叶上不时地滴下几滴溶解了安静和澄澈的露水，自然而高贵。想不起科学，只想起爱因斯坦的玩具，想不起文学，只想起安徒生编给小女孩的故事，想不起政治，只想起叶芝笔下的天青石雕。不想把我的快乐秀给世界，不想把我的劳动写进历史，我只想在花园里多闻几缕伟大灵魂酿造的芬芳，好做一个快乐自主的我。

不管外界的风云如何变幻，我会永远维护心灵花园的圣洁。

点评：非常棒！

苏州中学校园一瞥

第一步

苏州中学　常懿丹

8米，一个摔不死人但能吓死人的高度。

背着条挺沉的带子，我硬是爬上了那时看上去还挺高的架子。七月的风夹着雨后水汽，全都弥漫在空气中。望下面，望四周，俱是澄净的碧绿，只是那碧绿是那么遥不可及，这儿似乎已是天与地的中点，那两处俱是茫茫，只有一颗惴惴不安的心悬在中间。

也就几米长的独木桥，而那木头也不算为难人，既宽又平整，纵挂着隔夜的雨水，也不像有打滑的危险。我是最早上去的，下面只有比我更不安的人，没有鼓励，没有加油，有的只是不耐烦和绝望。

腿已软了七八成，又面对着无尽的催促，我靠着柱子，既无奈又后悔。转身就可以下去，可那意味着我无法承受的羞愧和对后面人无形的压力，况且，即使光顾此刻，那也是需要勇气的。

闭上眼，仍听得到他人的非议，我不停告诉自己我必须如何做，而当睁开时，又退缩在了第一步前。终于又一次当眼睛睁开时，我不顾一切地向前走去。第一步如何，早已记不清了，耳朵里的声音由惊叹到惋惜，天旋地转的大脑却已无法再思虑什么，明明只有一刹，又似过了几番轮回，再睁开眼时，澄净的青绿，就触手可及了，教练一边解下带子，一边说着：

“第一步太急了，虽然害怕，还是要稳一点……”

我坐在草地上，看着每个人上去表演一番，有打个“×”的手势下来的，也有不敢迈步的，也有掉下来后便远离那架子再不与之往来的。人已稀稀疏疏的，也都没了多少兴致，我便提出要再上去试一次。

即使已经摔了一次知道不会有事，我仍被恐惧包围着，说是犹豫又找不到问题所在，只是我不住伸出脚探探那木头，一遍又一遍确定信念，直至终于稳稳地站上去，视之为第一步。再来便是一连串不需思索的动作，一直到了桥的另一头。很理所当然，每个步伐都如条件反射一般。

底下没有掌声，没有鼓励，可这正给我思索的时间。勇于迈出第一步固然重要，只是与其草率，倒不如谨慎，光凭勇气，是迈不出第一步的。

点评：非常好。切题、具体、细致、实在，不枝不蔓，重点突出。

苏州中学校园一隅

最伟大的人

苏州中学　张祥毓

这一天，我脑海中竟然蹦出这样一个念头：如果有一天，我的眼前诞生了一个鲜活的小生命，他挥舞着手脚，叫人心疼地号啕大哭，我是否会硬撑着疲惫的身体将他搂在怀中，将阳光一般的眼光洒在他身上，轻抚着他稀疏的毛发，便会欣然地一笑，觉得这是人生最大的幸事。

如果有一天，我下班后拒绝了一切的聚会，只为匆匆地赶回家。当打开房门的时候，看见他也兴奋地从沙发上跳下来，“嗒嗒嗒嗒”像个小狗似的跑到我脚边，仰起小头望着我，吐出那两个最美的字时，我是否会激动得连提包都没有放下便弯下腰，在他额上轻轻一吻，这一吻，一天的劳累便都烟消云散。

如果有一天，他长大了，他可能长得清秀英俊，也可能五官不正；可能读书过目不忘，也可能举一隅不以三隅反；可能乐观开朗，也可能自闭胆小……但是，每当与小姐妹们谈到他时，我是否会总是赞扬他的优点，有时就算一些小事也会加以夸大；当他受欺负时，我是否会把老师、判官那样的理性置之度外，不顾自身地冲上前去保护他。

如果有一天，他不再是那只温顺的小鸟，开始嫌弃我的落伍与无能，甚至成心地和我作起对来。学业的重担压得他喘不过气来，令他变得暴躁、疲惫。我是否会收敛起我的爱，理解他，给他自由去成长，只在深夜时偷偷地站在门背后望着他案前的身影，见他累了，便走到他身边，将他的头靠在自己的肚子上，给他讲讲儿时的故事。

如果有一天，他气愤地回到家，将公文包丢到一边，大骂社会的不公，理想与现实的遥远。我是否会默默地听着他的牢骚，给他盛上一碗米饭，夹一块红烧肉，像以前一样摸着他的头发，告诉他在我心中他的人生价值不是对国家有多少贡献，好好的，我便满足了，“实在不行，就回家吧！”

如果有一天，我再也无法站着看他，生命的最后一刻，他问我想要什么，想说什么，我是否会搀起他的手，努力地睁大湿润的眼睛再将他好好地看一遍，然后微笑着摇摇头，闭上眼睛。

如果有一天……

我苦苦思索，觉得做到这一切实在太难了。

这一天，是母亲节。我感谢我的妈妈，她是我心中最伟大的人。她的伟大不是给予了我金钱、地位、知识，而是爱。这爱也不是博爱，却是自私、感性但又是最真实、澄澈的真情。这种真情是世上最美丽的花朵，生命在，它的芳香就在，或许不浓烈，却一点一点沁人心脾。

点评：不知为什么，读到最后，我流泪了。——这是没来由的。然而我抑制不住泪水。

这是我很久未见的好文章。写得真好！

洗 礼

苏州中学一学生

六岁时，爸爸离开了我，我已整整十年没有见过他。

都说这种人不配当我的爸爸，是啊，这个人，如此不值一提，我的记忆中早已没有了他的一点轮廓，我也不该记得他。

我早已习惯了没有父爱的生活，但是我知道，我总痴想着某一天他会出现在我面前。同样，我也很怕，怕别人知道我没有爸爸，在背后悄悄议论我——我是个好强的孩子。于是，我一直把这个秘密死死藏在心底，不让别人知道。直到那一天——

那一天的我，三年级，老师让我们自己填写体检表，我满心欢喜地拿到了第一份亲手填的表，一眼就看到了那一栏。

“父亲姓名；电话；单位。”

我的手开始微颤，此刻，我多么想杜撰一个好听的名字，一个满是吉利数的手机号，一个体面的工作单位……但是，我不能，我不能，因为我没有！这一栏，永远是空白，体检表的空白，父爱的空白——我一生的空白。

填完了，我飞快地，做贼似的将表向内对折，准备最后一个交给老师。

“请最后一位同学将表交上来。”老师幽幽的声音在我心中重重一沉，化为一声霹雳般的炸响，震得全身逼出了冷汗，我故作从容地将表交给了同学。

还好，他没看到那白纸上的黑字。我长长吁了口气。

突然，他猛地停下，我还没反应过来，他已朝向我说出了那句话。

“同学，你表没填完哪！”

“不！不可能！我填完了！”我几乎在用全身力气在喊，在证明！

“不，没有，‘父亲’那栏，你没填。”他稚嫩天真的声音再次响起，

“快补上吧!”说完，他拿起我的表，奋力朝全班扬了扬。

我愣住了，脑子里一片空白，任凭挥动体检表的哗哗声带起了全班的喧哗，向刀一样刮过我的全身；我任凭那刺眼的日光照亮我的残缺的体检表，呈现一种瘆人的白——像一面招降旗向我警告：投降吧！你没有父亲！你，没有！

看我迟迟没有补上信息的意思，一些人已看出了端倪。

“你，爸爸呢?”同桌好奇地轻轻捅了捅我的胳膊。

“我……”

“她有没有爸爸啊！没爸的孩子!”远处一个粗鲁的声音将我扑倒。

“我……我……”

“离婚了? 还是……不在了?”一个娇弱的女声如此“关切”。

“不是的……我只是……我……没有……不……有……”

质问，起哄，还有那刺人的、猜忌的目光如凶猛的潮将我紧紧包围，老师也有些无措。此刻，语言的尖利将我刺穿，空气的厚重将我压扁！我受不了，受不了了——那种幼小心灵所受的流言的煎熬，我刻骨铭心，至今难忘。

我仍天旋地转着，我可以立刻跑出去，冲出教室；我也可以将头枕进臂弯，用咸涩的泪水与黑暗蒙住我的双眼。

但我没有——我紧紧攥住拳头，指甲嵌进肉里，默念“一、二——三!”

我“腾”地一跃而起，教室里立刻鸦雀无声。

“同学们，我的妈妈……和爸爸很早离婚，我已经……很久没见到那个‘爸爸’。

“我很想有个爸爸，但我改变不了事实，所以，我一定要懂得倍加珍惜……我的生活，我……希望你们能理解我……希望你们也要珍惜有爸爸的生活。”

“咚!”我重重坐下，心声彰示，泪水也终于不争气地落下。

一秒、两秒——黑夜般沉寂。

三秒——一个孤单的掌声响起。

四秒——全班被热烈的掌声淹没。

我缓缓抬起头，冰冷的猜忌和质问此刻变成了最温暖的鼓励、关切，钦佩，烘干了我咸涩的泪。那种幸福的滋味，填补了无数个体检表的空白。

感谢这次洗礼，它让我懂得了真诚，懂得了释放。明白了无论有多少难以启齿的事，坦然面对才会轻松，明白了即使生命中有无数个无法删除的空白，也有无数种方式去用幸福填满。

于是，我不再被别人左右，开始真正珍惜自己的生活。

点评：好极了，不管是真实的故事，还是创作的故事。但主旨落实在“真诚”上“释放”上，似乎还欠推敲。

苏州中学府学碑廊

爸爸，我不想做你的儿子（纯属虚构）

苏州中学　张东东

爸爸，二十几年前的那个冬天，我无缘无故地躺到了你的怀里，从那时起你便是我的父亲吧？爸爸，当你抱着手中沉沉的我时，是不是感到很失望？

爸爸，其实我对你一直很不满意，我理想中的爸爸应该是穿着白衬衫、戴黑框眼镜、怀夹一个鼓鼓的公文包。而你的脸却像块煤炭似的，衣服乌漆麻黑。你光膀子蹲在门口吃面条，光身子趴在桌上抠指甲，看上去多丢人！

爸爸，我6岁的时候还不会写字，不会背唐诗，不知道一加一等于几，见到客人总是躲在桌子下面。你任凭我被村里的小孩欺负，你任凭我跳到河里洗澡，而你却只是蹲在门口盯着我笑。

爸爸，你喝醉了摔碎家里的盘子，我不管；你抽烟吐得满屋子烟味，我不管；你嫌妈妈做的菜太咸，便甩筷子，我不管；你把我摁在桌子上，用皮带抽我的屁股，我也不管，可你却怎么可以这样纵容你的孩子无知地长大？

爸爸，我的裤子短了，鞋子小了，衣服瘦了，你注意不到；我长了一块喉结，变了声，你没感觉……爸爸，难道你的儿子长大了，你却一点体会不到？

爸爸，还记得高考前的那一天，你拿着扇子在我身边睡着了。你打着呼噜吵得我不能静下心来看书，蚊子在你耳边哼哼你都听不到。你那脏兮兮的大脚跷到我手边，我推醒了你，说：“爸，要睡就去睡吧，你的呼噜声太大了。”而你却傻傻地一边挠头一边嚷着：“谁说我想睡了？我不是正在给你扇风吗？”

爸爸，我拿到录取通知书时，你破口大笑。你用粗糙的大手拍了我几下头，边走边喊着："我的儿子就是不一样。"爸，你就不能轻轻地抱抱我或拍着我的肩膀教导我"要戒骄戒躁，前面的路还长着哩"？为什么你就不能知书达理，循循善诱呢？

爸爸，大学的生活费需2000元，而你却仅有一个月700元的工资。你退休了，便去村头收购鸡蛋，再拉到市场上卖。你脸红脖子粗地站在大街上吆喝，你为了五毛钱与一个中年妇女争得不可开交，她最后指着你说："你还是个男的吗？"爸爸，你就是半根筋，退工了连内退补助都要不到，你被坏蛋用假钱给骗了，你看不见那些小屁孩在你眼皮下面偷鸡蛋。

爸爸，时间总是在我们手边流逝，在我们什么都没在意的时候，你已经苍老了。你眯着眼，哈着腰看那些老头下棋、打牌，你去看清宫戏，却总是分不清和珅、纪晓岚。而那时我却在埋头思索怎样与我的女友拉近关系。爸，你为什么就不能引导引导我呢？

爸爸，你从来都让自己成为一个不称职的父亲。你怎么忍心呢？

但是事到如今，我也只好认命了。因为你有你的方式。

爸爸，你还是踏踏实实地做我最爱最亲的父亲吧！

点评：妙绝妙绝。这应是小说中的上品。命题作文，尤为不易。

最后一封信①

苏州中学一学生

亲爱的妻：

我犹豫再三，终决定写下这封信给你。我给你的——最后一封信。

我曾经想过，为什么偏偏是我，为什么偏偏是在这里，为什么偏偏是在这个时候……可是，命运容不得你问那么多的为什么，就忽然降临在你头上了。核泄漏，多么可怕的三个字。当我听到这个消息，只觉得一阵眩晕，一股难以言喻的恐惧笼在我心中。有这样一个念头悄然进入脑海：走吧！现在就离开，带着我最爱的你，一起逃离这场无情残酷的灾难。

我就那样静静地站在那里，脑海里一下涌入好多回忆，细细想着、品着……然后，艰难而酸涩地硬生生地从哽咽的喉咙里挤出三个字："我留下。"仿佛用尽一生力气。

妻，你是知道我的。我不是什么大英雄，我只是一个普普通通的核电站员工。你是否恨我做了那样的决定，恨我最终选择了那条没有你陪伴的路？我明白，在你面前，我只是一位丈夫，一位亲人。你所想要的，仅仅是我能平安。可是，对不起，我做不到了。这是我第一次对你说对不起，这是我第一次不能遵守我们的约定。但是，在这个国家，有千千万万这样的丈夫，有这样一颗思念牵挂着爱人的心，有千万个这样的约定。我感同身受，我无法狠下心来一走了之，留下这座岌岌可危的核电站。因为，我想维系那些约定，那些深切的爱，用尽我的全力。

以前常听人说，人在面临死亡时，会想到对自己最重要的人。原来，这句话是真的。在我做下决定的那一刻，我想到了你。我们从相遇、相知

① 题目为编者所加。

到相爱的种种如华美绚烂的樱花般纷飞而起，我的眼前忽而一片模糊——我没有哭，只是花瓣缭乱了我的眼。隐约中我看见你面带微笑地站在家门口，朝着我挥手送别。我恍然回到今天清晨，那个你送我上班的情景，将成为我们最后的回忆。我喃喃道：“我走了。”啊，我走了，我走了……正如千万次清晨你与我挥手送别说的一样。只是，这一次，我是真的离开了。

妻，于你千言万语，我诉说不尽。我们相守走过五年。请相信我，未来五年，十年，一百年，我与你同在。妻，对不起。我爱你。

爱你的丈夫

2011.03.20

点评：你太有才气了！立意、构思都好。

路

苏州中学　王家雄

教室里弥漫着浑浊的气息，是冬天把门窗紧闭，走入一个戴灰色围巾的人。

“冷飞，迟到了。”一个声音从角落传出。

“是……是吗?”灰色围巾有些紧张，掩饰着什么，他手抚过课桌，但动作僵硬，他放下书包，走向角落。

“一定在家里补作业吧，慌什么……”

“冷飞还用做作业？他出题目让老师做还差不多!”角落还没说完话，一个穿粉色上衣的女生插了一句，又转向灰色围巾，“是吧？”

“是……啊，不，不。”灰色围巾白色的脸上泛起红霞。

上课对于学生来说是例行公事，而考试则是猫与老鼠的游戏，在例行完公事，玩了一场游戏后，太阳羞涩的红晕提醒羁鸟们该回旧林了。

“嘿，号外，号外，七班的温翔，又挨批了，看来这次要吃处分了。”一个满脸青春痘的矮个欢呼雀跃着，好像这个温翔与他不共戴天似的。冷飞假装不屑一顾，眼光却不断向青春痘瞟。

“温翔这次算完了，旷了两节课，却说是陪一个被撞伤的老太看病，荒唐，他一个主演老谋子电影的人会这么好心?”青春痘依旧滔滔不绝。

“什么电影?”闲人问道。

“《大红灯笼高高挂》呗，笨!”青春痘得意地笑了一声，继续道，“就凭他还乐于助人，他能做好事，我就是观世音了。”

“傻子，观世音是女的，不过仔细想来你的话也在理，这种事我们班冷飞做还差不多，是吧，冷飞?”又是那个粉红上衣，又转向了灰色围巾。

“是……啊，不，不。”又是一片红霞，可这次更红了，或许是脸色有些苍白的缘故，他有些不知所措。坐角落的那人眼尖，“冷飞，你不大对啊，是不是身体不舒服啊？哦，我明白了，嗨，就和我作了一次弊嘛，有什么大不了的。”冷飞更不知所措了，背上书包，飞奔走了，留下了一双双惊诧的眼睛。

回家的路与上学的路一样，只是方向不同。今天的路特别冷清，太阳下了山，只留下一片红晕在天边嬉戏，冷飞感到有人喊了他一声“喂”，忙回头，一张阳光的脸，“你好，我叫温翔，看来我俩同路，我看车牌，你和我一个学校一个年级的，幸会。”冷飞有些措手不及，愣了一会儿，“我叫王树，幸会。”握自行车龙头的手流出了汗，他的手松了一下脖子上的灰色围巾。尴尬，全校第一遇到倒数第一，尴尬。“我最近好不爽啊！”温翔仰天一叹。“有什么事不顺心……”冷飞说到一半又后悔了，忙把嘴藏到围巾下。

“还不是那群老师，硬说我旷课，还说我编天方夜谭去骗他们，说什么成绩差不能人品差，现在讲素质教育，不能欺骗别人，素质个屁！我温翔是成绩差了点，但我行得正，坐得直，我不会撒谎，那都是小人做的事。”说完他转头看了看冷飞，看得他恨不得把头全藏到围巾下，温翔知道自己语气重了点，“对不起，王树，我把你当我哥儿们来看了，不过这事是挺憋气，我的的确确是陪一个老太太看病去了，她被撞得不轻，在场很多人都看到了，可也许我太臭名昭著了，没人肯帮我证明，就算证明了或许也没人信吧！”他停下了车仰望天空，不再说下去了，眼睛中的绝望让冷飞不辞而别。

回家的路还有一段，冷飞下了车向前推，他看了看早晨撞坏的车篮，再望了望脚下的路，“这条路通向哪儿呢？”他摇了摇头，一张落寞的脸消融在晚霞中。

点评：语言很有味道。看似平淡，却表现力很强。立意含蓄而不晦涩。人物的对比、虚实的结合都极为成功。

如是我闻

苏州中学一学生

“我见青山多妩媚，料青山见我应如是。”

柳如是，明末名妓，工诗画，归钱谦益。

我读见二百七十年的大明朝风雨飘摇，心疼的只是风雨里的白门柳，这样一个柔弱又亮烈的女子。

清代严蘅所著《女世说》中记载道：柳隐，初姓杨，名爱，字如是，一曰影怜。所居曰“我闻室”。又云其“冬月辄御单绢，脸际尝作朝霞色。与顾横波、卞玉京齐名，实为翘楚。”柳隐是一个颇为自恋的人，她看自己，就像看一枝花，一棵柳，一株萍，她从未想过会有人厌弃她，不要她。她以为自己生来就是好的，青山亦怜她，秦淮的水亦爱她。她就这样大胆地向陈云龙表达了自己的倾慕，投以女弟子帖。可是陈云龙少年英雄，或是正忙于抗清，或是对这样一个秦淮女子无法言爱，总之一句“先生勿纳”。柳如是“乃归泽云楼”。“泽云楼”即指钱谦益。嫁给钱谦益为妾非其本意，而也是怨恨地，赌气地。当年昭君出塞亦是这样壮烈，可毕竟“汉恩自浅胡恩深”，而钱谦益一介落魄文人，又雄心勃勃，他也只将她当成一个秦淮女子，而不是柳如是。明亡，柳如是劝其自杀，不从。他率百官开城门，迎清兵。然而，两朝天子一朝臣，钱谦益仕途坎坷，终于里外不是人。前明时，谄事马世英，清时，又不被重用，死后，也是留下骂名。他本可以殉国，也可以归隐，可他偏不做英雄，不做高士，宁当小人。可是连小人也当不好。同为小人的吴三桂开关降敌，却可称识时务，而钱谦益既已降清又得罪清，终究是一个反复的、软弱的小人。偏偏地，柳如是嫁的就是这样一个人。

我实在惋惜了。她为何要嫁呢？就算陈云龙不要她，她又为何要嫁呢？

可她行事就是不留余地。或许钱谦益定要娶她，而她也是气不过去。想见她也是秦淮河上最受追捧的女子，是高贵场里走过的女子，她可以锦衣玉食，也可以放下一切，只做一个普普通通的但是绝对的女子。但上天终不许她绝对了。她已没得拣择，五千年的历史只生得她一个柳如是，而这样一个柳如是也是要放到明朝日暮，天下大乱之时去由风雨涤荡。她只是应了自己的姓氏柳，像柳一样柔韧，一样单薄，可总是吹不断的。

她也不必要怨了，陈云龙，1647年跳河自尽。可这又关她什么呢？当年是一个男人做主的世界，可现在听得见声音，望得见人面的也只她柳如是而已。

点评：这篇文章，我很喜欢。尤其是语言，很有“品”。虽不似碧螺春那样婉约。记得哪位大家就是这“品格”。

只是文章进入如是的内心还不深，使人觉得浅尝辄止了。

其实和她交个朋友是不错的，无论是小女子，还是大丈夫。

不恨青春非我有

苏州中学一学生

“长恨此身非我有，小舟从此逝，沧海寄余生”，一千多年前，苏东坡夜半归宅，望着已鼾然入眠的书童，如是喟然长叹。

如今，蜗居于斗室之下，钻营于题目之间，忧考试而愁无数。心中块垒无数，又何尝不想长叹一声“长恨青春非我有”。

长恨青春非我有！

人生固是如此不称意，却终不可以效那谪仙之流，就此散发弄扁舟，甚至连那解忧之杜康亦不可得，心中块垒何以解？

我尝以为不可，盖人生如若白驹过隙，稍纵即逝，青春则更如幻露空电，近乎于无，人类之天才，比于天地自然之大道，则譬如无知幼婴，我之才智，比之于天地自然，则当近乎于蝼蚁。婴儿于白驹过隙之瞬尚不可以稍得安息，我如蝼蚁于近乎无之时间行事，又如何胆敢放纵自己以解心中块垒。

我亦尝思索不如就此悠然而去，自封逍遥之派，纵使将来沦落至于贩浆引车之流，亦可自视为一隐市井之闲人，心远地偏，以效采菊东篱下，悠然见南山之潇洒狂狷举措，反倒赚了一个十年快活青春。然自剖心迹于佛前，则以为国土、父母、众生、师长四恩未报，自陈心事于儒前，则以邦有道而无谷为耻，乃至于自白心思于道前，亦只愿知其白而守其黑，知其雄而守其雌，而不愿知黑而守黑，知雌而守雌。终究是一句话：如此负了青春，心中不甘。

然而如此缚了青春，心中又如何心甘？

于是心头块垒无以解，唯可夜半喟然叹！

直到近日，方才无意间看到《儒林外史》中有如此一段，得之，大意大笑若疯若癫，以为块垒消尽，得全青春之真谛：

“杜慎卿听到两个挑粪的歇在墙头，一个对另一个道：‘大哥，今日的活算算也干完了，咱俩不妨去喝一壶冷云泉泡的茶水，再到雨花岗上看看落照可好？’”

挑粪的可以有如此闲情逸致，一学生又如何不可以解心中之块垒？

不负青春的同时不缚青春，就一定不可能吗？

虽然并不。

因为，青春就是如此！

青春，就是要在极致的努力与付出中获得极致的快乐与收获的！

聊改东坡《临江仙·夜归临皋》以表心意：

挑灯夜读问周公，归来仿佛三更。同学鼻息已雷鸣。明日尚将试，抱书听蝉声。

不恨青春非我有，旦夕自有风情。夜阑风静室有明。块垒从此逝，学海觅年青。

粽子结

苏州中学一学生

世人企及自由，才有了陶潜的“世外桃源”，有了杜甫的“草堂”，但他们究竟是得到了真正的自由，还是只简单地把心放在山水之间，然后去忘记痛苦。难道这就是他们所要的真正的自由？依我看，他们的自由过于狭隘，而有个人，他却不同……

今天是端午，不免要吃几个粽子，提起粽子，不得不说湘西的那条河，而说起那条河，不得不想起那个人。

爱吃粽子的那年，我8岁。幼小的我以为吃到肚皮里的才是自己的，于是不停地用手剥开那一苇苇透着清香的艾叶，咽下自己的口水再去咽那诱人的糯米。然后鼓着肚皮跑到刚买来的金鱼前，看它们摆着尾巴自由自在地游，想自己吃了那么多粽子，不能像它们一样……

会吃粽子的那年，我10岁。第一次听说原来妈妈做的粽子不是给我吃的，而是让鱼吃的。可我仍固执地认为我也可以吃，只是吃时会想：鱼儿会讨厌我吗？第一次在端午节的那天不狼吞虎咽，只是坐下来，静静望着那白色糯米，想那白色到底象征什么，也想鱼儿何时会让我加入它们的行列，自由自在游在水中。

不吃粽子的那年，我14岁。端午节那天，我静静地来到一条小河边，眼前呈现出滚滚的汨罗江，两千年前的那位诗人豪爽地站在江边，风无情地吹拂他的长发，他仰天长啸，然后……我不愿再往下想。

回家的时候，当妈妈指着满盘的粽子说吃吧的时候，我莫名冲动，端起盘子，跑到河边，把粽子投进了河里，嘴里念叨着，该死的不是他，鱼儿快来吃吧，留下我们那位一生清白的诗人。

及至后来，和好友谈起粽子，又聊起屈原，他调侃地说：“屈原是抱着我不入地狱，谁入地狱的信念走的！”我说：“不是的，尘世待得太久了，身上污浊多了，他只想去江中洗濯，去找回自由，他现在一定很满足……”

突然明白了，原来粽子里白色糯米就是我们诗人的清白人生，禁锢它的只是一片叶子，他终究自由了！

站在河边，我总想结局是美满的，屈原，自由得像鱼儿。每当端午节看见粽子，总是想起湘西的汨罗江，是不是有只鱼儿，终年在不停地游，尽情地享受用生命换来的自由，永不停息！

点评：是篇好散文。精彩。我喜欢。

苏州中学尊经阁

从“同”到“不同”

苏州中学 杨佳茜

同样是花。牡丹馥郁芬芒，雍容华贵；梅花傲雪迎霜，气节清高。

同样是土。农田被人踩在脚下，给庄稼提供养分；佛像被人供在庙里，顶礼膜拜受人敬畏。

同样是水。浮云自由自在，飘忽不定，转瞬即逝；大海汹涌壮阔，容纳百川，永不干涸。

同样是民国时期的革命者，汪精卫和张学良却有着不同的命运。

早年的汪精卫追随孙中山。他潇洒倜傥才华横溢，对革命有着锲而不舍的执着追求。后来，汪精卫进京，打算刺杀摄政王载沣，后被捕入狱。此时的他有着肝胆雄心，写下了一首慷慨激昂的绝句：“慷慨歌燕市，从容做楚囚。引刀成一快，不负少年头。”倘若汪精卫就此慷慨就义，那么，我们的革命史上又会多一位为革命、信念而舍弃自己生命的英雄人物。然而，命运总喜欢开一些不大不小的玩笑。被释放的汪精卫在抗战爆发后，雄心壮志早已灰飞烟灭，取而代之的是对民族的失望。最终，他卖国投靠日本，建立了汪伪傀儡政权。

“卿本佳人，奈何做贼。”这是后人对汪精卫一生命运的叹息。原本才俊少年，后卖国求荣，“汉奸”成了人们对他的盖棺定论，可悲可叹矣。

同样是那个时期，张学良却有着截然相反的命途。少时，张学良名列“民国四大公子”之一，嗜酒好色，是一个十足的纨绔子弟。当时的人对张学良极度的鄙视与不屑。即使在他父亲张作霖被日本人炸死、东北被日军占据后，张学良仍无法掌握奉系大权。然而，在1936年的“西安事变”之后，张学良彻底成长了，长成了一个顶天立地的男子汉，一个胸怀民族、国家的英雄！

“少年风流难回首，西安一变留英名。”张学良在经历了诸多事情后，通过自己的选择，走出了关键的一步，改写了自己的人生。

汪精卫、张学良，同样拥有半辈子精彩、半辈子沉沦，但是最后的结局却是迥然不同，一个是千古骂名，一个是历史美谈。

同样的故事会有不同的结局；同样的遭遇会有不同的命运。做出自己的选择吧！在同样的路上，走出不同的精彩。

问：平时会看一些高考优秀作文，自己写的时候就会想起那些作文里的材料、语句，思路会受影响（比如这篇，好像有点偏题）。那高考优秀作文该不该看？怎么看？

答：为我所用，不必硬套。

同与异间的抉择

苏州中学 柏栋

东方文明是求同的文明，西方文明则是存异的文明。东方文明诞生了四书五经，它们试图将人都同化为圣人，行圣人之行言圣人之言；西方文明源于爱琴海边璀璨的明珠，蔚蓝的大海赋予了西方文明灵动的本真，它孕育了彼此间与众不同的哲学，造就了文艺复兴与启蒙运动后特立独行的一代。

今天，当世界上最高的山与最大的洋被人类打通，当如土般稳重的东方文明融于水般灵动的西方文明，如同迷雾初散，东方的儒生与西方的哲人猛然间认识到自己对同与异的不同抉择。东方的求同造就了千年稳固的帝国，西方的求异造就了几乎全部的近代科技；当西方的钢炮军舰将东方的海岸线蹂躏，当东方的孔子孟子争相风靡西方，人们清楚地认识到各自文明的不足，21世纪的东方人与西方人在同与异之间选择了求同存异。

同与异似硬币的两面。求同让一个民族团结，存异让一个民族充满活力。一味求同只会使人类真理的追寻停滞，一味存异只会使人心散乱内患频发。科技与文化的进步与革新离不开存异，也唯有19世纪的西欧才能首先迎来人类文明史上的首次日出，而同一时期一味求同的东方则对康梁维新学说百般压制。科技与文化的发展本质上是一种否定，一种求异，一个能够存异的文明才能给新生的萌芽以无尽的甘霖。社会与国家的安定团结离不开求同，一味求异的西方文明缔造的亚历山大帝国不久便分崩离析，而同期东方的大汉帝国却能绵延四百年，恩泽黍黎。

人类求同存异的选择在很大程度上也符合其对于真理探寻的足迹。真理的探寻的航帆总是起源于人类对于自然界绮丽多彩现象的好奇，来源于异的归纳。无论是中国《尚书》中的只言片语还是古希腊的《地理学》，均对自然界中的异做了一定的归纳。当历史的车轮旋进18世纪，当人类积淀千载的文明火山第一次高速喷涌，牛顿经典力学、麦克斯韦的电磁学，直到今天的量子论与相对论，人类一次又一次试图用理性将千年积累的异化为可以用几个简明方程式归纳的同。虽然更多的异已被人发现，但仍将困扰今日与明日的过客的自然史本质上便是求同存异的过程，如同没有完全一样的树叶也没有完全相异的树叶，自然界总是希望求同存异，异的生成方使自然进化，同的追寻则是自然进化的目标与方向。

如今，东方文明与西方文明交融诞生，今天求同存异的哲学观，也是人类千载探求后给出的唯一一个与自然法则相一致的答案。

点评：几乎是完美的。

苏州中学春雨亭

一步与一生

苏州中学 陈扬

一步，是距离上的跨越，可近可远。一生，是时间上的延续，或短或长。一步与一生，这两个分属不同范畴的概念，表面似毫无关联，实则密不可分。二者相互影响，相互推动，相拥前进。

人生中或漫不经心，或准备已久的一步，有时候正决定了一个人一生的命运。如果没有坚决弃笔从文的那一步，世上多的也许就是一个叫周树人的好医生，为人行医。正是有了那一步，中国诞生了一个叫鲁迅的大文豪，为国行医。同样在美国，若比尔·盖茨终究不敢毅然地一步跨出哈佛的大门，他一生中创立微软，荣登首富的伟业又何以成就？于此可见，一步却能决定一生。一步能成就一生，一步同样能毁掉一生。原中央电视台台长多年恪尽职守，成绩斐然，临近退休又担起新建央视大楼的重任。大楼将成，他即将功成名就之时，漫不经心点起的庆祝礼炮却燃起了一场惊天大火。冲天的大火造成了亿万的损失，也在他人生中留下了一个永远也抹不去的巨大污点。

是的，小小的一步能决定一生，可你是否想过，有人倾尽一生却只为促成一步？西汉司马迁不畏宫刑，不惧牢狱，生不如死却决然而生。他的一生只为了一步，那伟大的一步将中国古代史从杂乱无序带向了系统全面。没错，居里夫人的一生促成了人类研究放射性元素的伟大的一步；法拉第的一生推动了人类转变能源结构的伟大的一步；麦哲伦、哥白尼的一生告诉了原本迷茫了千年万年的人类一个新地球、新宇宙。

在我看来，像鲁迅、比尔·盖茨那样用一步成就一生的人着实值得赞赏。他们充满智慧和勇气，他们的一步绝非任性而为之举，恰是精心研究，仔细思考而成，那一步看似偶然实则必然。而对于司马迁们，赞赏之余我更毫不吝惜发自内心的钦佩，他们坚韧而执着，那千千万万个为人类而奉献的漫漫长夜又怎是常人所能熬过的?

然而，大部分时候，人生中的小小一步、人世间的短短一生绝非如此关键。更多的一生辉煌由坚实的一步又一步铺垫而成，更多的一世进步也正是由一个个默默奉献但不突出的人生积累所得。贝多芬的艺术盛名绝非仅缘于单单一曲，数以百计的优秀名曲积起了他无法撼动的大师地位。我国古代农业耕作技术的改良又怎是一生所成?从刀耕火种到铁犁牛耕，从耦犁到曲辕犁，那是千千万万、生生世世、世世代代的农民探索而来的一小步又一小步积起的一大步啊!

一步，可近可远；一生，或短或长。一步又一步铸成了一生又一生，一生又一生继而又积起一步又一步。这是人生的真谛，这是世界的真谛，这是历史的真谛。

相互影响、相互推动下，一步与一生相拥前进着走向永恒。

一步与一生

——王佳芝评传

苏州中学一学生

生命是一曲绝唱，每一步都决绝地投奔华美的终章。

一

本来我可以将教科书捧在胸前，安然地路过这个凶猛的时代，就像路过某个橱窗，任凭窗内情景的惨烈，只要默然走过去就好了。女学生对于战乱的态度大抵是这样，像一个睡在冷板凳上的孩子，絮絮叨叨地抱怨着，最后竟也就昏昏地入梦了。

“王佳芝！”一声清朗的叫唤。我看到一张俊俏的脸，整个人仿佛冒着火，充溢着某种热情。邝裕民，我此生永远的姓名。你像个布道者，而我成了你最忠诚的教徒。我有几分自私而粗陋的念想，我之入话剧社，不为爱国，只为爱你的。

当我在台上喊出“中国不能亡”的时候，台下如潮的响应呐喊让我热泪潸然。

我原本在河岸徘徊，而这一步，我踩入时代的湍流，我知道这一生终会融入这一段历史。

二

原来整件事是如此较真。几个心迹纯澈的青年人竟想去与心思缜密的汉奸们肉搏。暗杀？我还来不及怀疑此举胜算几何，我朝夕与共的同学们就已为我安排了结局。

色诱。我对这个决定究竟是缘何答应的？我愿意为革命牺牲如此之多？我不愿反抗邝裕民的决定，还是我那微小的对于富家太太生活的好奇甚至渴望？

我原本小心地蹚着这陌生的河流，可很多手推着我，推着我，最终我竟自顾自地欢畅地跑起来，我的每一步都有血泪和苦笑绽放出来，我已深陷不能自已。

三

我真的爱他么？他真的爱我么？这个冰冷的易先生像一块玉枕，抱着度日，沁凉却成了温暖，游戏却成了依赖。每一次的欢娱，我痛并迷失。我渴求在这只恶狼摧残我的时候，能有人破门而入，一枪崩了他，这样所有的伪装才有了结。可是暗杀一拖再拖，我像他们的一个工具，每一分钟的折磨他们可曾看见？

他赠我钻戒时，我却动心了。这个人是爱我的。便有一股大悲凉从头顶灌下。我迈了惊天动地的一步，我叫他走，让他躲过杀身之祸。

当我和裕民被反绑着在行刑的旷野对视的时候，他在恨，而我已了无表情。我纵容自己背叛，一如我纵容自己爱；我宁愿就此背负骂名地死去，再不要醉生梦死的活。

原来每一步，蹒跚或小跑，都指向这巨大的涡流。

这曲子竟划出一个高音，戛然而止。每一个音符，每一步，原来早就托付了一生。

点评：好！这类写法切切注意要有原创的东西，只是表述是绝不行的。

眼　光

苏州中学一学生

2012年初，头号新闻就是曾经的美国胶片巨头柯达公司宣布破产了。事情似乎来得有些突然，人们唏嘘的同时心中也充满了疑问，美国《大西洋月刊》甚至公开发问："是谁杀死了柯达？"

人们争先恐后地将公司败落的矛头指向柯达的"不思进取"、"不求创新"，但事实上却是冤枉了自主研发出世界第一台数码相机的柯达。

是的，正像评论家们所说的"亲儿子整死了好爸爸"，简单来说就是柯达的眼光过于短浅，而不是着眼于长远的未来市场。

柯达公司从来不缺乏创新，世界第一个摄像头、第一个35毫米彩色胶卷、第一台数码单反相机统统出自柯达的设计团队，但出于数码市场当时的不明朗，谨慎的柯达决定观望而不是进入，这无疑给其他竞争对手以绝好的机会。2000年，决定坚持胶片市场的柯达以每台相机亏损60美元的价格仍稳占美国市场的第二位，可是从那时起，胶卷需求开始停滞不前，公司陷入困境，开始大量裁员。但似乎它并没有意识到市场的巨变，仍固执地认为应该坚守，转而投资喷墨打印机。到破产这一步也就在情理之中了，心甘情愿当"井底之蛙"的柯达终于葬送在了它仅有的一小块视野中了。

相反，打着"变革"口号的苹果公司事业却是蒸蒸日上。1977年，最早推出个人电脑概念的苹果自此开始了它不断创新的冒险之途。1984年，推出革命性的Macintosh电脑，而后几年又推出了彩色的Mac电脑，甚至进入21世纪后开发了音乐播放器、笔记本电脑等新兴项目……苹果从未安于现状，而是将眼光放宽，开拓风光无限的新市场。

但盲目的变革并不是我们要提倡的，创新和大胆的尝试是建立在长远深刻的见识上的茂密的分支。

今日飞黄腾达的苹果公司也不是一开始就一帆风顺的，Apple I的销售量也曾惨淡，Apple Lisa更因价格太高而最终停产。但偶尔的挫折并不能阻止公司CEO史蒂夫·乔布斯的脚步，在广泛征求设计师建议并深入了解消费者购买心理后，他又重新踏上了冒险之旅。

眼光长远，于苹果，并不是盲目乐观地追求新产业和市场。反而是通过精心地分析消费群的需求，展望未来信息化社会的前景，从而迈出历史性的一步。

眼光不仅要放得远，也要放得宽，能容纳古今也要容纳更大的世界。

中国古代名画家文同在房前屋后种满了各色竹子，每日细心观察描摹，待到需要画竹之时片刻之间一挥即就，所画无不逼真传神。他看到的并不是一根竹子，恐怕是丛丛竹海，是宁静广袤的大自然；他将眼光放得宽，便能看到竹子芯中的奥秘，而不仅仅是躯壳。再有儒家学派的创始人孔子，突破了古人对自然山水宗教式的态度，提出“智者乐水，仁者乐山”，堪称美学的质变。虽然局限在春秋这一特定的历史空间，他却能看到直到今日仍为人们认可并广泛采用的教育思想，如他强调的“性相近也，习相远也”、“学而优则仕”、“教而无类”等等。如果不是穿越千古的沧桑，透过智慧的洗礼，怎么会有如此宽广的眼光，又谈何“万世师表”?

我们应当要放开眼界，着眼于未来，但也不能撇开当下。

项羽好高骛远，少年时不肯学书学剑，自认为应学“万人敌”，即对付万人的方法，然而基础不踏实，当前尚且不能成才，更何况去追求什么横扫千军的梦想？实在不切实际，眼光过高过远了。自然不能比过善用人才，淡定从容而且为后世造福的汉高祖刘邦眼光之深刻，最后只得落个自刎乌江的下场，可见一斑。

由此观之，人的成败一个重要因素正是在于眼光的深远和是否切实可行。是成为“一夜猝死”的柯达还是“胜券在握”的苹果，不同的眼光想必也会有不同的选择吧。

另类招聘

苏州中学 徐盈

针对社会上关于应聘者年龄限制的激烈争论，某公司突发奇想，决定按“精神年龄”论定，在求贤书上写上“本公司诚聘业务员×人，要求精神年龄35岁以下”云云，一时引来反响如潮。

且不论媒体对此如何大加评论，这样的招聘还是吸引了众多应聘者。应聘者的队伍中不时冒出几张年届不惑的面孔，这其中就有老方、老陈、老许。他们仨本也有各自安安分分的工作，但总觉还能出去闯闯，这回机会难得，哥儿仨一商量，决定来试试。

精神年龄不似实际年龄，亮出身份证一目了然，所以这应聘的第一关自然就是精神年龄测试了。测试的工具是一套电脑软件——在对其给出的一系列问题一一作答后，应聘者就能得到一个“鉴定结果”。

三人带着不同的心情进了“考场”。

老方最无负担，他只是不服老：“只有35岁以下的人才算作人才么？我的心年轻着呢，凭什么做不好那些工作呢？我这回只想看看，他们还能不能把我拒之门外。工作，我才不稀罕哪！”老方其实真不老，他突然热情高涨，咔嗒咔嗒点击答案，不一会儿就做完了。老方看着电脑屏幕，得意地笑了，就如同少年早早做完试卷故作轻松地提前交卷，然后昂着头晃出考场那般，老方在心里吹起了口哨。

老陈已早早在心里盘算好了：只要稍作分析，一定不难选出“年轻”的回答，到时候通不过“鉴定”才怪呢！老陈忽觉底气十足，不慌不忙地开始答题。应当这般，应当那般，老陈像玩心理分析般愈加“入戏”，不亦乐乎。也没过太久，老陈脸上露出了满意的微笑。他估摸着自己的鉴定结果最多也就二十七八岁吧。

准备最“充分”的还要算老许。他准备了两手方案——若“监考”不严，他就发短消息向18岁的儿子求解；若情况不宜进行地下操作，他就按照自己所想的反着答。进“考场”后，老许发现第一方案可以采用，于是开始活动拇指。别说老许的手指还真“年轻”，一条条问题发去不费吹灰之力，只觉得那头儿子的反应怎么老是慢半拍，总算搞定，老许长舒一口气，收好手机呆坐了一会儿。

测试结束后一个小时，结果就由电脑整理好，排出了，大家争相查看。

“呀，居然是36岁，怎么会这样?!”老方异常郁闷。不过只一会儿，老方就平衡了：“还是比实际年龄小一截呢，也不错，不错!”

老陈可是傻了，公司因为他的测试结果只有20岁太过“年轻”而对其关上大门。老陈心想要是少动几道题的脑筋大概就好了，可为时已晚。唉……

老许该高兴了。他的结果是33岁，顺利进入下一轮。老许心想着“小子倒还挺成熟的”。这时，手机铃响了，是儿子的号码。“喂，”老许的声音中充满喜悦，“你小子——”“不不，是我呀。”那头传来了老许母亲的声音。老许一时没回过神来，半晌，“妈，怎么是你呀？”“我拿小毅的电话玩玩来着，他今天来我这儿了。哎，你刚才发的题目挺有意思的呀，我答得怎么样啊，呵呵……”

这回，老许只会傻笑了：“呵呵，呵……”

点评：绝妙！构思好，立意也好！有故事，有人物！是生活中的人和事，又不是生活中的人和事。

题目改为“心理年龄”如何?

像孩童那样思考

苏州中学一学生

孩提时代的渐渐远去意味着成长，意味着思维趋向成熟和理性。但与此同时，我们仍需像孩童那样思考。

我们需要孩提时的大胆和天真。现在若有人问我的将来是怎样，我也许会谨慎地回答。这是基于对将来的未知性的一点恐惧。但是，同样一个问题放在孩提时代来回答，我想我将会不假思索地大胆设想现在看来漫无边际的光辉的未来。因此，像孩童一样思考，心无旁骛地看着自己的理想和目标，便免去了来自自己的顾虑和障碍。孩童面对未知的将来，没有恐惧，而更多的是构想和向往。当我们能够如此思考时，我们要做的便只是追求。

我们同样需要孩童那可贵的好奇心。孩提时代，我们曾经对什么都充满好奇，这也同时培养了我们因好奇而产生的求知欲。这份好奇心也许会随着岁月而流逝。我们要做的就是保持这一颗好奇的心。只有对世界的一切永远保持新鲜感，才能帮助我们更好地了解世界。科学的历史上就有无数“巨人”因为有了这样一颗好奇心，才有了日后的辉煌。其中最经典的例子便是被苹果砸了头的牛顿。同样的，一个没有孩童的好奇心的人遭遇这样的事，会充满疑问吗？没错，正是孩童的好奇心让那颗苹果砸出了“万有引力”。

孩提时代已然过去，而孩童的思维断不可失。没有了它，再多的学识也无法掩盖僵死的思维。人在不断成长，而我们的思维却不能随之老化，我们需要像孩童一样思考。

点评：很好！立意新颖、独到。再多一些具体的材料，则更好。

一个人的精彩

苏州中学　戚枫茗

“任何人都用两条腿走路，但步态各不相同。”一个人，要走出自己的精彩。

他，明珠之子。从小在宫廷中长大。他聪明好学，文武双全，深得皇上赏识。他本可以做个忠诚的臣子，享尽荣华富贵。可是他不要，那不是他的精彩。他要活出他的爱，他的痛，他的苦，他的乐。他的词广泛地传诵在百姓之间，他的爱播洒在妻子的心田。他就是纳兰性德。诗词爱恨，是他的精彩。

唐师曾，一个以冒险为乐的人。在战火纷飞的巴格达，有他勇敢的影子；在冰冷的南极，有他坚定的脚印；在非洲一望无际的草原，有他留下的气味。他拿着他热爱的相机，拍摄着自己的生活。他的全部经历在他的摄影作品中一一呈现。他经常开着那辆雪佛莱跑车在田野上奔驰。他说：“因为脚不好使，所以喜欢车。”冒险是他的精彩。

吴子尤，北京少年作家。三岁学文，七岁写小说，诗词、歌赋、散文、杂文无一无猎，曾获“春蕾杯”征文大赛一等奖。在他十五岁那年，他得了纵隔恶性肿瘤。可是他不愿放弃生命。在他生病的两年多里，他创作了十四万字，他为同学写情景喜剧，他悼念巨星马龙·白兰度，他的书有一个让你我震撼的名字《谁的青春有我狂》。他飞扬跋扈的青春终究还是被病魔夺走了，可是，他却活出了自己的精彩。是的，青春是他的精彩。

人的本质是相同的，可是每一个人都是不同的个体。生命仅有一次，有的人的一生仅是他人的复制品，而有的人却选择去做别样的花火，绚烂出最夺目的光芒，当繁华褪去，露出生命的本原，我们蓦然回首，发现原来只有那些执着而坚定的灵魂才是生命的占有者。

当海子走向那一世的春暖花开，当顾城披着黑色的长披风走进贞女的光辉，当叶芝带着朝圣者的灵魂走向天国，我们明白，他们都是伊甸园中不同的叶子。

沙漠中的伊米花用尽生命中的所有氧分，开出光彩夺目的七色花；昙花的一生只开一次花，却是让人触目惊心的美丽；传说中的荆棘鸟一生永不停歇，直到找到天边的那棵荆棘树，刺向自己的胸膛，唱出生命的绝唱。为了生命的精彩与不同，有时，需要付出生命的代价。

活出一个人的精彩，为了仅此一次的生命……

后　记

写这篇后记，目的只有一个，就是表达我深深的谢意。

首先要感谢的是漓江出版社的文龙玉老师。在出版《论语读人》的时候，她就一再希望能够帮我出版语文教学方面的专著。我和她以前并不熟悉，来往时间也不长，至今还未谋面，但在出版《论语读人》的过程中，她优异的专业素养，严谨的学术精神，尤其是其为人的坦荡和热忱，让我坚信和她合作是愉快的，专著的质量和发行是能够得到保证的。于是，我就和她谈起酝酿多年的“语文教学活动的设计和组织”、“作文教学的理念解读和实践要领”两个选题，让她选择一个。没有想到，她非常坚决地表示两个选题她都要，并且强烈地希望我不要再和其他出版社联系。基于对她非常好的印象，我也爽快地答应了她的要求。本来，这两个选题我或许还会等一等再考虑出版，是文老师的热忱和对我的信任催生了这两本专著的诞生。

其次我要感谢我的两个弟子徐飞老师和王开东老师。虽然我占着师傅的名分，其实他们在许多方面都比我要强得多。开东老师思想敏锐，涉猎广博，见识丰富，阅读和写作的功夫都不在一般。和他交流，常常开我茅塞。我不止一本书是在他积极的策划和推动下出版的。徐飞老师，对语文教学用心专一，作文教学尤有心得，家中藏书数千，读书广丰，近年来购书常替我代买一本，也携带着我与时俱进地读了一点新书。听说我要出这两本书，他们都积极支持，经常和我交流有关话题，从书的取名，到书的结构，从标题到附录，都提出了很多好的建议。得知我在为请谁写序感到为难准备让他们各写一篇时，都慨然答应了我的请求。本来，关心我的前辈并非三位五位，但他们或者年事已高，或者身份地位导致他们极其繁忙，都不忍心以拙著出版相烦。徐飞老师和开东老师，答应了我的约请，就省却了我许多烦恼。

再次要感谢为我的拙著出版付出了辛苦劳动的许许多多老师。苏州工业园区星港中学的董劲老师、江苏师范大学学科教学（语文）研究生朱莹莹老师，都为我整理了长篇演讲的记录稿，使我节省了文字输入的很多时间，苏州工业园区的语文教研员刘铁梅老师，苏州工业园区东沙湖学校的王敏芳、赵文静等老师为我的教学实录整理付出了许多辛勤的劳动，江苏省苏州中学的朱以婷老师、苏州幼儿师范学校的张涵韵老师，认真完成了两本书的校对工作，指出了许多错误，并且提出了许多非常好的修改意见。在此，一并表达我对他们的诚挚谢意。

2015年4月6日